【 麗雲老師作文教室 】

寫作有妙招
閱讀一把罩

陳麗雲　著

推薦序

有心就有願，有願就有力

我與麗雲老師認識不過一年，卻感覺相交已久，那是一種很難言喻的契合。一直沒有時間理理頭緒，趁這次有幸獲邀為麗雲老師的大作寫推薦短語，好好的想了想，大致整理如下：

1. 我們都認為課文是現有班級環境最好的教學素材，國 (語) 文課就是最好的閱讀理解策略學習平臺。

2. 我們都願意在自己的教學分內事之外，多付出心力陪伴及扶持夥伴共學共好，無論是校內或校外，臺灣或海外。

3. 我們都相信閱讀最終的產出是書寫，而書寫的源頭來自於讀懂、讀通、讀透閱讀素材。

4. 我們都希望發展有系統的閱讀教學策略，帶領孩子自在優游於解構作者寫作觀點與建構讀者寫作觀點之間。

除此之外，我們都一樣阿莎力，一樣不拘小節，一樣為了有價值的事義不容辭。

最重要的是，我們都相信有心就有願，有願就有力。

很開心看見麗雲老師再一次整理她的有效教學策略與多元教學活動分享給海內外的教學夥伴，僅以寥寥短語表達深深祝福與大大推薦。

南投縣立爽文國中　教導主任　王政忠

推薦序

攀上峰頂，更上一層雲

教育是條河，它柔情含蓄的輕吟文化的鐸聲，源遠流長，中氣十足，一路傳唱就是五千年。華夏民族整體就是個文化的歌者，粗獷的雄放有豪邁的天籟，溫雅的情愫有婉約的低鳴。中華民族的文字每個字都有生命，所以文字師、寫作師、文化師是教育的先鋒，教學基本功是硬裡子功夫，攸關教學的成敗。源清則流清，水不由其道而流，這條河就容易動盪不安，這部分我們不操心，基層中小學教師大多擁有很好的語文底蘊。可是上了講臺，不是講對了就行，還要講得精采、講得有境界。說到底，講得有魅力，是教學成功的第一步。

第一次認識陳麗雲老師，是多年前在聯合報兒童寫作班編寫講義，我負責召集四位極優的寫作編撰專家，她是其中一位。不旋踵間，如今已是名聞遐邇，兩岸當紅的語文閱讀寫作專家，能講能說能寫、敢創新敢實驗，總是獨樹一幟的講她的語文觀摩課，行腳遍及全臺灣，同時也風靡了大江南北，是海峽兩岸極罕見的全能型語文教師。掌聲沒有白給，紅得極有道理。

這是繼《麗雲老師一把罩》套書──《識字真容易》、《不再寫錯字》、《我會寫日記》、《閱讀有妙招，教學馬上好》之後，又一套語文教學實用的專書。這套書是以寫作為導向進行閱讀教學，提供實際教學設計的經典之作。有系統的整體架構，涵蓋了低年級、中年級、高年級等等的教學理念與教學實務，結合了數位具有豐富語文教學經驗的團隊。他們有志一同，全方位不藏私分工編寫拿手的領域，為基層小學教師提供了最實際有效的教學經驗。對初入杏壇的新進教師，或仍在奮鬥

的流浪教師，或仍在就學的準教師們來說，這一套書就是精進教學的心血結晶，也是教育大學師資養成教育——教學實務的大索隱。

這一本《寫作有妙招　閱讀一把罩》係陳麗雲老師負責編撰，跑在最前頭，所以先行出版。就體例而言，分成三大部分：

壹、教學理念篇：語文課，如何是好

貳、教學實務與設計篇：我這樣「玩」寫作

參、教學實錄篇：我這樣教語文

全書從【有效備課】到【教學示範】到【寫作引導】，語文教學一條龍，可謂一應俱全。是陳老師厚積之學，更是她的顛峰之作。為她在教學領域不斷的推陳出新，為她使出絕活無私無我的奉獻，我真誠的給她拍拍手。

上天給每個人的條件都很接近，我們可能羨慕別人的才情而逡巡猶豫，我們也可能焦慮自己的不足而憂心喪志。如果陳老師是語文閱讀教學的一座山，按圖索驥也好，亦步亦趨也行，後出轉精更佳。這是每一位有心掌握教學捷徑，大步邁向成功的年輕朋友，最簡便有料的一套書。

站上山頂，你就是最高的人。

建國中學老師　林明進

推薦序

邁向語文教學的新紀元

這本《寫作有妙招　閱讀一把罩》是麗雲老師的最新力作,其內容共包含:教學理念、教學實務與設計和教學實錄這三大區塊,從教學理念的澄清出發,繼之以實務的設計操作,最終則以個人的教學實踐總結。全書循序漸進、按部就班,不僅具備理論面的思維建構,也同時兼具實務面的具體操作。

《寫作有妙招　閱讀一把罩》充分貼近教學現場,並能密接時代需求的脈動。「教學理念篇」從前端的備課到單元統整以及習作運用和識字教學,讓老師或家長都能有所準備且好玩好學。「教學實務與設計篇」以寫作為核心,搭配「打開議論新視窗」和「寫作教學寶典」的單元進行,讓寫作不再成為師生恐懼的夢魘。「教學實錄篇」則是麗雲老師自導自演,親自示範教學歷程以為佐證,更能讓書中的範例有更清晰明確的說服力。

時代的進步日新月異,語文的發展也與時俱進,這在教材的角度如此,而在教學的理念與作法亦然。麗雲老師不僅擁有豐富的實務經驗,更時時惕勵鑽研發展其專業能力,並為語文教育奔走付出,成為享譽華語文教育界的一代名師。《寫作有妙招　閱讀一把罩》、觀念清晰,舉例說明尤具說服力,不但是教師教學的必備寶典,也是家長參與學童學習的重要輔助。感謝麗雲老師為語文教育開啟了一道厚重的門,至於門後世界的繽紛璀璨,就有待你我來共同發掘與分享。

國立台北教育大學語文與創作學系教授

康軒版國語教科書召集人　林于弘

推薦序
提升孩子的語文能力

人的學習是從與外界的溝通開始，閱讀和寫作是最重要的溝通方式。閱讀讓我們了解別人的想法，淬取成為自己的智慧；寫作讓別人了解我們的想法，把自己的觀點傳遞出去。國民的閱讀和寫作能力常被視為國家進步程度與創新效能的重要指標。1990 年代為了準備邁入新世紀並維持國家的競爭力，全球每一個先進國家都推動了教育改革，而每個國家都不約而同把語文能力的提昇，列為教育改革的重要項目。

陳麗雲老師是一個小學老師，具有高度愛心和理想。她以多年語文教學的經驗，發展出獨到的「語文觀」，就是學生必須要有清晰的思維邏輯，說話要說得精準到位；然而這些溝通語言的基本功，便是閱讀力的架構和培養，才能讓學子在知識經濟時代滾輪中，「讀」懂，「寫」好人生閱歷，找到自己的定位。麗雲老師發展出各類教學備課案例教材，透過各項語文教學講習，推廣她的語文教學理念。由於實施成效非常良好，贊同麗雲老師想法的人如滾雪球般的增加，演講邀約綿綿不絕，讓她非常忙碌充實，對自己的語文教學的理念更有信心。

學童語文能力和社區位置有相當密切的關係；測驗結果發現，偏鄉地區學童的平均語文成績常比都會地區學童低。因此，如何提升偏鄉地區學童的語文能力，是教育界共同關心的議題。麗雲老師認為偏鄉地區的語文教育更值得重視，她針對偏鄉地區不同年級學童的需要，編寫教材、培訓種子老師有效的使用教材。麗雲老師的熱忱付出，感動無數偏鄉地區的校長和老師，使得他們樂於支持並參與提昇學童語文教育的活動中，激發出一股由下而上的語文教學改革潮流。

　　扶輪社是國際性的公益團體，各扶輪社常結合其他國家的扶輪社，共同辦理國際服務活動。台北華山扶輪社 2016-17 年世界社區服務委員會主委張金宗先生偶然得知麗雲老師長期以自己的力量關懷偏鄉地區語文教育，特地邀請麗雲老師蒞社演講。演講中，麗雲老師訴說著她對教育的熱情。在她長時間的基礎教學過程與兩岸四地的實地參訪經驗中，她憂心當前學生表達技巧不成熟，邏輯思維與學識能力也讓人擔憂。

　　我是台北華山扶輪社的一分子，服務大專教育多年，尤能感受到麗雲老師對偏鄉語文教育的熱血和傻勁。教育改革，老師的熱血和傻勁常是成功的關鍵因素。聽完麗雲老師演講後，我們決定邀集扶輪 3520 地區第 10 分區 6 個扶輪社、高雄拾穗社以及日本大阪環球市扶輪社一起支持麗雲老師偏鄉語文教育的做法，共同為臺灣偏鄉地區學童語文能力的提昇盡棉薄心力。第一年先從新北市濱海地區幾所小學開始，請麗雲老師為這些學校老師辦理語文教學工作坊，我們也提供學生學習所需教材，協助教師順利進行教學，之後會視情況擴大到其他偏鄉學校。

　　大家都知道語文能力的重要性：但誠如麗雲老師所言，在這個科技時代，人與人的溝通，多了螢幕中字元的交流，卻少了話語交談的真誠。網路興起，簡潔快速的「火星文」充斥，更將學生寫作識讀的能力降低，進而影響語文作為溝通表達工具的喪失。這樣的現象，在大學裡相當普遍，讓我們在大學服務的老師深感憂慮。麗雲老師編寫的教材注重語言學習和文字運用的內化經驗，探索了閱讀技巧被忽略面向的深刻體會，能讓火星文轉化為有血有肉的暖文，讓螢幕族也能閱讀書本的溫度。她的教材如果能好好品味，相信受惠者不僅是小學的學童而已，尚可向上提升到不同年齡層，這是一同從事教育工作者的我們樂見的事。

開南大學校長　林俊彥

推薦序
在閱讀中輕鬆涵養寫作能力

每個寫作活動是否能夠順利的推動執行，與寫作者的知識、能力、情操三者能否緊密搭配，有著重大的關聯。寫作知識主要經由閱讀擴展對寫作主題的認識，更重要的是在閱讀過程中學習寫作所需的語文知識，諸如詞彙知識、語法知識、修辭知識、文章知識、文體知識等；寫作能力除在日常生活中培養對事物的觀察、體驗、想像、聯想與思維，涵養一般技能外，回歸寫作實質面，寫作者需要清楚掌握寫作的步驟，從審題、立意、選材、組織、書寫到修改，按部就班的操作，方能完成篇章寫作；至於寫作情操，則涉及為什麼寫的問題，亦即寫作者如果有比較強的寫作動機，知道怎麼寫、喜歡寫，那麼寫作活動便不會是太困難的事了。

麗雲老師長期在語文教學的園地耕耘，是臺灣傑出的語文教育專家。近年來，經常獲邀出席兩岸四地的各種語文教學研討活動，更讓她體悟到語文教育的重要性，以及反思臺灣語文教學的困境與出路，今有大作《寫作有妙招　閱讀一把罩》專書問世，不藏私的與大家分享她的教學理念、教學設計案例，可以讓更多喜愛語文教學的老師，一窺典範教師的教學理想與實務設計，進而找到有效教學的路徑，嘉惠我們的孩子。

本書開宗明義指出「以寫作為導向的閱讀教學，更能讓教學有效聚焦，更能讓教學有層次且具體化，才能真正培養孩子的能力。」誠然，在閱讀中，學生可以藉由文本學習語文知識，學習寫作的技巧，才是最輕鬆有效的學習方式。然而，教師傳遞這些知識與技能，便涉及如何備課，如何指導學生在閱讀中學寫作的問題了。麗雲老師透過記敘文、說

明文、故事等課文實例，詳細的闡述在備課中如何設定語文教學目標，才不會讓國語課失了語文味；在教學過程中，如何培養學生的自學能力？以及怎麼教，才可以讓學生由讀到寫？可以運用哪些策略教學，養成學生自學的習慣等等，清楚明確的點出運用課文教導學生讀寫整合的學習方案。除了單課案例的指導外，本書也配合臺灣教材以單元編輯的特色，設計了單元統整教學的讀寫案例，讓學生可以透過大單元的課文連絡，掌握文本主旨與寫作主題。

而在教學實務與設計單元部分，本書提供了一般教師比較少嘗試教學的議論文教學案例，透過詳細步驟的引導，讓主觀說理的議論文寫作變得容易而且有趣。另外，還有實用的寫作教學寶典，指導學生如何書寫讀書報告、旅遊日記等應用文寫作。而書末則放置了麗雲老師精采教學的課堂實錄，包括詩歌、說明文、記敘文的閱讀理解教學、讀寫整合教學，場場精采，可以讓所有教學者了解麗雲老師深厚的教學功力，以及對文本的詮釋與落實。

好書難得。語文教學的好書尤為珍貴。麗雲老師透過本書傳達對語文教學的熱情與期許，藉由案例深入淺出的解說與引導，相信可以讓所有教師在課堂的教學更得心應手，真正帶起每個孩子的讀寫能力。

國立臺中教育大學語文教育系系主任　楊裕貿

（推薦序內容按姓氏筆畫排列）

作者序
傾聽語文的心跳，享受教學的燦爛

> 如何讓你遇見我
> 在我最美麗的時刻
> 為這
> 我已在佛前求了五百年
> 求祂讓我們結一段塵緣（一棵開花的樹～席慕蓉）

我不知道我的人生最美麗的時刻是什麼時候，但我知道，身為教師，最美麗的時刻，是站在教室正中央的時刻，是與孩子們眼神交流，陶醉投入在課堂的時刻。所以，我應該可以這麼仿寫：

> 希望讓你遇見我
> 在我最美麗的時刻
> 為這
> 我已在課堂琢磨了 27 年
> 為這生命圓滿的一刻

是的，27 個春秋，27 個寒暑，一萬多個日子，一切的累積與努力，似乎只為了成就這本書籍──我的教學心法。感謝每一個與我交會的孩子，感謝每一雙熾熱發亮的眼眸，每一次的相對凝視，我都很珍惜！細數我的教學歷程，除了今年擔任閱讀推動教師外，共擔任了 26 年的導師，帶過 11 個班級。 我記得我每一個孩子的臉龐，我記得我們在課堂裡，譜寫生命影響生命的故事。

我早已忘了 27 年來，我和孩子上過哪些文本，說了哪些話，教導什麼內容，但我們卻能清晰的記得，我們在課堂上進行過哪些活動，學到了哪些學習的方法與策略；記得我們如何面對挑戰與艱難，最後柳暗花明那種飽滿的學習喜悅。原來，教育真的是一個人在離開學校後，卻

仍記得的知識，是教導我們如何生存、如何生活，是一雙能讓我們飛得更遠的翅膀。所以，我們在課堂上，真的就要教導核心素養，培養孩子帶得走的能力。我想：

教學，是教如何學；

學生，學的重點在生成，沒有學生參與什麼也成不了。

生動，唯有學生動起來，才有課堂的精采。

這是我們該努力的方向，也是讓課堂歡樂又有效益的妙方。

「每個小孩都是一棵樹，這是森林的開始。」每一個時刻，當我們努力澆灌，我們的課堂漸漸會有一抹翠綠、深綠，那時，課堂裡會有風，會有綠蔭與故事；當孩子雀躍歡愉的告訴我們「學會」了，「讀懂」了，那就是課堂最美麗的時刻了。這時，真的印證了：世界真的不只眼前的苟且，還有詩與美麗的遠方。

身為語文老師，我喜歡閱讀，尤其是閱讀人專注的臉龐，閱讀開在人們臉上燦爛的花兒；我喜歡寫作，尤其是記錄孩子歡欣的表情，書寫著生命影響生命的故事！閱讀，是我的養分；寫作，是我的信仰。我始終認為，閱讀與寫作是一體的兩面：透過閱讀，能有效提升寫作表達力；透過寫作，更能檢視閱讀來時路的足跡。這幾年我有很多機會與臺灣、大陸、香港的眾多現場老師同臺對話交流、分享學習，站在不同的高度與角度看世界，我的眼界開闊了，我的視角多元了。我深深刻刻體悟到：學習，真的是一件幸福又美麗的事！也因為這些特殊際遇的學習與交流，我漸漸有了自己的語文觀，有了我的教學心法。

以往，我們總是透過讀寫結合達到語文工具性與人文性的有效結合，但是這幾年，我發現以寫作為導向的閱讀課，更能協助教師和孩子在輕鬆歡樂的課堂獲致語文力，培養語文素養。以寫作為導向，目標精確，方向正確，教學有效益的路就不遠。我期待與眾多老師們分享如何翻轉我們沉悶規律的課堂，我期待與大家一起攜手進行有意識的語文教

學，靜心耕好語文的田，培養真正的語文力，培植自學力。

回首我 27 年的教學生涯，似乎只是一眨眼的瞬間，卻似乎又是漫長的教學旅程。我不知道我何時開始愛上教學的，我不知道我何時開始喜歡期待與孩子營造一方讀寫課堂的。我只知道，當我站上講臺時，我的精神是亢奮的，我的心情是飽滿又歡喜的，我是陶醉與享受那份美好的。

當教學有成就感的時候，辛苦感會降低，幸福感會提升。或許，是教學的成就感讓我感受到滿滿的幸福感，讓我對課堂充滿了無限的期待與源源不絕的能量。而今的我，是如此享受著與孩子在課堂上文本的冒險，享受著與孩子在教學上思維的碰撞。原來，孩子是最好的老師，教會我如何當一位「老師」，如何把自己的能力，透過教學活動與設計，轉化成學生可以學習的能力。

這一本書能夠誕生，要感謝好多美好的緣分：感謝與我交會的所有孩子們，感謝始終給我不同學習機會的眾多師長與貴人們，感謝與我對話交流、討論的老師與家長們，語文教學的風景，因為一張張發亮的臉龐更顯燦爛！感謝華山扶輪社願意助我完成教育夢，挹注經費購置這一套書（含三本學生使用的寫讀教材）為偏鄉的孩子和老師盡點心力；感謝我親愛的家人，感謝愛我與我愛的人，願意包容我，並成為支持我的最堅實臂膀。

「一棵樹搖動另一棵樹，一朵雲吹動另一朵雲，一個靈魂喚醒另一個靈魂。」有人說，做自己喜歡的事是幸福；我很感恩，我很喜歡自己做的事，這是人生莫大的幸福！我願意傾注全力，與您一起傾聽語文的心跳，享受教學的燦爛。

陳麗雲

[壹]
教學理念篇

語文課，如何是好

一、我的語文觀

這幾年，語文課被大大的重視，語文課，被賦予重要的使命。有人說，語文，是國家的命脈，是學習所有一切學科的基礎。我認為，語文是要形塑語文素養（語文運用能力、學識修養、人格修養），給學生一個思考的支點。

這幾年我走過兩岸四地，看過很多大陸特級教師、香港、澳門和臺灣優秀教師的精采課堂，真實的體認到：一個人的語文能力有多強，世界就有多寬闊。一如余光中教授曾說的：「**國家的文化是一個大圓，圓心無所不在，圓周無處可循，而，語文就是半徑。**」當你需要清晰的表達想法，需要有順序、有邏輯的思維系統，需要有條有理的把話講得清楚，說得明白，說得精準且到位，說到人的心坎裡，不僅要言之有理，言之有物，還要言之有序，言之有情，最重要的就是語文能力了。尤其面對知識經濟時代的來臨，閱讀力與表達力更是競爭力的代名詞。

這些年來，我也經常受邀參與兩岸四地教育交流。每次交流學習，肩上所承受的壓力自是不小，因為與我同臺的不僅是大陸優秀的特級教師，我面對的，更是一群眼神閃閃發亮，坐姿端正，充滿學習慾望的大陸學生。大陸學生有著令人震驚的傑出邏輯思維與學識能力，表達力更是精準流暢，我不禁陷入深深思考：想到自己的孩子，想到自己的學生，將來他們可是要和大陸、香港、甚至全世界的人才相互競

爭、合作的。我不免擔憂起來，面對時代滾輪轉動得如此快速的現今社會，孩子們要如何因應？他們必須具備何等多元的能力，才能面對未來多變的世界？

面對 21 世紀，孩子需要的教育是什麼？是思考力的教育，是批判性思維的能力。那麼，身為教師與家長的我們，是否培養了他們面對未來的能力？是否讓他們從小準備面對挑戰的核心素養？身為孩子的守護者、陪伴者，我們期望孩子有光明燦爛未來的同時，怎能不與時俱進？怎能不好好為他們打造競爭力？畢竟，孩子是看著我們的背影在成長學習的啊！

因為閱讀力就是競爭力，於是，語文課、閱讀課遂瞬間變成鎂光燈聚集的焦點；於是，閱讀教學被認為就該從語文課入手，語文課似乎就被認定是閱讀教學的化身。然而，這，真的是語文課真正需要的面貌嗎？

我想：閱讀教學不僅是語文課的事，語文課也不僅只有閱讀教學這件事。

閱讀教學不僅是語文課的事

臺灣面臨少子化的因素，現代的父母師長，總希望孩子贏在起跑點，所以從幼兒開始，便給了很多看似華麗的「課程」。我比較納悶的是：贏在起跑點，卻輸在終點，那該怎麼辦？太多的研究者發現：過多的學前班學習（機械化的訓練）、經歷，可能會阻礙兒童的進步，讓他們對所有的學習卻步。其實，主動探索勝過課堂說教，孩子都是在「玩」中學習與成長

的啊！「玩」常被認為是一種不成熟的行為，不會成就任何事情，但這在孩子們的成長過程中是必不可少的。在「玩」中，他們需要學會堅持、控制注意力、控制感情。「玩閱讀」，更能讓孩子通過玩耍學會這些事情。

其實，閱讀教學不僅只是語文課的事，閱讀教學是每一個科目都需要關注的，只是因為各科的教學目標不同，關注的層面和方式就有不同。例如：一本《音樂家的故事》，由語文老師來帶和音樂老師來帶，可能關注的層面和表達方式不同，但不管是音樂老師或語文老師，都是閱讀教學重要的推手。有人教導音樂家的創作歷程和音樂家的生平故事，有人以人物寫真的方式介紹讀懂書寫名人傳記的方式，有人……換言之，每一個教師或是家長，都是孩子閱讀時重要的陪伴者；每一個科目與文本，都能進行閱讀教學。

我總認為，教育的目的不是灌輸給孩子知識，而是讓孩子發現自己，探索自己，進而成為一個更好的「人」。「人」：「**一撇一捺互支撐，一靈一肉兩相成，一情一理為雙翼，一言一行賴悟功。**」「人」之一字，筆畫雖少，卻很難寫好。美國城市經濟學家、哈佛大學教授愛德華‧格萊澤也認為：「**城市的核心是人，而不是鋼筋水泥。基礎設施只有在為市民服務時才是有價值的。但是，城市的建設者很多時候將表面的光輝擺在人的需求之上。**」是的，工程會讓城市變大，但只有文化能讓城市變偉大，最重要的一個核心元素，就是「人」。

教育的目的，不就是在育人嗎？教育的對象，不就是在教人嗎？閱讀是啟動想像力的鑰匙，是我們飛越古今中外的隱形翅膀。能讓我們隨時打開門窗看見窗外藍天更廣闊世界的，不外乎就是閱讀了。透過閱讀，我們可以與千年的詩詞相遇，與千年的詩人心意相通；透過閱讀，我們可以穿梭古今，上窮碧落下黃泉的展開無限想像，可以看到很多可歌可泣的故事，更可以見到壯烈偉大的史詩。這不是很美的幸福嗎？

語文課不是只有閱讀教學

當然，語文教學也不是只有教導閱讀這件事。我們的 97 課綱裡，語文的六大能力指標分別是：

1. 注音符號
2. 聆聽
3. 說話
4. 識字與寫字
5. 閱讀
6. 寫作

語文課是一個既龐大又組織複雜的課程，這六大能力在教學時是環環相扣，無法單獨切割的。它應該被視為一個有機體，有意識、有順序的教導孩子傳情達意，成為一個真實能面對未來挑戰的「人」。我曾說過：這六大能力指標裡，前四個都是培養閱讀和寫作這兩種能力指標的基本功（詳見《閱讀有妙招，教學馬上好》）。也就是說，語文教學的終極目標是：閱讀、寫作——「讀」懂、「寫」好。換句話說，讀

懂內容只是閱讀教學的其中一部分；重要的是，還得「讀出寫法」，從而進入「寫作表達」。唯有讓語文的工具性和人文性交互結合，我們孩子的讀寫能力才能真正具體被建置起來。

然而，語文課不應被窄化為閱讀教學課，只走進「內容分析」的小徑，那是讓語文課和閱讀教學都走進誤區。現在很多人以為閱讀理解就是問 PIRLS 四層次，但問「好」問題只是讓孩子讀「懂」的手段與過程，不是語文課的教學主體。若只拘泥在問題是屬於哪一個層次，反而讓教學窒礙難行；若內容分析過度發揮，把大人的「研究」帶進課堂，不顧學習的對象和目標；若語文課只是成為一般的閱讀教學課，為問而問，把內容支解成好幾層次，支離破碎沒有整合，那孩子到底要學會什麼語文力？語文課還是我們的語文課嗎？

我非常贊成「問好問題」的重要性，但提問策略只是一種技巧，一種手段，它的目的是培養孩子會自己提問，摘要重點，能自主學習。自主學習的關鍵就是激發孩子的好奇心、求知慾，激發他們的問題意識和創新精神。只有孩子腦袋裡自己對事物產生了疑問和好奇，創新才有動力。孩子能自己發現問題，自己提出問題，自己嘗試解決問題，這才是我們教學想達到的終極目標。因為，能發現問題，可比解答問題更重要啊！

所以，閱讀教學並非語文課的全部，只是其中一個重要的內涵，內容分析也只是閱讀教學的其中一環

而已。閱讀教學的華麗轉身，應該是以文本或材料為例子，教孩子會閱讀，進而愛閱讀，終身閱讀。閱讀教學，有一個很重要的使命，是作為寫作的前身與鋪墊，是為寫作奠定基礎。這幾年我到處分享帶老師們備課、看課和聽課的經驗，大部分老師都告訴我最害怕寫作教學，因為孩子的寫作能力日益下滑，老師雖然心急卻束手無策。老師們說：「感覺該教的都很認真教了，也很認真帶孩子讀了，但寫作力始終提不上來……」。

以寫作為導向的閱讀教學

我想：以寫作為導向的閱讀教學，更能讓教學有效的聚焦，更能讓教學有層次且具體化，真正培養孩子的能力。我們的語文教學要和內容分析式的閱讀教學說再見，轉以寫作為導向的閱讀教學，既學課文又真實學到一些寫作知識，這樣才更能合乎語文教學的本質。

語文課重在強化表達運用，表達運用需要練習，需要寫作。以前的課堂是老師講得多，學生練得少，可是語文課要努力改變這樣的現象，要改變以課文內容理解為主要目標的這種講讀模式，真正把學生的語文知識、語文技能訓練起來。回歸到寫作，便能比較精準把握住我們的語文教學目標。

以寫作為導向的閱讀教學和讀寫結合不同。以前我們常說的讀寫結合，仍舊是閱讀本位，重在文本的讀懂、理解上，以閱讀帶動寫作，是以閱讀為主，寫

作為輔。教師解析教材若以閱讀教學為導向，以提問讀懂內容為重點，甚至有時「不知不覺」很認真的教了跟「語文領域」無關的內容，還以為「該教的都教了」，但這樣的語文課根本是做白工，教學目標相對容易失準，甚至淪為為其他科目打工的下場。

以寫作為導向的閱讀教學則是考量文章中哪一點對學生的寫作最有助益，如何將文本轉化成他們寫作的鷹架，對寫作技巧的掌握。以寫作素養的系統性作為教學設計的出發點。這閱讀教學是指向寫作的目標，關注文本寫什麼？怎麼寫？真正能發揮語文的工具性。

若能以寫作為導向進行閱讀課，試著思考：「教完這一篇文章，可以讓孩子寫什麼作文題目？」以這樣的角度來進行教學，語文的「傳情達意」工具性才會真正落實，學生的讀寫能力才能真正具體化起來。

若能以閱讀為經，寫作為緯，逐步具體有意識的打造讀寫課堂，那我們孩子的閱讀力、寫作力、表達力、自學力必大大提升。讀懂，才能寫好。若我們的孩子有了強大的讀寫能力，未來的競爭力還有可能會弱嗎？

從讀多到讀懂

臺灣這幾年來，閱讀教學產生了悄然的變化。因為 PIRLS 和 PISA 的衝擊，很多家長、教師都深刻發現：讀多，不如讀懂。因為書永遠讀不完；讀不懂的時候，讀再多也只是填鴨死背和生拼硬湊。早期我們

談起閱讀教學時，總是朝讀大量課外讀物這個方向來思考，當時是著眼於硬體的充實，以為有了圖書館，有了書，就可以打造孩子的讀寫能力。於是，各鄉各鎮都有圖書館，各縣市政府也所費不貲的購置大量圖書，期許這些館藏能增進我們孩子的讀寫能力。然而事情總未必能如我們所願，當教師費盡心力推動閱讀課外讀物後，不少學生的讀寫能力依然無法和我們所付出的心力成正比，於是教師大嘆事倍功半，感到無助疲憊。

其實，教師在課堂上，精教精讀的都不是課外讀物，而是我們所使用的課本。從香港的成功經驗，我們可以知道：在課堂上實施策略教學，使課外閱讀課內化，可以有效提升學子的語文力。所以，這幾年臺灣的閱讀教學，已經從硬體的充實，蛻變成軟實力的精進，這種質變，是更合乎孩子具體需要的。現在，我們理解了課堂上應該施以閱讀策略教學，佐以寫作策略教學，當孩子擁有這些閱讀力、寫作力的時候，他們就更能拓展閱讀、寫作相關的主題或文本了！

所以，當我們在進行教學時，第一個要思考的是：我要「**教什麼？**」只有目標正確，我們的心力和教學效益才能顯現。第二，才思考「**怎麼學？**」怎麼為孩子設計學習鷹架與過程。

然而，語文課，到底是要教什麼？拿起課本，努力備課的同時，我們該思考的是：教師，是教教材，還是用教材教？教師，是教文本？還是教能力？

文本，在教學現場，一般指的就是教材。一般教

師最常用的教材，便是課文。然而，面對同一篇課文，每一個老師對文章的解讀可能不同，孩子對文本的認知更是殊異。閱讀就是由作品、讀者共同建構的動態過程。最美好的情況是閱讀帶來審美動機，讓讀者在閱讀文本時通過接受文本而獲得情感愉悅，怡情悅性，是自由、輕鬆、平衡、協調的閱讀體驗，這已經很難得了。更何況教學中，除了作品、讀者之外，還另外存在著教師和學生，這是多複雜的工程啊！

一千個讀者有一千種需求，教材中的文本和大眾的距離難以調適❶。美國人本主義心理學創始人馬斯洛說：「**兒童有著天然的好奇心，對文本有著天然的嚮往。**」這種嚮往表現在兒童對於故事性文本有著本能的衝動。兒童熱愛故事，在圖畫、文字營構的文學世界中暢遊以了解世界，從中獲得身心的愉悅和滿足，產生「有趣」、「好看」的閱讀體驗。這是每一個兒童的閱讀本能和內心需求。可是語文教材的價值是掌握「語文基礎知識，為人處世的基本道理，參與社會生活的基本技能」，它的存在和一般文學故事作品不同，因為它承載著教育使命。

所以，面對文本，面對教材，教師應該是「用教材教」，教導學生策略與能力，而不是「教教材」，教文本。

語文具有工具性和人文性兩大特質，以往我們多半圍繞在人文性，內容分析與情感的交流，卻忽略了要學習如何運用語文傳情達意「方法」的工具性。閱讀，是「讀」懂；閱讀教學，是「懂」讀。我們要教

❶ 接受美學認為：沒有被讀者真正解讀的作品只能算是「第一文本」，是孤立、自在的；被讀者解讀後，作為讀者的審美對象了，方可成為「第二文本」，是具多元、存在的。可見，讀者意識至關重要。

導孩子如何讀懂文章、如何學習，這樣才能學習遷移，培養自學力，真正的讀寫能力才會被建置起來。

　　教師教學時，需先關注兩點：一是「教什麼？」這需要教師備課，學生預習。二是「怎麼學？」學生怎麼學，繫乎教師「怎麼教」，透過哪些課程活動讓孩子學習。然而，選取「教什麼」是一個充滿藝術、哲學、技術的學問，選擇時，我們需剛（課綱、文本）柔（學生、教師）兼顧，必須思考所要學習的知識、能力和方法。

　　例如寫字，如何才算「寫一手好字」呢？寫得好、寫得快、行款整齊、力求美觀之外，當然還要有一定的速度。當孩子知道這個具體要求是「好」的時候，就有了追尋努力的目標。

　　我們希望孩子慧讀、會讀。其實，讓孩子們朗讀也可以略窺他們的語文能力。好的朗讀就是閱讀理解的展現，就是一種表達方式。有情感的朗讀，並非充滿北京腔的翹舌音，並非矯揉造作，而是透過他的斷句，理解他對文章的理解；透過語調，知道他對文章內容與情緒的理解。例如：那天學校廣播：**「請高年級學生到視聽館聽『租稅教育』。」**有個一年級孩子傻傻的問：**「為什麼要去聽豬睡覺？」**呵呵！這就是天真的孩子讀不懂，斷句錯誤所造成的笑話啊！

　　當然，孩子的語文力如何，從寫作中最容易看出。所以我們課堂上最重要的是思考如何打造寫作力。孩子的寫作多是「習作」（練習寫作），而非創作，畢竟能自行創作的優秀孩子不多。因此我們在課

堂上就要教孩子讀中學寫，寫時用讀，讀寫共進，以寫作為指標串起閱讀課，讓「讀懂」真正落實，讓「孩子擁有自學力」這個理想，不再遙不可及。

語文課專心做語文的事

這幾年，我經常有機會面對許多教師，陪伴他們備課與討論語文教學的點滴。我總要小心提醒廣大教師們：語文課，就是要專心做語文的事。而什麼是語文的事？就是讓孩子在課堂上獲得語文素養，把語文課上成語文課，而不是淪為為其他科目打工的可憐蟲。有多少教師在課堂上努力認真，卻忘了這一堂課的教學目標，把語文課上成社會課、自然課，或是綜合課、生活課；口沫橫飛的同時，卻忘了還給語文課堂清麗的面貌？難怪學生語文的讀寫力不如教師預期。或許我們都得思考：我們在語文課，真的有專心做語文的事嗎？還是把語文課，上成了任何科目都可以取代的課堂？語文課若脫離了本質，孩子的語文能力真的能好嗎？

就小學語文課程而言，「教什麼」是最模糊的。教師面對一篇篇課文，到底要教學生學什麼？學生面對一篇篇課文，到底要學什麼？不確定、不清晰，這是語文老師難為的地方，也是我們詬病語文教學效益不高和教科書不好用的地方。我們要研究的是清晰的把握每一篇課文要教的點，由點而線，由線而面，編織起學生學習語文的網絡，而不是以創造性延伸活動來敷衍。

　　所有的教學科目裡，只有語文課的「教什麼」最無法讓人掌握。數學課本裡的目錄，從單元標題到小標題都很精準的告訴你「教什麼」，社會科、自然科等領域也是如此，所以教學目標不容易失準。但語文課本的目錄只有一篇篇的課文，從目錄無法精確具體知道「教什麼」，一旦教學目標不精準，語文課就會淪為總是在替生活、綜合、社會、自然課打工的科目。所以語文課常常變成情感交流課、內容分析課，無法有系統的建置孩子的學習階梯。如果語文課可以和各科一樣，都靜心耕好自己的田，那麼我們的課堂就會更有效率。

　　還記得看過兩岸交流的一堂語文課堂公開課，執教的教師面對二年級的學生，以《阿松爺爺的柿子樹》這本繪本進行教學。教學目標是：

　1. 能了解分享的意義

　2. 能學習如何與人分享

　3. 能感受與人分享的快樂

　　這是一堂非常活潑有趣的公開課，然而聽課老師們卻產生以下疑問：

　　「這堂課，是語文課嗎？」

　　「上完這堂課，孩子學到什麼語文知識？獲得了
　　　哪些語文能力？」

　　「這堂課的語文要素和教學目標是什麼？」

　　是的，上述三條教學目標，似乎沒有語文課的本質。如果這樣的教學目標，綜合課、生活課也能完成，為何需要用語文課來進行？如果我們的語文課是綜合

課、生活課所能取代的，如果我們的課堂上沒有語文要素和語文內容，那我們怎能要求孩子要運用語文「傳情達意」？怎能要求學生的語文能力日益提升？

愛因斯坦說過：「**教育就是當一個人把在學校所學的全部忘光之後，所剩下的東西。**」以我們自己為例，我們記得以前上過的哪些課堂？正經八百努力上的課，在課後能留存心中的東西少得可憐，而那些不經意和孩子共度的快樂時光卻成了師生間永恆的記憶。日後，孩子可能會忘掉他讀過哪一篇文章，讀過哪一本繪本或小說，但他會記得如何有條理的敘事，如何透過哪些事或語言突顯人物性格或特質，如何言之有序……這才是我們該教孩子的，才是真正「用教材教」，而不是只有「教教材」。

語用～語文是拿來實用的

美國課程論專家泰勒說過：「**評價一堂課的效益，不是看老師教了多少，而是看學生學會了什麼。**」「怎麼學」比「怎麼教」重要，所以，學生學會什麼，比老師教了什麼更重要。而如何知道學生學了什麼呢？看他們如何運用語文表達，如何運用語文傳情達意，就可以知道孩子到底「學會」、「學到」什麼。基於這個角度，「語用」的觀點就非常重要。

語文是個工具學科，透過文本不僅可以學到人文性（精神、情感），又可以學習語文表達的工具性。但最重要的，應該還是語文的實踐性，也就是學語文的目的，是為了「運用」，而不是為了應試與寫作業

而已。

托爾斯泰說：「**孩子們都是直接去感受藝術的，就像對空氣和水一樣，要用手去摸。**」所有的學習，理解了以後一定要讓孩子去實踐，學習運用、學習體驗和感受，這樣的學習才會真實。背誦、理解得再多，不會運用，就是無效，甚至無用；運用以後才真正將知識轉化為技能，孩子才能真正掌握方法，學會策略。所以我是「語用學」的推行者，因為語文是拿來運用、實用的學科，只有透過實踐學會運用，才是真正懂語文的人。

語文是一種實踐性課程，應該著重培養學生的語文運用能力，所以教師要多給孩子運用、實踐、表達的機會。因為學生的語文能力，無論是聆聽、說話、識字與寫字，還是閱讀、寫作的能力，都不是老師講會、教會的，而是學生在聽說讀寫的運用與實踐中形成的概念，獲得的、習得的能力。例如騎單車，最好的方法就是讓孩子自己去練習騎車，自己去做一遍，體驗如何騎車而不摔傷，體驗如何讓身體平衡安全前行。這些都是靠實踐、運用才能真實獲得的能力。而一旦獲得這些能力，一如游泳一般，那種能力是終身都帶在身上的真正財富。

我們的孩子從小就與語文相處，浸潤在豐富的情境中學習語文。當語言文字能真正運用，具體實踐，便能從中領悟到我們漢語的文化內涵和語文應用的規則。所以，課堂上要引導學生多讀書、多累積，重視運用。這時，配合相關的閱讀策略，就能讓學習更有

效。要不然，若只是教了策略而沒有運用的機會，所有的策略也只是「策略」與扁平的知識。

　　孩子們的學習，是從不會到會，從不熟練到熟練，從初淺的閱讀到深層的閱讀，是由低到高，由淺入深的發展過程。在學習過程中，「聽者千萬遍，不如自己做一遍。」真正實踐過，讓知識變成活用的能力，這樣的進步與行為變化，才是評價有效益教學的指標。

只要「好」就「好」

　　小學語文課，說複雜也複雜，說簡單也簡單。我想，好的語文課不外乎：只要「好」（喜好）就「好」！例如：

　　　　「好」寫字，寫「好」字；
　　　　「好」讀書，讀「好」書；
　　　　「好」作文，作「好」文。

　　興趣是最好的老師，有興趣才能讓學習有效，才是最好的學習方法。我們做事一般有內部動機（興趣、愛好）與外部動機（考試、家長壓力、獎賞）。靠外部動機做事，只是符合「規定」，很難長久，也相對不會有好的品質與效益；有興趣才能讓事情的進行更有效。所以，對教師來說，興趣也是職業發展的最重要因素之一，因為只有內驅動力才能讓學習真正啟動。

　　從學習心理學的角度來看，動機❷是引發孩子進行讀寫學習的始動力，是個人心理活動和行為的基本

❷ 在心理學上，「動機」被視為人類行為的原動力，是活動、行為或學習的原因。動機是一種內在的歷程，可以引起個體從事某些活動、行為或學習，並維持已經引發的活動能夠持續的進行。因此在學校教育上，引起學生的學習動機，被視為驅使學生上課專心聽講，課後認真複習，追求好成績的原動力。如果能持續讓學生維持學習動機，即能培養學生對學習的興趣。

動力。好奇和好勝是人類與生俱來的心理特質，也是教育上最可貴的學習動機。好奇心會使學生對事物產生興趣，喜歡讀、喜歡看、喜歡問、喜歡想，因而產生學習行為的動力。好勝心也是一種學習的驅力，驅使學生主動嘗試各種學習和活動，並與人競爭學習的成果。學生經驗到成功的果實之後，會持續保有求勝的動機。好奇心和好勝心會激發學生主動探索事物的真理，進而進行各種嘗試、操作、比較、分析等較高層次的學習目標。

「當你真心渴望追求某種事物，整個宇宙都會聯合起來幫你完成。」我想這句話是需要修正的，應該這樣說：「當你真心渴望追求某種事物的時候，你的內在便會湧現整個宇宙都無法抵擋的力量，驅動你走向成功。」身為教師，最有可能、也最效的就是改進課堂教學的方式，因為學生學習課文是相對被動的，所以教師要用鼓勵引導代替灌輸填鴨。對於某一部分學生來說：學課文，不是閱讀行為，而僅僅是「上課」，唯一能實現其價值的就是考試成績。當成績很難令自己、師長都滿意時，價值期待便無從談起了。

所以，讓孩子先喜歡上語文課，喜歡閱讀（悅讀），愛上寫作吧！不管是讀大自然的書，還是讀有文字的書，用眼、用感官、用心、用腦去想，用心、用筆寫作、記錄，學習才會真正生動起來。身為孩子陪伴者與支持者的我們，應該多用心，回到兒童的高度看世界，以童心成就孩子，做孩子生命中的貴人，才能讓教學更有效能、有成果，讓孩子的學習更愉悅充實。

二、有效備課，
教學馬上好！

和各縣市教師備課時，我最常被教學現場教師問到的是：

「國語課，教什麼？」

「這一課，怎麼教？」

「怎麼找出一課一重點的教學點？」

……

諸如此類的問題，似乎對許多教師造成困擾！

「用教材教」，而非「教教材」

身為孩子學習的陪伴者與引導者，教師必須做到「讀懂」：讀懂文本，讀懂學生。也就是要知道學生讀懂文本時需要哪些幫助，哪些指導和操作，能學到什麼知識或能力。我曾聽過一句話：**要給學生「一杯水」，教師需得「一桶水」。**當然，有了「一桶水」，關鍵還在「怎麼給」、「給什麼」。如果給的都是學生懂的，那學生如何伸展？如何跳躍？如何更進一步？

我認為：語文課，教師就是用教材教給孩子語文能力，教師要「用教材教」，而非「教教材」。所以備課時，要記得「從教課文到學語文」這個重要的概念，也就是教導課文的目的，是讓學生能夠學習語文能力，因為課文只是為了達到教導語文能力的「例子」而已。

　　課文不是一般的文章。文章一旦進入教材，就被賦予教育學與心理學的意義，是教與學的「例子」。閱讀此文章的，不再是普通讀者，而是教學者（教師）和學習者（學生）。

　　關於閱讀，每個人的反應、接受度和程度都不同。「**成功的理解是讀者與文本良好互動的結果，讀者閱讀高可讀性的文章時，會產生較好的理解，以及較佳的學習與學後保留效果。**」（Klare, 1963, 2000）閱讀，對我們而言，太近了，也太遠了！我們從一出生就開始閱讀，閱讀在身旁照顧我們人們的臉龐，閱讀，是發生在周遭很親近的事。現在的知識經濟時代，每日周邊的訊息如潮水般湧來，誰能快速解碼資訊，誰就擁有競爭力。因此，閱讀理解被高舉旗幟，文本拿在手上，如何「讀懂」成為一大關鍵。閱讀，似乎是一門專業科目，瞬間又離我們很遙遠。

　　對小讀者而言，進入學校之後，家長、教師口中的閱讀似乎就是辛苦的事。如果我們的小讀者能有一個值得信任的大人為他提供各種協助，分享他的閱讀經驗，那麼，他將可以輕易排除各種橫亙在他眼前的閱讀障礙。當孩子面對文本產生疑慮、隔閡時，很自然的會參照家長或教師的反應。如果此時家長或教師能引導學生走入文本之奧妙，協助找到切入點，就能幫助孩子讀懂文本，接受文本，閱讀文本。

　　我們的教學視角是「教」學生「學」的視角，是要讀懂編者意圖（這些在課文單元頁和教師手冊都有），閱讀相關材料，習寫相關文句。當然，我們也

要以兒童的視角來看世界。當教師回到兒童的視角，蹲在與孩子一樣的高度，才能了解兒童所能「讀懂、寫好」和「讀不懂、寫不好」的地方。所以，課堂教學的重點，應該在教導孩子閱讀或寫作的方法或策略，才能真正「培養孩子帶得走的能力」。

從閱讀到寫作的歷程，必須經過「記憶→理解→回應」，從「讀過→讀懂、讀通→讀透」，才能轉化成自己的寫作力。這也是為什麼，要訓練寫作力，必先有閱讀力的主因。要有良好的寫作力，必得先「讀好書」。「讀好書」有兩大關鍵：把書讀好，讀好的書。畢竟世上不存在沒有思考的寫作，只存在沒有寫下來的思考。然而思考、感悟若沒有記錄下來，就會稍縱即逝，甚是可惜！所以，當透過閱讀累積後，就要大量書寫。只有寫，才會寫；只有會寫，才能寫好！

進行語文課堂時，要先「讀懂」（讀出寫法）才能「寫好」（向讀學寫）。我們的閱讀教學長期在理解內容（寫什麼）耗費時間，而在形式深究（怎麼寫）上相形見絀，致使學生學習書面語言（寫作）效能低落。我們必須從內容分析式的講讀教學中求突破，不能再採用逐段講讀課文的教學方式，而是要在課堂上精準的讓孩子學習語言文字的運用，以操作或討論的教學方式，學會語文傳情達意的方式。

注重學習語言文字的運用

語文課始終追求工具性和人文性的統一與協調。但我們現在真實的語文課堂，包括我看過不少的教學

觀摩或公開課，有的教師講述過多，自顧自的跑教案；有的太過喧鬧和浮躁，像綜藝節目，課堂氣氛表面很熱鬧，學生分組討論很活躍，但課堂結束後，問孩子「學到」了什麼語文課程內容，孩子卻答不出來。那麼，我們費盡心力，究竟上了一堂什麼樣的課呢？

　　有時，我們費盡心力卻覺得事倍功半，不知孩子的語文能力為何無法有效提升，總是會想：「我已經這麼努力教了，孩子為什麼還是學不會？」這樣的慨嘆和冷水會澆熄教師的熱情。事實上是，不少教師上起課來，往往侷限在對文章內容的理解，對人物背景、形象的認識，討論的問題也大多是課文思想的內容或人物性格情感方面的感悟體會。但語文課有一個重點，是要孩子學習「寫作」，學習口語和書面語言的表達力。

　　以口說能力為例，教師要充分給予孩子說的權利，搭建說的平臺。其實，孩子是我們最好的老師。我們若願意俯下身子，用心傾聽孩子的聲音，一邊聽一邊微笑，就能從傾聽中感受到孩子獨特的創意純真，甚至是智慧光芒。一如我上到「漁歌子」（**西塞山前白鷺飛，桃花流水鱖魚肥。青箬笠，綠簑衣，斜風細雨不須歸。**）時，我跟四年級的孩子品讀了住在西塞山中的張志和，感受了桃花流水世外桃源般的仙境，他不想回家，只想住在這裡享受人間美麗的山水景致，過著漁夫快樂的垂釣生活。但是，張志和釣魚是不用魚餌的，他到底想釣什麼呢？孩子說：

　　「他想釣一種心情。」

「他想釣山水美景。」

「他想釣一份悠閒。」

瞧！孩子說得多好啊！口說的表達是需要訓練的，除了多給孩子機會「說」之外，同時可以鼓勵孩子相互傾聽：

聽聽別人說了什麼？

你聽懂了什麼？

聽了他的想法，你想說什麼？

你有什麼疑問嗎？

聆聽他人的發表與想法，也是一種很好的學習。所以，我們的語文課要找出時間讓學生說話，把時間讓給孩子討論，練習口語表達，說出想法，教師要做學生語言發展的引導者。

另一方面，教師更應該引導孩子去學習語言文字的表達，賞析、品讀這篇文章哪些詞語用得好，哪些句子的表達讓人印象深刻，這樣的表達造成什麼精采的效果，這樣的寫作方法有什麼生動性……等等。我們的教學重點不是停留在分析討論這篇文章的思想內容，而是要教學生敘述、描寫、說明、議論、抒情等寫作方法，應該指向體會文章的語言表達。

好的語文課是一場思維的盛宴，好的語文課就要品味出精采的文字，品讀出語言文字的溫度和熱度，沉浸在文字的曼妙裡，不僅知其意，還要知其豐富，知其生動形象。這樣的教學，學生才會真正提高讀寫力，才能真正有語文表達力。

要提高課堂教學的效能，關鍵是選好合適的教學

內容。教學內容牽涉到兩部分：一是教學目標（教什麼）和學生如何學習（怎麼學），這是「質」的問題；另一個是選擇多少教學內容，這是「量」的問題。課堂教學把握「一課一重點」會比較好，因為我一直認為一堂具有高效益的課堂，不在老師教了多少內容，而在學生學會什麼。在課堂上，把握住教學重點深耕，經營專賣店，比到百貨公司走馬看花來得重要。所以，教師備課時要很清楚的知道：「為什麼教？」「要達到什麼教學目標？」換言之，教師在備課時，要先釐清自己想教的是「內容」？還是「策略」？若只著力在教導內容，傾力在情意方面的人文性，那麼語文課程的工具性將大大喪失，就會失去語文是「工具學科」的本質，難怪教師明明已在課堂上努力揮汗，孩子的讀寫能力仍未有效提升。

突出語文課程的本體內涵～
以「安平古堡參觀記」為例

　　在備課時，要記得這是國語課本，所以每一課的教學目標都要聚焦在語文知識、語文要素上，才不會失去了「語文味」。試想，國語課失去了語文味，那它還會是國語課嗎？

　　以「安平古堡參觀記」這一課為例（康軒三上課文）：

　　十月八日　星期三　天氣晴
　　今天是校外教學的日子，我們的參觀地點是安平古堡。車子從交流道下來，經過市區以後，我們

就來到了目的地。

我們先參觀陳列館，裡面放著許多文物，有安平的史料，有古城的模型，還有地圖、照片和畫作等。看了這些我才知道，安平古堡是荷蘭人建造的，後來，鄭成功打敗了荷蘭人，並且把軍隊駐守在這裡，安平就成了當時的軍事要地。

陳列館外有棕黑色的古炮，炮口對著遠方，像在想念以前風光的日子，又像在保護著安平古堡。 → 擬人

附近還有一座瞭望臺，紅紅的屋頂，白色的牆，高大直立，很引人注目。老師帶我們走上去，站在臺上，向四面遠望，可以看到安平地區美麗的風光。

接近中午的時候，我們來到旁邊的公園，裡頭有一面斷裂的老城牆，上面長滿榕樹的粗根。這座牆立在這裡已經三百多年，可以看到牆上的紅磚，現在還是很堅固。它安靜的站在公園裡，好像在對我們訴說著過往的故事。

① 這次的教學參觀，我看到了很珍貴的古蹟，也② 認識了安平古堡內的歷史，收穫真是豐富。 要有動詞

教什麼：從「教課文」到「學語文」

在帶領教師備課工作坊時，我常會請教師寫下教學目標（教什麼）。一般我只要教師一節課寫出一個知識點就好。教學時，建議把握「一課一重點」的原則，不用擔心這個、那個沒教到。只要每一課都掌握住一個教學點，一學期16課，就有16個教學主題。「不積跬步，無以至千里；不積小流，無以成江海。」

涓滴會匯聚成海洋，不怕點很小，聚沙就會成塔。只怕教師沒有教學重點，每一篇文章教法都一樣，那才是令人擔心的。

「安平古堡參觀記」這篇文章，常看見有教師的教學目標是：「**認識安平古堡的歷史。**」、「**比較我們居住地方的建築古蹟和安平古堡的差異。**」雖說教無定法，然而這樣非語文本體的教學重點，不就把語文課當成社會課了嗎？社會課本裡也有介紹到安平古堡，但寫法一定和國語課本的寫法不同啊！

還有很多老師的教學目標是：

教導日記的寫法。

教導記敘文的順敘。

教導視覺摹寫、譬喻、擬人修辭……

上述這些雖然屬於語文課的本質，但是，這一篇文本的獨特性似乎就沒被看見。因此，唯有掌握每篇文本的獨特性進行讀寫設計，真正的讀寫能力才會被激發出來。

舉例來說：若把最上面的「**十月八日　星期三　天氣晴**」一行刪去，文章的文體就會立刻由應用文變成記敘文。但是，思考一下：刪除那一行「**十月八日　星期三　天氣晴**」日記的格式，會影響文章的主旨和表達嗎？完全不會！換句話說，既然有沒有那一行「**十月八日　星期三　天氣晴**」都沒差別，就表示它沒什麼重要性，那麼，就不會是我們教學的主軸了。任何一篇文章加上日期、星期、天氣，就可以變身為「日記」。所以，教導日記的格式在這裡是不必要的。

至於教導修辭的部分，我們教學時是要思考：「**運用修辭對文章造成了哪些影響？突出了哪些美感？**」我本身是學修辭教學的，碩士論文也是研究創思修辭教學。我清楚的知道：文章沒有修辭就少了美感，不夠生動形象。美感、語感的訓練對語文的讀寫是很重要的。然而，若一味的為修辭而修辭，為句型而句型，將會讓教學走入誤區，使語文教學窄化了。

關於這篇文章，我們應該思考的是：

- 運用視覺摹寫，對安平古堡的景物產生了哪些比較好的表達效果？
- 運用擬人法，是否讓景物更生動活潑而形象了起來？

所以，若把格局放大一點，教導修辭對這篇文章而言，只是為了讓描寫景物的表達更生動化的手段技巧而已，也不會是這篇文章的教學主體。

若是教學目標設定在教導記敘文的順敘，已經切入語文本質，似乎很符合語文的工具性。但是，我們再試著思考：純粹敘述一件事的先後順序（起因、經過、結果），和本課的文章有沒有些微的差異呢？若是按順敘的方式進行敘事，那我和媽媽去跑步，和妹妹去上課，和弟弟吵架，也都是一件事啊！這樣，是否沒有把「安平古堡參觀記」這一課的精髓獨特性表達出來？

「安平古堡參觀記」是一篇遊記，從標題就可以看出來是一篇敘事類的文章。遊記也是敘事類文章的一種，但特別的是它扣緊的是描寫作者所見所聞的景

點風景（陳列館、古炮、瞭望臺、公園老城牆），是敘述作者所思所感的心情感受。所以，「安平古堡參觀記」的教學目標，應該把握住此課的語文獨特點──「遊記」：先讀懂這一篇遊記，進而能夠書寫一篇遊記，才能突顯出語文課的本體內涵。

因此，像「安平古堡參觀記」這類遊記類的記敘文。將「教什麼」（教學目標）設定在「讀懂此篇遊記的寫法，進而能習寫一篇遊記」，這便是從「教課文」到「學語文」的概念。

為了提高學生的語文運用能力，達到讀寫教學的效益，教學時可以從幾個方面來思考：

讀一讀

內容方面：各自然段寫了什麼，是怎樣把景點聯繫組織起來成為一篇文章的，作者表達了什麼樣的情感與思想。

形式方面：哪些語句讓人印象特別深刻？這種「深刻」是怎樣表達出來的？用了哪些技巧或語句？細細領悟這樣的表達所產生的效果。

想一想

想像文章中所描寫的畫面和風景，揣摩作者是怎樣寫出來的？是按照怎樣的空間（參觀順序）進行描寫的？這時，也可以讓孩子將自然段合併成意義段，理解寫作的取材與構思。

詞語的閱讀教學

教學時，遇到生字新詞需要先梳理，掃除障礙才

能進行文本深究。我們可以讓孩子先自己讀，讀後把不會的字詞圈出來，試著先自己解決。我們可以這樣做：

> 「同學們，在讀課文的時候，有沒有一些詞語的意思，是你不明白的？」

> 「把不會的字詞圈出來，先在小組裡進行討論。如果小組還解決不了，再提出來全班討論。」

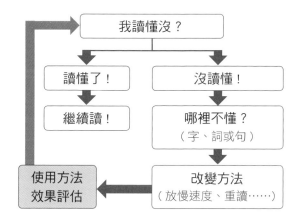

這時，我們要教導的是詞語閱讀方式，而不是詞語的解釋。所謂不會的詞語，是學生不理解的，並非是教師自己認為的。大陸有位余文森教授，他提出「三不教」：**孩子會的不教、能自己學會的不教、教了還不會的不教。**若是學生已經會的，我們何必疊床架屋反覆教學呢？

我在上這一課的時候，學生共同不懂的詞語有四個，分別是：陳列館、史料、駐守、瞭望。我將自己進行詞語教學的方法提供給大家參考：

1. 陳列館：

問問孩子：你知道「陳列館」是什麼嗎？可以看

看這個句子的前面或後面，推測得知「陳列館」的意思喔！

> 我們先參觀陳列館，裡面放著許多文物，有安平的史料，有古城的模型，還有地圖、照片和畫作等。

通常，孩子就會找到：**陳列館是裡面放著許多文物，供人參觀的地方。**

這是上下文推論，由文推詞義，透過上下文，從文章推論出詞語的意思。

2. 史料：

問問孩子：你知道「史料」是什麼嗎？一般孩子會回答：歷史的資料。

這是詞彙擴展，透過拆字造詞學習語詞。

3. 駐守：

問問孩子：「駐守」這個詞，你認得哪一個字？

> 鄭成功打敗了荷蘭人，並且把軍隊駐守在這裡，安平就成了當時的軍事要地。

一般孩子會回答：守。接著，再問問孩子：軍隊「守」在這裡，有什麼是和「守」有關的詞？孩子通常能答出：防守、守護、留守……

遇到不會的詞語，可以看看有沒有熟悉的字（熟字）？把它放在文章中讀一讀，便可以推論出它的詞義，這是利用「熟字」學習語詞的方式。

4. 瞭望：

問問孩子：「瞭望」的「瞭」跟什麼有關？可以怎麼學這個字？一般孩子會回答：「瞭」是「目」部，所以跟「眼睛」有關。

> 這是透過部件辨識（部首）的方式學語詞。

教，是為了不教。詞語教學可以有以下幾種方式：

方法	策略
1	部件辨識（部首）
2	由文推詞義（往前看、往後看）從句子推詞義
3	詞彙擴展（拆字造詞）
4	熟字 以 馬主字
5	單一詞彙（查字典、工具書）

這樣教詞語，才是能教孩子擁有自學力的方式。詞語教學可以把詞語放到句中，因為詞不離句，孩子可以自我學習新的詞語。當孩子是學到「方法」與「策略」，他就可以用這種方式進行學習遷移；遇到新的文本，遇到不會的生字新詞，不是等待老師給解釋，不是一開始就拿字典找答案，而是先自己嘗試解決問題，進行理解監控，真正學會解決問題的能力。

這其實跟教育部希望我們做到的閱讀理解教學是同樣的道理，我們要用教材教能力，讓孩子成為學習真正的主人。

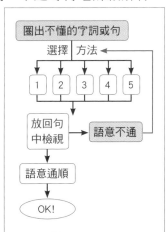

以寫作為導向的閱讀教學

課文是進行寫作教學最好的閱讀範例。遊記的教學最常讓老師困擾頭痛，因為孩子總是只記錄流水帳，或是只寫在車上玩或上車、下車等不重要的細節，結尾也是千篇一律「**希望下次再來一次。**」或是「**依依不捨的說再見！**」該詳寫的景點沒能細細描寫，該略寫的部分卻寫了一堆。有時我們慨嘆之餘，也要問問自己，是怎麼進行寫作教學的？

我們課文教什麼，就讓孩子寫什麼。以「安平古堡參觀記」為例，它就是一篇習寫遊記最好的範例。目標確立，那怎麼學？（學習鷹架或步驟）教師要為孩子搭起學習鷹架。我們可以先請學生標上自然段（共 5 段），請學生討論可以合併成幾個意義段（3～4 個）並說明想法。例如：

策略		
自然段	意義段	理由
1	1	點出時間、人物、地點和事件。
2	2	描寫參觀的景點：從陳列館內到外面的古炮，到旁邊公園裡的老城牆與榕樹。
3		
4		
5	3	收穫

或是

策略		
自然段	意義段	理由
1	1	點出時間、人物、地點和事件。
2	2	描寫參觀的景點：陳列館內和外面的古炮。
3		
4	3	旁邊公園裡的老城牆與榕樹。
5	4	收穫

我們的孩子最後一段總是寫著：

「我今天玩得好高興，希望下次再來一次！」或是「暮色中，我依依不捨的跟他道再見！」

記敘文重在「感」，說明文重在「知」。所思所感是記敘文最重要的。於是，為了不讓孩子淪為千篇一律的「下次再來一次。」，我們可以先教最後一段，請孩子觀察作家是如何寫收穫感想的：

> 這次的教學參觀，我看到了很珍貴的古蹟，也認識了安平古堡內的歷史，收穫真是豐富。

請孩子找出作者有哪幾個具體的收穫？畫下來。

> 這次的教學參觀，我看到了很珍貴的古蹟，也認識了安平古堡內的歷史，收穫真是豐富。

這篇文章，作者有兩個具體收穫，於是我們可以請學生在練習簿上先寫出遊記的兩個具體收穫，將文章主旨定調。這樣先確認題旨的寫作，可以為孩子的寫作方向定錨，文章意旨就不會跑掉了。

孩子會犯的另一個大忌，是寫一些跟參觀遊記景點無關的「廢話」，例如一直上車、下車、在車上聽音樂……為了杜絕孩子取材錯誤，讓他們能精準構思，請孩子看看文章第一段是怎麼寫的：

> 今天是校外教學的日子，我們的參觀地點是安平古堡。車子從交流道下來，經過市區以後，我們就來到了目的地。

文章以敘述四要素點出他們要去安平古堡校外教

學，而且首段最後一句是「**車子從交流道下來，經過市區以後，我們就來到了目的地。**」要求學生第一段就要直接抵達目的地，不得再上車、下車、到休息站……再上車就只能回家了。這樣具體明確的要求，就能減少孩子取材錯誤和詳略不分的問題。

然後，我們再帶學生來看中間景點的敘寫。不管是以時間或空間移動來寫所見的景點，都是可以的，但一定要圍繞最後一段的兩個具體收穫，才能前後呼應。這是從「分析內容」到「學習方法」，學生的取材和結構都可以從課文中學習，也能仿用課文重要的句子或詞語，寫出一篇自己的遊記。

參觀〇〇 （〇〇遊記）		
自然段	意義段	理由
1	1	以敘述四要素點出景點，並且抵達目的地。
2	2	描寫參觀的景點 1 ～ 3 個
3		
4		
5	3	收穫

要孩子從「學過」到「學會」，寫成一篇文章就能知道。以寫作為導向的閱讀教學，可以比較精準的達到我們語用的教學目標，讓語文課真正沉靜下來，做好語文課該做的事。

以「臺灣的山椒魚」為例

有了上面這樣詳實的備課方式，我們可以再運用一篇文章稍微檢視一下我們的備課方向是否真正落

實。備課時，教師可以從文章形式、內容、單元統整等幾個方向思考教學目標。目標確立之後，再進行教學的設計與活動。以「臺灣的山椒魚」為例（康軒三下課文）：

臺灣的山椒魚

你知道四季如春的臺灣，也有冰河時期的動物嗎？就讓我們一起來認識牠吧！

山椒魚不是魚

山椒魚可不是魚，牠們是兩生類的動物，因為身上有著特別的山椒味，所以大家叫牠「山椒魚」。山椒魚小時候很像魚，是用鰓呼吸，長大以後才改用肺呼吸。別看山椒魚小小的，牠們身上的黏液有毒，可以保護自己。遇到敵人的時候，牠們會抬起尾巴，讓對方不敢接近。

石縫裡的偶遇

山椒魚白天喜歡躲在石縫裡休息，晚上才出來找東西吃。現在，如果你想要看一看牠們的真面目，得先爬上兩千公尺的高山。在溪流邊，或是森林底層的落葉裡，翻一翻，找一找，說不定就能和牠們相遇。

山椒魚不怕冷，冬天的時候特別活躍。山椒魚媽媽會在這個時候產卵，山椒魚爸爸也會留下來，一起照顧牠們的寶寶。

山椒魚的大危機

因為山椒魚的存在，讓我們知道氣候溫和的臺灣，也曾經歷過冰河時期，真是令人難以想像！

特黑占
‧兩生類
‧山未朱味
‧鰓呼吸→肺呼吸
‧黏液有毒

'2000m 高山
river, 落葉
冬天‧產卵

‧森林破壞
‧全球暖化
‧數量未來就不多

臺灣的山椒魚原本就不多，近年來森林又受到人類的破壞，再加上全球暖化，牠們能夠居住的地方也越來越少，眼看快要消失了。希望大家可以努力的想一想，我們可以為山椒魚做些什麼，讓牠們能在美麗的臺灣，平平安安的長大，快快樂樂的生活。

這是一篇以說明為表述方式的文章。除了第一段開頭之外，共有三個小標（山椒魚不是魚、石縫裡的偶遇、山椒魚的大危機），還有大量的圖片和表格，這是說明類文章的特點。

配合本課後面統整活動三「閱讀指導——讀懂說明類的文章」，這一課可以聚焦在「讀懂說明類文章的寫法」，以教導說明類文章的形式為教學目標。

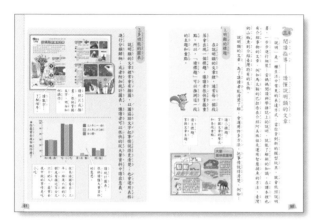

千萬別把這一課當成自然課，把主要教學時間放在補充山椒魚的習性和相關資料，那麼教學重心將完全走偏了。當然，這些相關資料可以在延伸活動時進行補充，但絕不是本課的教學主軸。

「臺灣的山椒魚」的第一段只有兩句話：「你知道四季如春的臺灣，也有冰河時期的動物嗎？就讓我們一起來認識牠吧！」

可以請學生思考第一句：「你知道四季如春的臺灣，也有冰河時期的動物嗎？」這一句雖是問句，但它真的在問你嗎？還是在告訴你？

也可以讓學生運用相互比較法：

你知道四季如春的臺灣，也有冰河時期的動物嗎？

四季如春的臺灣，也有冰河時期的動物。

以上兩句意思相同，哪一種方式比較有吸引力？

　　學生都會說是第一句，因為讓讀者有「**神祕、吊胃口、期待、驚喜**」的感覺。所以，說明類的文章，可以用問句開頭，讓人有想一窺究竟的好奇心。這不就是教導「設問說明」、「設問開頭」最好的實例嗎？這便是從文章中學習讀寫方法的最佳範例。

　　接下來，請學生從三個小標的文章內容裡，找出文章「從哪些方向介紹山椒魚」，搭配著圖表說明，學習「**說明事物（動物類）時，可以從種類、外型、習性、特徵、居住環境、活動範圍、特殊技能、繁殖和面臨的危機……**」等方向著手，回應「讀懂說明類文章的寫法」的教學目標。

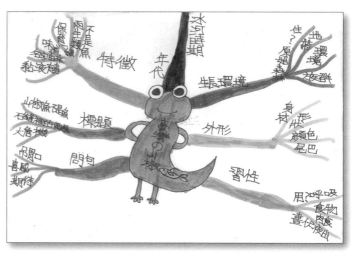

　　針對目標有效備課，讓語文課真正語文化，才能讓教學效益提升，真正達至：「有效備課，教學馬上好」的境界！

三、我們這樣「玩」備課！

這幾年的寒暑假和週末假日，我們和好多老師都好忙，忙著和大家「玩」備課：一起打開文本，進行專業的對話與討論。尤其是 104 年暑假在嘉義中正大學的「祈願偏鄉　夢想飛揚」，讓全臺近兩千位教師聚集在一起備課，那專注投入的畫面，教人動容！

備好課才能上好課

備課是教師進行教學的重要環節。備好課是上好課的前提，只有備好課才能上好課，才能突出教學的計劃性和針對性。

但要真正備好一節課，確實不是一件簡單的事情，往往要花費很多心血。我挺贊成要備好一節課，要關注三個方面，即：備教材，備對象，備教法，三者缺一不可。

所謂備教材，就是要把課文理解透徹，找到這篇文章獨有的特色，找出教學目標，確認教什麼，再依序設計教學活動，思考讓孩子怎麼學。一般語文課要如何備教材才合乎語文課的要求？一如我經常說的：以寫作為導向的課程設計，應該更能達到語文本質的內涵。朝著：「教完這一課，要讓孩子寫什麼作文題目」去思考，有明顯的教學目標，就根據這個目標進行相關的教學設計。

　　理解教材，只是備好課的其中一個方面，還有另一個重要的方面，就是教學的對象——學生。了解教學的對象（備對象）是非常重要的，現在是「以學定教」的時代，教學過程的主體不是教師，而是學生。教師是課堂上的主持人，他的主要職責再也不是只管傳授知識，而是要培養學生的能力。因為，「教是為了不教，教是為了更好！」所以，在備課時，除了確定每一課的重點（一課一重點）外，還必須了解「學情」：學生的知識基礎、學習狀況、接受能力等等。不了解學生，怎能教好學生呢？把小學語文上成中學或大學中文課，或把孩子當成一張白紙教給重複性知識的現象經常發生，這就是因為沒有了解學生。備課不考慮「對象」，那不是與「盲人摸象」無異嗎？不了解學情，教學效果必然不佳。當在課堂上，教師期待生動的課堂沒有出現，心中必是大受打擊的。

　　關於教學方法，我們不管採用講述法、問答法、討論法、合作學習⋯⋯都是為了教學生「如何學」。教學有法，教無定法，適用為貴。這幾年臺灣流行「學習共同體」，強調讓學生互幫互學，也有學思達、翻轉教學⋯⋯等各種方法，終其目的都是要讓學生真正參與學習，將學習權、選擇權還給孩子。

- 在當今知識爆炸的時代，教師還要成為與學生共同學習的夥伴。
- 學生是學習的主體，教師是一個設計者、指導者、幫助者。
- 教育應該把學生放在主體地位，發揮學生的積極性、主動性。

● 我們的責任就是讓學生的學習真正發生。

記住這些話可能只需要一分鐘，具體實踐這些話可能需要十年功。所以，現在課堂上不再只呈現講述法，不再只是教師問，學生答。課堂講解要清晰，講解是必要的，但講得多勢必練得少。一如畫圖、寫書法，教師講得多，沒練習時間，怎會學得好？老師的問題太多，學生的問題就少；教師說得多、問得多，學生思考的時間就少。更值得玩味的是，教師總是自覺或不自覺的將學生的答案往自己預設的答案牽引，那麼，學生如何學會自主學習？如何能有自學力呢？

也有不少師長擔心：孩子真的能自主學習嗎？學習型組織理論之父、管理大師的彼得‧聖吉曾說：**「我們的教育低估了學生的能力；教師解決不了的問題交給學生，學生都能解決。」**讓孩子成為學習的主人才是最重要的。當然，課堂上的「得」與「失」也是相對的，沒有標準答案。教學的目的之一是使學生掌握、理解正確的知識，所以教學內容需要重結論，讓孩子「學會」，這是接受知識，累積知識的適應性學習；但是，沒有多樣性、豐富性為前提的教學過程，是無法培養創新精神與思維的，所以我們又要從過程，讓學生「會學」，這是掌握方法，主動探求知識的創新性學習。在「學會」與「會學」之間比例的拿捏，真是一門大大的藝術啊！

教學有法，教無定法，適用為貴。方法沒有好與不好之分，只有用得好與用得不好之別。用得好，即為「適用」。不管運用什麼教學方法，只要讓學生願

意參與，從「要我學」變成「我要學」，願意享受上課，願意打開心扉學習，不成為教室裡的客人，都是好的教學方法。

如何備好課？

由備課到講課，是一個很艱苦、很複雜的工作過程，但事先的準備，會讓教學更有效益，進行得更流暢，學生學習得更有效能。我自己的備課經驗就是如此，一開始腸枯思竭，總為了「教什麼」、「怎麼教」傷透腦筋。但是，當想出教學點之後，在課堂上與學生一起享受學習的美好，真是教學中最歡樂的事了。對教師而言，備好課可以加強教學的計劃性和針對性，有利於教師充分發揮主導作用。但，要真正備好一節課，確實不是一件簡單的事，往往要花費很多心血。那麼，要如何備好課呢？我認為可以從：

教什麼（教材）、要教誰（對象）、怎麼教（教法），輔以策略入手。

● 教什麼：分析文本特色決定教學目標，達成一課一重點的教學設計。

● 要教誰：教學過程的主體是學生，確認教學對象是幾年級的孩子，以培養學生的自學力。

● 怎麼教：依據教學目標和對象設計教學活動和流程。

備課分個人備課和集體備課。個人備課是教師自己研究課程和教材的活動；集體備課是由相同學科和相同年級的教師共同研究教材，釐清教材的重點、難

點和教學方法等。共同備課提供了一個互動、促進專業的對話情境，讓老師們教學精進，並感覺有「伴」同行，心裡有溫暖的支持。

共同備課，並非尋求唯一共識，而是透過不同的眼睛，關注文本的豐富性和趣味性。換言之，共同備課要確認目標，分析文本，透過討論，更多元、全面的認識文本，設計出更好的問題來搭出鷹架，建置學生學習的階梯。

我們的備課方式：一課一重點

所謂「教無定法」，教學沒有絕對的方法，只有相對有效的辦法。因此我們在備課時，首先要會分析文本，找出文章的特色，確認教學目標後，再進行教學活動與設計。

進行文本分析時，一課只要找到一個教學重點，貪多務得反而吃力不討好，孩子也不清楚要學習的主題是什麼。進行一課的備課時，可以從這些面向來著手：

1. 寫作形式

文章的形式是需要教師教的。語文教學重要的任務就是以文本為例子，透過閱讀教學讓學生學習書面語言的表達，學習文字運用，提高寫作的表達能力。否則，閱讀「教」學將有形無神，空有形式而沒有內涵。至於如何從文章形式提升寫作學習力呢？可以從體會文本中相關詞句的表達效果（例如句型或修辭），領悟文本的表達方法，揣摩作者如何遣詞造句

和謀篇布局寫成此篇文章。

　　所以，拿到文本時，文章的形式若有其特色，就教導形式，領悟文本如何表達，如何進行構思和寫作。例如：「動物的尾巴」（康軒五下課文）、「建築界的長頸鹿」（康軒四下課文）這兩篇文章。

　　面對文章時，首先要想想：我要教什麼？確認我是語文教師，不是自然教師，不是建築師，所以各種動物的生態、食性和尾巴生理構造不是我的教學主軸，建築物的歷史和建築材料也不是我要著重的方向。像這樣，回到語文課的本質思考，就容易聚焦了。

	形狀	用途	特殊
猴子	長長的	平衡器	猴王權力象徵
松鼠	寬大	平衡、著地、暖	
魚		推進控制方向	魟魚→觸電防衛
鳥	長寬	掌握飛行方向	雄孔雀→彩色尾羽求偶
蜥蜴		金蟬脫殼	

動物的尾巴

1　不管是天上飛的、水裡游的，還是地上跑的，大部分的動物都有尾巴／牠們的尾巴，或長或短，或粗或細，形狀各異／這些不同的尾巴，有什麼特殊的用途呢？

2　猴子長長的尾巴，是跳躍時的平衡器，它跟人類的手一樣靈活——像卷尾猴能利用尾巴抓住樹枝盪秋千，甚至倒掛著身體睡覺。更好玩的是，在獼猴的社會裡，尾巴是猴王權力的象徵，只有猴王才可以將尾巴高高的豎起來呢！

3　松鼠的尾巴又寬又大，用處很多，最主要的功用就是讓牠在樹林間飛跳時，能保持身體的平衡；當松鼠從樹上跳下來時，也可以利用尾巴讓身體如降落傘般平穩著地；天冷時，牠們就用毛茸茸的尾巴，把自己裹起來，像一條溫暖的大圍巾。

並列轉折

4　魚類的尾巴在水中左右擺動，身體就會向前推

進，不但是游泳最佳的工具，還可以像船舵一樣，控制前進的方向。有一種魟魚，牠的尾巴長得格外奇特，有如一條細長的鞭子，這「鞭子」上還長著毒刺，可以作為防衛的武器。

5　大部分鳥類的尾巴，都有又長又寬的羽毛，當這些羽毛展開時，能讓牠們便於掌握飛行方向。值得一提的是雄孔雀，藍綠色的尾巴，摻雜著紅、紫、橘和紅銅色的羽毛，相當豔麗。在繁殖期間，雄孔雀會豎起尾羽成一個大扇形，在雌孔雀面前不停的一邊抖動，一邊跳舞，這就是孔雀最為人所知的求偶舞——孔雀開屏。據說孔雀尾羽上的眼狀斑紋，還具有迷惑敵人的作用呢！

6　蜥蜴的尾巴，是施展金蟬脫殼的最佳道具—當牠被敵人攻擊時，會自斷尾巴，藉著留在原地持續扭動的尾巴，吸引敵人的注意，而斷尾的蜥蜴，則早已乘機逃之夭夭了。

7　我們平常大都會注意動物的頭部，卻很少留意動物的尾巴，其實，動物的尾巴也是重要的器官，千萬不要小看它。想一想，假如動物沒有了尾巴，或是把牠們的尾巴交換，會有哪些趣事發生呢？

大意
① 重要訊息
② 全面
③ 簡潔
④ 流暢

※
程度低→續寫

總分總
分分總

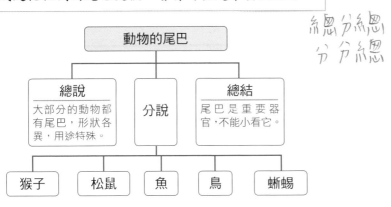

動物的尾巴

總說	分說	總結
大部分的動物都有尾巴，形狀各異，用途特殊。		尾巴是重要器官，不能小看它。

猴子　松鼠　魚　鳥　蜥蜴

建築
功能、特色 ex 特有
景觀

Taipei
101
外型竹子.古錢
最大阻尼器
煙火秀

晴空塔
634m、電波通訊塔

双峰塔
双生大樓
人字形支架
城市 beautiful 剪影

建築界的長頸鹿

　　如果把建築物當作是動物王國中的成員，那麼「高人一等」的大樓，就是建築界的「長頸鹿」。這些建築不但有重要的功能與特色，更成為一座城市的特有景觀。現在，我們來認識世界上幾座著名的「長頸鹿」。

　　位於臺北市的臺北一〇一大樓，外型有如一節一節的竹子，層層向上開展，代表文化與經濟節節高升。大樓外層有巨大的方孔古錢圖案，象徵它是臺北市重要的「金融中心」。這裡還有世界上最大的阻尼器，使它能克服地震與強風所造成的搖晃。每年的跨年煙火秀，臺北一〇一大樓陪著大家迎接新年，更讓全世界認識臺灣。

　　西元二〇一二年完工的東京晴空塔，又名「東京天空樹」。塔的高度有六百三十四公尺，底部為三角形，往上逐漸轉變為圓形，帶有淡藍色及白色的塔身，總是在陽光下閃閃發亮。它是一座電波通訊塔，最初是為了改善城市收訊不良而興建。現在，從這裡發展出完整的都市開發計畫，為當地帶來了龐大的商機。

　　吉隆坡的雙峰塔是座雙生大樓，兩棟大樓以八角形的建築層層相疊，在陽光下閃閃發光。在四十一與四十二層樓之間，有一座「人字形」支架的連通橋，長達五十八公尺，可說是全世界最高的天橋。雙峰塔是吉隆坡最耀眼的建築，為這座城市帶來難忘的美麗剪影。

　　一座具代表性及文化特色的建築，往往能點亮

一整座城市，讓它揚名國際。這些建築界的「長頸鹿」送出友善與熱情，希望讓更多來自四面八方的朋友，感受當地的文化與民情，留下美好深刻的印象。

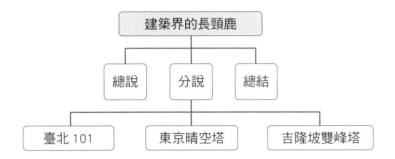

讀完「動物的尾巴」、「建築界的長頸鹿」，它們都是說明類的文章，都是採用「總分總」的方式來說明事物。因此，我們可以把教學目標訂為「**讀懂事物說明文的寫法，進而習寫一篇事物說明文。**」這是從「教課文」到「學語文」的概念，體現「用教材教」的思維。既然目標明確是理解說明事物的方法，於是就可以透過提問與操作，讓孩子讀出寫法。

「教什麼」（目標）確認後，接著要思考讓孩子怎麼學？要透過哪些方式或活動為孩子搭起學習鷹架，建立學習步驟。

以「動物的尾巴」為例，我的作法是：

1. 先請學生標上自然段（共七段），並請學生討論可以合併成幾個意義段（三個）且說明想法。這個部分是要先讀懂文章是怎麼寫成的。例如：

動物的尾巴		
自然段	意義段	理由
1	1	總說動物的尾巴形狀各異，用途特殊。
2	2	分別舉猴子、松鼠、魚、鳥、蜥蜴當作例子。
3		
4		
5		
6		
7	3	說明尾巴是重要器官，千萬不要小看它。

2. 進行教學時，可以透過圈出關鍵詞的方式，讓孩子找出每段的段落大意（找出每種動物尾巴的形狀、用途）；再以課文結構（總—分—總）找大意。這裡可透過以讀寫的角度進行有效提問，從「分析內容」到「學習方法」，讓孩子從具體操作過程中理解文章「總—分—總」的寫作方式。例如第一段：

> 不管是天上飛的、水裡游的，還是地上跑的，大部分的動物都有尾巴。牠們的尾巴，或長或短，或粗或細，形狀各異。這些不同的尾巴，有什麼特殊的用途呢？

教師提問與讓學生操作：

(1)第一段共有幾句？（三句）

(2)第一句最重要的小句是哪一小句？請圈起來。

> 不管是天上飛的、水裡游的，還是地上跑的，大部分的動物都有尾巴。

(3)第二句最重要的小句是哪一小句？請圈起來。

> 牠們的尾巴，或長或短，或粗或細，形狀各異。

(4)第三句最重要的是哪一個短語？請圈起來。

> 這些不同的尾巴，有什麼特殊的用途呢？

(5)將所圈選的小句或短語組合成一句完整的話。請注意：句子要正確完整，所以要加上標點符號，或是連接詞，也可以將順序調換一下，讓句子語法正確。所以，第一段從圈選關鍵詞組合起來的大意可能是：

- 大部分的動物都有尾巴，形狀各異，用途特殊。
- 大部分的動物都有尾巴，形狀各異，各（都）有特殊的用途。

(6)第二段舉猴子當例子，想一想，文章會從哪些面向介紹猴子的尾巴？這時不必讓學生看文章，這是為了訓練寫作的脈絡與構思，因為寫作的結構是經過安排的，應有其可依循的脈絡。若學生無法理解，可以請他再回顧第一段，仔細從文章中找線索（形狀、用途）。因為第一段稱為「總說」，總說是有其意義的，文字是有訊息的，可以透過推論得知，作者會由「形狀、用途」這兩個面向介紹猴子的尾巴。請孩子圈選出猴子尾巴的形狀和用途，先讀懂文章。

> 　　猴子 長長 的尾巴，是跳躍時的 平衡器 ，它跟人類的手一樣靈活——像卷尾猴能利用尾巴抓住樹枝盪鞦韆，甚至倒掛著身體睡覺。更好玩的是，在 獼猴 的社會裡， 尾巴是猴王權力的象徵 ，只有猴王才可以將尾巴高高的豎起來呢！

> 　　猴子的尾巴長長的，用途是平衡。其中，獼猴的尾巴是猴王權力的象徵。

也可以透過表格的整理，梳理文章脈絡。例如：

動物的尾巴			
	形狀	用途	特殊舉例
猴子	長長的	平衡	獼猴，權力的象徵
松鼠			
魚類			
鳥類			
蜥蜴			

(7)接著，老師換個方式問：**松鼠那一段，你覺得老師會問什麼問題**？這時，學生幾乎都能掌握重點，因為從總說和猴子那段都一直圍繞著「**形狀、用途**」。所以孩子知道老師一定會問：**文章從哪些面向介紹松鼠的尾巴（形狀、用途）**。圈選完後，可以小組進行交流討論。

(8)學習以圈出關鍵詞的方式，自己做另外三段。

(9)最後一段，有一句話可以代表這一段的重點，圈出那句話。

● 動物的尾巴也是重要的器官，千萬不要小看它。

⑽將剛剛所圈選的部分，以「總─分─總」的文章
　結構說出段落大意，例如：

> 　　大部分的動物都有尾巴，形狀各異，用途特
> 殊。分別舉猴子、松鼠、魚類、鳥類、蜥蜴當作例
> 子，說明尾巴是重要的器官，千萬不要小看它。

　　如此進行，孩子便能讀懂這是說明類文章，以
「總─分─總」的方式進行書寫，而且所有動物的分
項舉例都扣住第一段總說（形狀、用途）進行介紹。
在進行時，教師要特別注意教法，要把語文課上成讀
寫表達訓練課，教師講解精簡，把時間留給學生，給
學生充足的時間和機會操作、小組討論，若教學順暢
度不如教師預期，則不可操之過急。要記得：任何教
學都非一蹴可幾，身為大人的我們，要學會等待。

　　在教法上，雖說是把學習權還給學生，但是一開
始，教師還是需要先說明、示範，師生共做的，這是
為學生搭鷹架的必須歷程。例如操作第一段和第二

段，是教師指令清晰的帶著孩子做一遍；接著，才漸撤鷹架，讓學生仿做，小組討論交流；最後，才是讓學生獨力完成。教，是為了不教。之前第一、二段的教學，就是為了讓學生自己能完成後面的段落，此時，教師不必教，孩子也能「讀懂」。

另外，閱讀策略（例如摘取大意）並沒有絕對的流程或標準答案，要有耐心和容許討論的空間。因為，在課堂的教學裡，過程比結果重要，我們是要教會學生方法，而不是灌輸統一的知識。

閱讀教學進行到這裡，主要的任務已經完成。想測試孩子是否從「教過」到「學會」，可以讓他們進行寫作練習。這時寫作題目可以有兩種選擇：寫作力相對弱的孩子，仍以「動物的尾巴」為題，頭尾段不改變也沒關係，只要抽換中間分別舉例的部分，例如：換成貓、狗、牛、羊等等，但要提醒孩子在介紹各動物的尾巴時，仍要緊扣住總說（尾巴的形狀、用途），不能離題。寫作力相對有信心的孩子，則可以讓他以「總─分─總」的方式寫一篇說明類文章。重要句型或語詞可以從課本中拿來運用。切記，語言是從理解到運用的，活用課本內容就是一種真學習。所以，文章中能用的詞語或句子、句型、短語都可以拿出來用。例如，仿「動物的尾巴」寫出的「神奇魔法衣」：

神奇魔法衣　新北市義方國小　怡雯

不管是夏天穿的、冬天包的，還是秋天披的，所有的人們都需要穿著衣服。衣服或長或短，或厚或薄，材質各異。隨著時代進步，衣服的製造都

與高科技產生連結，也就是高科技紡織品。這些衣服，有什麼特殊的功效呢？

吸溼排汗衣的材質是以聚酯纖維（Polyester）為主的專利布料，每根絲線上都有細細的小洞，加速吸附、擴散、風乾汗水，穿了能讓身體保持乾爽。目前布料材質則越來越多元，包含羊毛、有機棉、尼龍及彈性纖維或上述各類混紡的各式布料。

超酷涼袖套的作法是在絲線上加入玉石粉，穿在身上，如同躺在大理石地板上，又冰又涼！其原理是利用布料中的化學纖維內添加高散熱係數的細微礦石粉末，使其增加散溫能力。這種布料在剛穿著接觸皮膚時，會有冰涼觸感，故稱為涼感紗。

一般常見的保暖發熱衣是以聚酯纖維為主要材質，有效蓄積體內排出的熱量，並擁有極佳的吸溼排汗效果，平衡身體的溫暖舒適度。即使在低溫的環境下，仍能維持身體的溫暖，達到有效抗寒、保暖的溫控效果。

這些高科技紡織品是臺灣發明家的心血結晶，在各地的運動用品店、百貨專櫃，就連便利商店都買得到！你還在穿傳統的衣服嗎？不妨趕快前往購買幾件神奇魔法衣來試試看吧！

2. 主旨內容

我們的課文以記敘文或故事體居多，有些文章的重點不在形式，而在內容或主旨。例如：「心動不如行動」（康軒四下課文）。

壹·教學理念篇

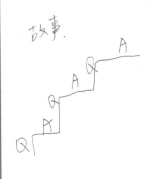

故事.

做
①心動↓行動
②例子①課本
③例子②正、反
④總

心動不如行動

　　從前，有兩個和尚，一個比較富有，一個比較窮困。

　　有一天，窮和尚來拜訪富和尚，說：「我想到南海去拜佛，您要不要同行呢？」

　　富和尚搖搖頭說：「從四川到南海，這麼遙遠的路途，既要租船又要準備大量物品。我一直覺得自己準備得還不夠，你什麼都沒準備，怎麼去呢？」

　　窮和尚說：「我只要一個水瓶、一個缽就夠了。肚子餓了，就沿路化緣；走累了，就找間小廟借宿休息。」富和尚聽了，不以為然的說：「事情要是那麼容易，我早就去做了。」

　　窮和尚回答：「一件有意義的事，想做就要立刻行動，想得太多，有時反而會阻礙自己的腳步，什麼事就都辦不成了。」

　　過了幾天，窮和尚就動身上路了。他一路上翻山越嶺，歷經風霜，忍受水土不服的考驗。但是他不怕辛勞，以堅定的信心、堅忍的毅力，走了將近一年，終於到了南海，實現了他的願望。

　　第三年，窮和尚回來了，他去拜訪富和尚，告訴他說：「我已經從南海回來了，特地為您帶回一部佛經。」富和尚雙手接下佛經，既感動又慚愧的說：「謝謝您！您真了不起啊！說做就做，不像我想了這麼多年，因為顧慮太多，所以到今天都還沒去成呢！」

　　文章敘述窮和尚和富和尚都想到南海取經，但窮和尚以行動完成夢想，順利請回佛經；富和尚則因空有心願，猶豫不前，所以未能出發。這一課我們就可以和學生討論：如何完成夢想？如何才能築夢踏實？若只是心動沒有行動，會有什麼結果呢？

　　有夢想，很簡單，但要實現夢想，就需要力量；要讓夢想發光發亮，更需要堅毅的勇氣！於是，我教導這一課時，是從意旨出發，以「心動不如行動」或「坐而言不如起而行」為題，參考課文的例子，完成以寫作帶動閱讀。

　　我的作法是：首先，請學生將課文中二個和尚的故事當做一個例子，簡單的縮寫敘述（第一段）；接著自己再舉一個例子加強說服力（有心動沒有行動失敗的，或是心動且行動成功的例子，當作第二段）；然後，提出自己該改進的地方或作法；最後，總結全文強調心動就要行動的重要。

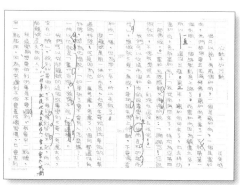

　　又例如「神奇的藍絲帶」一文，是敘述美國婦女海莉思用藍絲帶傳遞愛與溫暖的故事。旨在告訴我

們：真正的「讀書」，不是只把文本的知識讀完，也不應只是「嘴上談兵」而已；真正的「讀書」，應重在融會貫通後的實踐。所以，我們可以在教導課文時，和孩子共同討論出意旨，再以「比讀書更重要的事」為題，寫出一篇文章。

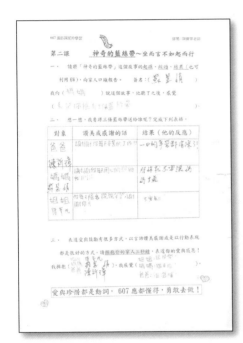 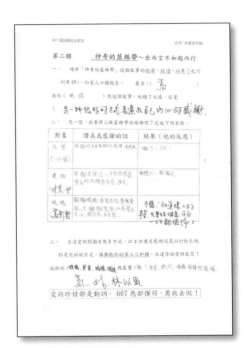

課堂的風景

　　課堂的風景，是由教師和學生共同彩繪的，備課可以讓師生在有意識的學習環境下，達成有效的課堂。我當然知道，由備課到講課，是一個很艱苦、很複雜的工作過程，但當我們教學有成就感的時候，辛苦感就會降低，幸福感就會提升。這師生學習的歡樂高效課堂，就從有效「備課」開始喔！

四、從單元統整教學建置孩子的讀寫地圖

身為教師與家長，我們都期許教導孩子未來帶得走的能力。不管是我們熟悉的能力本位或是未來 107 課綱所強調的核心素養，都是期許孩子未來能有自學力，能有面對問題、解決問題的能力。

然而，你可曾想過：

學校，為何不是教校？

教學，是要教什麼？

學生，學的重點是什麼？

生動，要如何才能達到？

學校，之所以名為「學」校而非「教」校，可見**學比教重要**。

教學，**旨在教如何學**，重點在教方法，教策略，不是教知識。

學生，**學的重點在生成**，沒有學生參與，什麼也成不了。

生動，**唯有學生動起來**，才有課堂的精采。

所以，學校，是以學（學生）為主體，以學（自主學習）為正事，以學（學生學習）為核心。而教師的責任，是讓學生的學習真正發生，也就是應該把學生放在主體地位，讓他成為學習的主人，讓學生的積極性、主動性能夠發揮。所以，當今的教師應該是一個設計者、指導者、幫助者以及與學生共同學習的夥伴。

　　語文是一個工具學科，學語文是拿來用的（語用），語文重要的是傳情達意。所以，閱讀輸入（讀懂），寫作輸出（寫好）更能建置孩子學習的階梯。既然教師是課程設計者、指導者、幫助者以及與學生共同學習的夥伴，那麼我們在設計課程時，要記得是「用教材教」，而非只有「教教材」；換言之，教師要為孩子設定學習目標，搭建學習鷹架。

　　讀懂，才能寫好。以語文學習而言，除了讀出內容外，還需讀出寫法。前面提過閱讀教學其中一個重要使命，就是為寫作做鋪墊。閱讀，是讀懂；閱讀教學，是懂讀。我們希望孩子慧讀、會讀，慧寫、會寫，分析文本或整合文本，找出語文教學點，讓學生懂得閱讀、寫作的方法，就是教師重要的事。

　　我一再強調：教師在進行閱讀與寫作教學時，首先要關注：教什麼、怎麼學。因為課堂上使用最多的就是教科書，教科書就是我們教導語文能力和策略的例子。所以，我們得回頭，好好審視我們的課本。這裡我要特別強調，課本是課堂裡的教材，它和一般兒童文學中常見的繪本、故事、漫畫、小說……等是稍有不同的，因為教科書是被賦予教育使命而存在的，它無法只啟發想像力或鉅細靡遺描寫小說細節等精采處；因為限於篇幅，因為限於它承載教育使命的任務，因為它必須有系統的教導孩子字詞句段篇、句型、修辭、結構、審題、取材……所以，它必須成為一本面貌很特別的書，同時具有工具性和人文性的書——教科書。以這樣的眼光來看，課本的意義才會彰顯，大家也才能善用它。

　　我們的國語課本都是以單元主題進行編寫的，每一冊四個單元，每一單元三～四課。這些課次會聚集在同一單元，一定有其功能性與意義性。當我們在進行文本分析時，可以「一課一重點」進行教學，也能以一個單元為大方向，進行單元統整，從閱讀教導孩子讀出內容與寫法，設定與單元有關的寫作題目，從課文找出寫作鷹架，讓孩子從課文中學語文。

單元統整進行讀寫設計

　　目前二岸四地教科書的文本，都是以單元主題的方式進行編寫的，一個單元有若干課的課文。會將這些文本放在同一個單元主題之下，必有其編寫目的的。所以，當我們在進行教學時，可以有意識的思考：這個單元主題的意義是什麼？要教導學生什麼能力？教學時如何有意識的進行單元統整教學？

　　我們備課的主要目的，是從國語課堂進行閱讀與寫作教學，讓語言從「理解」到「運用」，從「教過」到「學會」，讓學生具體學習應有的語文能力。所以，我們可以從大單元方式看教材。舉例來說，三年級第三單元「臺灣好風情」總共四課，分別是：淡水小鎮、回到鹿港、參觀安平古堡、聽神木說話。

　　思考一下：

● 這四課為何會放在一起？

● 這四課要教什麼？（教學目標）

● 這單元能教孩子什麼讀寫能力？

● 教完這四課，要讓孩子進行什麼寫作主題？

　　以大單元的方式看文本，比較容易掌握單元寫作主題。

　　「淡水小鎮」是詩歌，以四段方式呈現淡水之美，分別介紹了老街、鐵蛋、紅毛城還有淡水落日之美。

　　「回到鹿港」這篇記敘文，以四段式「開始—經過—結果」的形式，寫出回到老家——鹿港，以兩段的篇幅各自詳細介紹九曲巷與半邊井的特色與意義，最後以喜愛回到鹿港的心情作結。

　　「參觀安平古堡」這一篇校外教學遊記，寫出如何參觀安平古堡的景點，從陳列館內的文物到陳列館外的古炮，進而到旁邊公園的老城牆，不僅看到珍貴物品，也認識了歷史，收穫真是豐富。

　　「聽神木說話」以第一人稱自述，讓住在馬告生態公園兩千多年的神木現身說話，寫出馬告生態公園的生態環境與美麗；並採用懸疑的方式，到最後一段才揭曉說話的是神木——孔子。

　　讀完這四課，你有沒有發現，這些都是臺灣美麗的景點？換言之，讀完文章除了感受臺灣真的有好風情外，更需帶出「描寫景點」的方式。讀完這四課，就應該進入景點描寫的寫作訓練。為了完成寫景的課程，閱讀時會反覆提醒如何觀察，如何描寫景點特色，如何有順序的把所看到的景物描寫清楚，可以用時間先後所看到的來寫，也可以從空間的移動來寫……所以，若以大單元為整體進行讀寫教學，那麼這整個單元就是一個整體，不會各自為政，或被分解得支離破碎，也不會讓教學者或學習者無法適從。

　　又例如教到「人物寫真」這個單元，單元頁的主題便直接點明這個單元要帶大家走入人物故事，這些對生命有愛、不畏艱難的勇者，值得我們好好效法學習。這個單元有四課，分別是：永遠的馬偕、海倫‧凱勒的奇蹟、讀書報告——林書豪的故事、攀登生命的高峰，分別介紹四位勇者熱愛生命、鍥而不捨、活得精采努力的形象。教學時要將人物傳記的單元進行分析，也可以比較出寫法，不僅學到這些勇者的精神，更要讓學生理解如何寫出一篇傳記類的作品。

　　在這單元後面的統整活動二，閱讀指導是「認識人物傳記」，正是為了搭配此單元進行教學。所以，教師備課時，可以同時翻閱此單元後面的統整活動，整合教學點，如此教學將更輕鬆便利有效益。

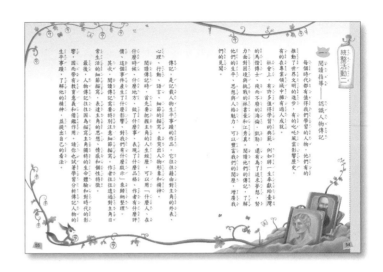

　　「人物寫真」單元這四課都是寫人的文章，而且都是寫名人，不是寫周邊的人。寫名人傳記，可以透過對主角的正面描寫（外表、心理、行動、語言、細節）和側面描寫（對周圍人物或環境的描寫），突出人物的形象和精神。掌握此一重點，進行教學時可以做比較閱讀：都是寫人物的文章，內容取材上有何不同？描寫馬偕是從哪些面向來寫？寫了哪些相關的人？而海倫·凱勒、林書豪、江秀真又是如何描寫的呢？他們的共同點又是什麼？

　　例如：海倫·凱勒一文中會提到蘇利文老師，林書豪那課會提到他的母親，這是為什麼呢？馬偕和江秀真的文章中卻都沒有提到家人或師長。這是因為書寫時要注意取材，「你」得選取對這個人重要的事蹟詳細寫（詳寫），與「你」想突顯的主題相對無關的就簡略帶過（略寫）或是不寫也可以。

　　尤其是讀書報告──林書豪的故事這一課，如果

教學者只關注這一課的形式：讀書報告的寫法，忘記
了單元主題，那麼，學生就有可能寫出一篇「三隻小
豬」的讀書報告，讓教師很傻眼，卻說不出哪裡有問
題。所以，在此單元要寫讀書報告，就要扣緊人物傳
記的部分，這樣才能讓此單元的讀與寫充分結合，達
到事半功倍的效果。

　　從閱讀進入寫作時，還必須從「課內」到「課
外」，才能拓展孩子的閱讀視野，豐富寫作材料。所
以，我當時在上「人物寫真」這個單元時，很努力找
了相關閱讀材料，讓孩子透過閱讀名人的真實故事，
學習堅毅勇敢的精神。我當時的作法，是一篇課文搭
配寫一篇文章，相關課程與補充閱讀如下：

課名	永遠的馬偕	海倫‧凱勒的奇蹟	讀書報告——林書豪的故事	攀登生命的高峰
主軸	到海外、異地奉獻自己	身心障礙卻努力走出生命幽谷	傑出運動員或是努力實現夢想者	堅持朝夢想前進
延伸閱讀	德蕾沙	臺灣海倫‧凱勒——劉育伶	盧彥勳（亞洲球王，修德校友）	李樂詩（挑戰登上地球三極）
	瑪喜樂	力克胡哲	許芳宜	林義傑
	史懷哲	乙武洋匡	陳偉殷	何大一
	連加恩	霍金	劉翔	劉安婷
	丁修女	謝坤山、楊恩典	李小龍	馬拉拉
寫作題目（二選一）	外國人‧臺灣情	生命的奇蹟	讀書報告——○○○的故事	勇者的畫像
	愛心無國界	走出生命的幽谷	追夢的人	從名人身上學到的事

　　我們也可以在整個單元教學後，進行一篇寫作教學。題目可以是：「勇者的畫像」，或是「值得我學習的人」，課文中的四個人物也可以直接拿來當例子，或從延伸閱讀、自己搜尋到的人物資料進行寫作，從閱讀別人的故事得到省思，關照自己的生命歷程。從這個角度出發，課本的學習內容是拿來活用、實用的，也是將「教過」變成「學會」的重要方式。

　　教學，是為了讓學生學習知識，運用知識，活化知識。所有的讀寫都應從文本出發，確認學習目標，搭設好學習鷹架，再慢慢引導孩子往那個方向前進。我相信：教師只要肯用心投入，教學花園裡不會有開不了的花。課文、教材，是我們建置孩子學習讀寫地圖很好的例子。

　　親愛的夥伴們，課本，真的是拿來用的。用得好，它就是一本很好的語文武功祕笈，尤其是成為教導讀寫最好的鷹架。課本，絕對是拿來用的，不是拿來考第一大題和背誦用的啊！

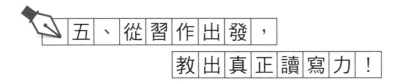

五、從習作出發，
教出真正讀寫力！

想 進行有效的讀寫教學，可以思考四個面向：

1. 替孩子做什麼

所以教師要備課，課堂有效是源於有備，設計教學時多「替」孩子想想，以孩子眼睛的高度看世界，關注孩子能（該）學什麼，進而設計教學活動。

例如我教「兩兄弟」時，希望教導連結文本的策略，於是做了以下兩種教具的準備：一、讓孩子先透過排句子的順序梳理文本。二、透過段落的順序連結故事內容。

2. 教孩子做什麼

教孩子做什麼，要先思考孩子的認知心理發展是否可以適當接受，安排哪些活動可以達成教學目標，所以認識學生、理解學生是很重要的。

3. 陪孩子做什麼

教師說得多，學生練得少。一如「電腦關機，腦袋開機」是一樣的道理。課堂上把時間讓給孩子討論（會學），過程後有歸納（學會），慢慢放手（要有階段、有順序的放手，先搭鷹架再撤鷹架，而不是立即隨手放開）讓孩子成為學習的真正主人。

4. 讓孩子做什麼

現在是「以學定教」的時代，只有讓孩子透過合作、探究、發現，才能體驗學習的快樂。

　　所有的學習都是為了適應未來生活，讓生活更美好，語文教學的終極目標更是如此。語文有六大能力指標，我個人認為，前四項的訓練（注音符號、聆聽、說話、識字與寫字），都是為了後兩項（閱讀與寫作）做準備，都是在為閱讀、寫作扎穩基本功，而閱讀的重要任務之一，是為寫作做預備。

　　既然要為孩子的語文素養奠基，讓孩子動手練習的習作就顯得非常重要。我們這裡的習作，指的是為了讓孩子學習寫作所提供的練習，包含各種小練筆。

　　習作的設計，除了生動有趣，形式多樣外，更重要的是緊扣文章主題，結合學習重點，題型要能引導學生思考，並進行階梯式的訓練，提升孩子的閱讀寫作能力。所以，真正的好習作，應該要掌握語文的工具性與人文性，設計多元化的題型和活動，著重聽說讀寫、語文基礎知識等綜合訓練；尤其著重以讀帶寫，以螺旋式的原則縱向編排，由淺入深，並做適量的重複，打通由閱讀到寫作的教學，達到讀寫遷移的效果，全面發展孩子的語文素養。

　　習作，是為了讓學生在生活中實用，所以它的工具性是非常強的，尤其在寫作方面。例如：當我們有事需要告訴別人怎麼辦？（要寫便條）想和遠方的親友聯繫怎麼辦？（要寫信）……所以，我們在日常生活中離不開寫作，習作便必須為寫作提供練習場。

習作練功坊

　　以下分享幾個對孩子讀寫有助益的題型設計與方法：

☺ 讀一讀，進行仿寫

　　仿寫，是閱讀寫作的重要入門，要先讀懂，才能寫好！模仿，是最基礎的學習，從句型到片段甚至篇章的仿寫，都是孩子需要奠基的重要基本功。

　　以三上第一課「爸爸的相簿」，詩歌仿寫為例，題目是：

> 翻開爸爸的相簿，
> 我看到爸爸和媽媽，
> 坐在沙灘上，
> 聽大海的歌聲；
> 我看到爸爸抱著我，
> 坐在木馬上，
> 快樂的轉動；
> 我看到爸爸和朋友站在山頂，
> 雙手高舉，
> 帶著得意的笑容。

教學祕笈

1. 請學生先拿出筆，圈出文章中，相片裡的人物、地點、事件（動作）。
2. 請學生按文章內容將這相片畫出來（什麼人在什麼地方做什麼事）。

3. 請學生自己畫出三幅圖，要像文章內容這三幅圖一樣，都要有人物、地點、事件（動作）。

4. 請學生說一說圖畫的內容，並按照 什麼人 在 什麼地方 做 什麼事 的順序描述。

5. 依照所畫的圖畫內容，仿造文章中句子的形式，完成習作。

6. 小提醒：這個題型的重點，是在為敘事寫作訓練基本功（敘述三要素）。所以重點在形式的模仿，只要文句前後邏輯合理，詞性和字數就不是要求的重點了。

☺ 內容組織結構

當孩子由低年級進入中年級，便是由簡單的句子練習進入片段訓練，需要讀懂整個文章架構，了解文章是怎麼寫的？為什麼要這樣寫？當讀懂文章結構的時候，他才能脫離片斷零碎的語句練習，以更高的視

野進入整個篇章，讀懂文章意涵，學習寫作的方式。

　　組織結構的分析是洞悉文章的關鍵，讓學生看出文章門道的方法。學生在閱讀後分析文章結構，並筆記下來作為大綱，這也是抓取大意的入門。當然，也能結合心智圖的概念，讓學生先找出關鍵詞，畫出文章的結構。這樣一來，就能真正讀懂整篇文章的重點了。

教學祕笈

1. 先分析課文屬於什麼樣的文章。一般敘事類的文章，通常有背景（時間、人物、地點）、起因、經過、結果（迴響）。例如：

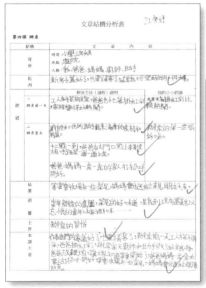

　　說明類的文章要先找到說明的主題，再找到舉例或分類的內容，最後找到結語；議論的文章，就要先確認論點，再找到論據（舉例），最後找出結論。

2.請學生拿起筆，按照上列的主題或大項，對照課文內容，運用畫線策略將詞語或句子畫下來，找出答案。

3.可以讓孩子先分組討論，說一說彼此的認知與想法，再練習寫結構大綱。

☺句子練習（造句、照樣造句、運用詞語造句、組合成通順句子）

句子是表達思想情感最基本的單位。各種形式的造句都是在訓練孩子寫作時以完整的語句傳情達意。從低年級簡單的看圖寫句（幾句話），到中年級各式句型，都是在文字中淬鍊寫作的基本能量。

教學祕笈

1.先請學生找出文章中這個句子，讀一讀，找出句子的頭與身體。

2.老師分析這個句子的情境與用法。例如：

於是：用在後一分句，表示後一事承接前一事，後面的事情是由前面的事情引起的。

在路上偶然相遇的「部」先生和「陪」先生想換一換耳朵的位置（事情一），於是「部」先生變成了「陪」先生，「陪」先生變成了「部」先生（事情二）。

3.請學生先想出兩件事情，再用「於是」連接起來，相互交流分享。

4.小提醒：各式的句子練習因其要求稍有不同，但多

元題型的目的都是為了磨練句子教學的基本功，在教學時掌握其些微差異即可。

習作若能將文本該教的能力抓出來，那教學和學習都會顯得具體而簡單。所以，習作的設計要能呼應教學重點，從訓練寫作的角度著手，也是很好的。

例如讀完「田園交響曲」這兩首詩（康軒五下課文）：

插秧～詹冰	水稻之歌～羅青
水田是鏡子 照映著藍天 照映著白雲 照映著青山 照映著綠樹 農夫在插秧 插在綠樹上 插在青山上 插在白雲上 插在 藍天上	早晨一醒，就察覺滿臉盡是露水， 顆顆晶瑩剔透，粒粒清涼爽身。 回頭看看住在隔壁的大白菜， 肥肥胖胖相偎相依，一家子好夢正甜。 而遠處的溪水，都是一群剛出門的小牧童， 推擠跳鬧，趕著小魚， 吵醒了一座矮矮短短的獨木橋。 於是，我們便興高采烈的前後看齊， 搖搖擺擺，把腳尖併攏， 綠綠油油，把手臂高舉。 迎著和風，迎著第一聲鳥鳴， 成體操隊形 散———開 一散，就是 千里！

這兩首詩輕鬆活潑，特別運用色彩、疊字、譬喻、轉化修辭，讓田園風光躍然紙上，讓文章生動且形象

起來。我們可以設計習作，讓孩子讀懂這兩首詩是如何寫出來的：

※ 找出「水稻之歌」中使用的疊字。（顆顆、粒粒、看看、肥肥胖胖、矮矮短短）

> 學習運用疊字可以造成詩歌韻律的美感。

※ 「插秧」這首詩使用了哪幾種顏色妝點詩句？
（藍、白、青、綠）

> 學習使用色彩將描寫的景物寫得更生動。

※ 「插秧」一詩，第一段水田依序映照著什麼？第二段農夫依序把秧苗插在哪裡？

水田是鏡子→ （靜態）由遠而近		農夫在插秧→ （動態）由近而遠	
映照著	藍天	插在	綠樹
	白雲		青山
	青山		白雲
	綠樹		藍天

> 學習讀懂「插秧」這首詩的結構，從遠而近，又由近而遠的描寫方式。

※ 運用想像力，完成下列譬喻修辭和擬人修辭的句子。

把水田譬喻成鏡子

例 水田是鏡子，照映著藍天。

1. 白雲是（　　　　　），（　　　　　　　　）
2. （　　　　　　　　　　　　　　　　　　　）

運用像人一樣的動作，讓溪水擬人化

例 遠處的溪水，**推擠跳鬧**，跟著小魚**穿過**一座獨木橋。

1. 肥肥胖胖的大白菜，（　　　　），（　　　　　　　　）

2. （　　　　　　　　　　　　　　　　　　　　　　）

學習使用譬喻和轉化修辭，讓事物活潑生動具象化。

又例如：「兩兄弟」（康軒四上課文）。

兩兄弟

　　兩兄弟一起去旅行，半路上發現一塊石頭。上面寫著：「發現這塊石頭的人，就往前走進森林。那裡有一條河，游過河到了對岸，會看到一隻母熊和牠的寶寶。抱走小熊，然後頭也不回的跑到山頂。山頂有一棟房子，在那裡，幸福正等著你。」當他們讀完，弟弟對哥哥說：「走吧！我們照石頭上寫的去做，就能擁有幸福。」

　　哥哥憂心的說：「我不想這麼做，而且，我勸你也別這麼做。首先，誰知道石頭上的話是不是真的？也許它只是開個玩笑，也有可能是陷阱。接著，就算那些話可信，等我們走進森林，天已經黑了，我們會迷失在森林裡，不容易找到那條河。即使找到那條河，如果河寬水急，怎麼游過去呢？就算游過去，要從母熊身邊抱走小熊，不是容易的事。如果成功了，也不可能一口氣跑到山頂。最後，也最重要的是，石頭並沒有告訴我們會得到什麼樣

的幸福，可能等在那裡的，並不是我們希望得到的呀！」

「那些話說得相當明白。依我看，試一試不會有什麼損失。如果不試，我們什麼也得不到。」弟弟說完就往森林走去，哥哥就回到村中。

不久，弟弟發現那條河，他游到對岸，果然有一隻母熊在那裡休息。他偷偷抱走小熊，頭也不回的跑到山頂，有個人出來迎接他，並用馬車載他進城，城裡的人請他當國王。直到鄰國發動戰爭，城市被占領，逃亡的弟弟只好到處流浪。

有一天，弟弟回到村裡，來到哥哥家的門前。哥哥依然住在那裡，沒有變得富有，也沒有變得貧窮。他們見了面很高興，彼此敘述著分開後發生的事。

哥哥說：「你看，我是對的。當年我沒有照著石頭上的話去做，日子才能過得這麼平順；而你，雖然當上國王，卻也遇到很大的麻煩。」

「我一點兒都不後悔，也不會懊惱，因為我擁有美好的回憶……」弟弟回答說。

讀完文章後，孩子從文本中學會透過語言、動作、所做的事描寫人物個性。所以，我們可以請孩子從文本中歸納兩兄弟對幸福的不同看法，可以從他們所說的話、所做的事歸納出人物的不同特質與個性。這樣的訓練，是為了讓孩子在寫作時，反推回去，可以透過語言描寫、動作描寫、神態描寫、事件的敘述突顯出人物性格。這樣的習作，也是為寫作扎下基本功。

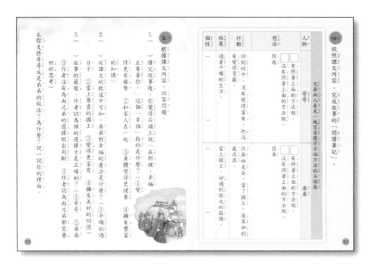

　　習作，最重要的是考慮到這個年級的孩子「需要學習什麼樣的能力」，要引領孩子從「願讀」到「慧」讀，從「習寫」到「樂」寫，培植真正的讀寫力。

六、識字教學有方法

識字，是閱讀的基礎，認識的字詞量越多，閱讀力自然越強。一般在媒體上，我們可以看到的字，大約是 5200 左右（教育部），臺灣小學國語文教科書的生字大約為 2500 個。若從課綱來看，中小學的識字量，不管是 92 課綱，還是 100 年實施的 97 課綱，也大約都在 3500～4500 之間。教導識字，不是只有教那個字的形、音、義而已，必須給予識字的方法。其實，我們的課綱裡不僅有識字量的規範，同時也給了一些方法。

例如 92 課綱：

識字與寫字能力（D 指識字與寫字）

D-1-1 能認識常用中國文字 1,000～1,200 字。

　1-1-1-1 能認識常用中國文字 1,000～1,200 字。

　1-1-3-2 能利用部首或簡單造字原理，輔助識字。

> 此是 92 課綱第一階段，指的是國小 1～3 年級。

D-2-1 能認識常用中國文字 2,200～2,700 字

　2-1-1-1 能認識常用中國文字 2,200～2,700 字。

　2-1-3-2 能利用簡易的六書原則，輔助認字，理解字義。

> 此是 92 課綱第二階段，指的是國小 4～6 年級。

D-3-1 能認識常用中國文字 3,500～4,500 字。

　3-1-1-1 能認識常用中國文字 3,500～4,500 字。

　3-1-3-2 能運用六書的原則，輔助認字。

　3-1-1-3 能概略了解文字的結構，理解文字的字義。

3-1-6-4 能說出六書的基本原則，並分析文字的字
形結構，理解文字字義。

此是 92 課綱第三階段，指的是國小 7 ～ 9 年級。

以 97 課綱的能力指標來看：

識字與寫字能力（97 課綱，將識字與寫字的 D
改成 4）

4-1-1 能認識常用漢字 700 ～ 800 字。

4-1-1-1 能認識常用漢字 700 ～ 800 字。

4-1-1-2 能利用部首或簡單造字原理，輔助識字。

此是 97 課綱第一階段，指的是國小 1 ～ 2 年級。

4-2-1 能認識常用漢字 1,500 ～ 1,800 字。

4-2-1-1 能認識常用漢字 1,500 ～ 1,800 字。

4-2-1-2 能利用部首或簡單造字原理，輔助識字。

此是 97 課綱第二階段，指的是國小 3 ～ 4 年級。

4-3-1 能認識常用漢字 2,200 ～ 2,700 字。

4-3-1-1 能認識常用漢字 2,200 ～ 2,700 字。

4-3-1-2 能利用簡易的六書原則，輔助認字，理解字
義。

此是 97 課綱第三階段，指的是國小 5 ～ 6 年級。

4-4-1 能認識常用漢字 3,500 ～ 4,500 字。

4-4-1-1 能認識常用漢字 3,500 ～ 4,500 字。

4-4-1-2 能運用六書的原則，輔助認字。

此是 97 課綱第四階段，指的是國小 7 ～ 9 年級。

所以，我們的識字量，其實在小學大約就是 2500 字上下，到國中後就是 4000 字上下，這些識字量足夠讓我們日常生活所需的閱讀毫無問題。

該學哪些字？

學生應該認識多少字？根據王瓊珠、洪儷瑜、張郁雯與陳秀芬（2008）的研究資料，國小二年級學生的平均識字量是 1200 個，國小四年級學生的平均識字量大概是 2600 個。應該有超過 95% 的五年級學生，在識字的指標上，可以具備獨自閱讀的水準。但這個數字僅供參考，因為每個孩子的差異性很大。

或許，我們該思考的是：該讓孩子學哪些字？每一個字的重要性並不相同，但我認為：識字，應該以生活常用字為優先，畢竟，識字是為了生活，為了溝通，不是為了應付艱深冷僻的字音字形考試，不是為了要寫習作或是考試卷。一般常用字，可以參考字頻表。字頻表是按照一般報章雜誌所出現的國字中，每一個字的出現頻率做成的表格。中文 ，每個字的使用頻率有非常大的差距，最常出現的字是「的」，每 100 個約占 4 個字，所以它是字頻表中的天王一號。字頻表的前 20 名，分別是：的、不、一、我、是、人、有、了、大、國、來、生、在、子、們、中、上、他、時、小。

瞧！這些字是否就是我們經常會使用的高頻率字呢？當然，一般學生在識字上並沒有困難，不需要精細的計算他應該要學哪些字。但如果是在一般教學中

遇到識字有問題的學生，讓他們學會高頻率的字以便與人溝通表達，重要性遠高於低頻率的字。換句話說，我們教導識字，不是按照筆畫多少來教，而是應該按照字的出現頻率來教。越常出現，越實用的，應該越先教會孩子才是。

如何進行識字教學？

「識字」教學的目標，就是會認、會讀、會寫、會用。我認為識字不是只有認識那個字，而是要有方法。例如教育部在年級學習成分雙向細目表裡，識字教學就希望透過字音連結、部件辨識、組字規則學習字族和字群。漢字是表意文字，例如教「圓」這個字，知道「口」是表其義（形），「員」是表其音（聲）。當遇到圍、固、國……時，就可以自通了。

教育部公布的年級學習成分雙向細目表如下：

識　　字	字音連結	推　　論	連結線索
	部件辨識		連結文本的因果關係
	組字規則		由文本找支持的理由
流　　暢	流暢性		找不同觀點
詞　　彙	單一詞義	自我提問	六何法
	擴展詞彙		有層次的提問
	由文推詞義		詰問作者
預　　測	預測	解　　控	理解監控
課文大意	故事重點		
	刪除 / 歸納 / 主題句		
	文章結構		

壹·教學理念篇

中識字是為了造詞　　字與詞彙策略成分與年級對照表如下：

項目策略	教學要點	一年級	二年級	三年級	四年級	五年級	六年級
識字	字音連結	●	●	●			
識字	部件辨識	●	●				
識字	組字規則		●	●			
流暢	流暢性	●	●	●			
詞彙	單一詞義			●	●	●	
詞彙	詞彙擴展			●	●		
詞彙	由文推詞義	●(新詞)	(多義詞)	●	●	●	●

註：教學要點說明

1. 部件辨識：包含聲旁、部首以及基本字帶字。
2. 單一詞義：學習詞彙的意義，如使用字典、例句。
3. 詞彙擴展：透過意義關聯的方式學習詞彙，如造詞、同義詞、反義詞、詞素覺知。
4. 由文推詞義：由上下文蒐尋詞彙意義，推測詞義。

項目策略	教學要點	一年級	二年級	三年級	四年級	五年級	六年級
課文大意	重述故事重點	●	●				
課文大意	刪除／歸納／主題句			●	●		
課文大意	以文章結構寫大意				◐(認識)	●	●
推論／句型	連結線索（指示代名詞／轉折詞）	●指	●指	●轉			
推論／句型	連結文本的因果關係	●	●	●	●		
推論／句型	由文本找支持的理由			●	●	●	●
推論／句型	找不同觀點（找反證）				●	●	●
自我提問	六何法			●	●		
自我提問	有層次的提問				◐	●	●
自我提問	詰問作者						●
理解監控				●	●	●	●

註：表格中圖示◗表示開始學習。

如：四年級尚未使用以文章結構寫大意的策略，但必須認識文章結構；自我提問的策略於四年級開始認識有層次的提問，包括事實、推論、評論，但其中較難的評論層次應於高年級學習。

在教育部公布的年級學習成分雙向細目表裡，識字是低年級很重要的學習項目。識字教學的原則有四會：

會讀——字音；

會寫——字形；

會說——字義；

會用——運用。

所以可以用一些有趣的方法，例如：字謎、花瓣識字，或文字兒歌讓孩子朗朗上口學識字，這才是真正培養識字的能力和方法。舉例來說，為了幫助記憶，可以讓孩子透過字謎學習：

> 王先生白小姐坐在石頭上。（碧）

這是以玩字謎的方式記憶口訣，包含書寫方式的訓練，也是增加記憶的方式之一。一如小朋友在學習識字時，會以口訣來幫助記憶，例如：枴杖 1、鴨子 2、蝴蝶 3、帆船 4、手槍 7……這種遊戲的設計原則，只要是能夠增加字跟字音、字義連結的線都可以。

當然，透過組字規則設計遊戲，更可以有效擴大識字量。因為基本上中文字的部件 ❸，部件的組合，部件的位置，其實背後都具有規律性。這時就可以透

❸ 部件，可以是部首或是聲旁。如果是以部首為主軸，可以提醒學生這些字都可能有同樣的類別，例如，只要是「水」部的，大都跟「流水」有關；只要是「木」部的，大都跟「樹木」有關；如果是以聲旁為主軸，可以提醒學生同樣聲旁的字，有相當的機率發音會相近。例如「清、蜻、情、晴」。但同樣聲旁的字發音相近的概說，是假設，因為有不少字由於轉注、假借或是修正讀音的關係，發音已和當時大有不同。

過花瓣識字統整相關的字族或字群。（請參看《識字真容易》一書）尤其我們的字以形聲字居多，不管是部件的組字規則，或是基本字帶字的教學（將同部件的字一起呈現），都是期待在遊戲中讓孩子自然而然學習識字的方法。

識字教學遊戲設計示例

一、約

　　「糸」先生喜歡交朋友，他遇到了「勺」小姐，兩個人便「相約」一起讀書，每天「大約」散步半小時，生活雖然「簡約」，卻是平凡珍貴的幸福！

　　「約」這個字，是由「糸」和「勺」組合而成的。左邊的糸是部首，漢字裡，很多的字都是用部首代表它的意義。

　　約本來的意思是繩子，後來延伸了其他意思，像是限制（約束）；協議（約定）；儉省（節約）；大概（約略）等。

　　約左邊的「糸」造形很特別，看起來就像絲線纏繞在一起的形狀：上面是絲線的頭，中間是絲線的結，下面是絲線打結後分別垂下來的絲。因此，只要是包含「糸」的字，大多和細絲有關！

甲骨文

金文

小篆

「糸」字家族大集合

字	解　釋	造　詞
結	繩、線或帶子所結成的紐。	蝴蝶結
紙	利用植物的纖維做成的物品，可用來寫字、畫畫、印刷等。	紙張
線	用棉、麻、絲、金屬等製成的細縷或細長條的東西。	毛線
網	用繩索編成捕捉動物的器具，也引申作為分布周密、彼此相連的組織系統。	網路

小提醒：糸在字的左邊時，下半部要寫成「三小點」，
　　　　而不是「小」喔！

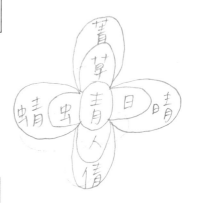

任務區

1. 我們的文字裡，有好多含有「糸」的字，請動手圈圈看，把有「糸」的字圈起來。

> 　　我和妹妹相約在圖畫紙上畫出紅色的漁網，紫色的紗門，門把上還緊綁著綠色的細絲線，天空中是純白的雲絮。雖然畫得很累，但我們相信這些圖象的組合絕對給人深刻的印象。

2. 「糸」是個小淘氣，總是喜歡到外面四處遊歷。他有很多好朋友，遇到不同的朋友，就有了不同的組合。例如：「糸」遇到了「且」，就變成了「組」，他們一起「組合」了好多玩具。請為「糸」找到不同的朋友，把它寫下來。

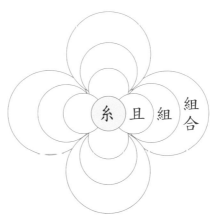

3.讀一讀，把正確的語詞和意思連起來。

約定 ·　　　　　 · 協議、預先說定。

合約 ·　　　　　 · 預先說定共同遵守之事。

約束 ·　　　　　 · 限制、管束。

節約 ·　　　　　 · 儉省。

約略 ·　　　　　 · 大略、大概。

4.請觀察圖片，判斷哪張圖是「綁鞋帶」，哪張圖是「上網」，將正確的詞語寫在圖片下方，並試著造一個簡單的句子。

二、過

　　「咼」先生想「過河」到對岸拜訪朋友，可是自己走路「過不去」，該怎麼辦呢？正著急的時候，看到形狀像一艘船的「辶」從遠方開了「過來」。他高興的跳上去，到了朋友家，與他們「度過」美好的一天。

　　「過」這個字，是由「咼」和「辶」組合而成的。左邊的辶是部首，咼（ㄍㄨㄛ）代表這個字原來的讀音，所以，「過」這個字是形聲字。

　　過本來的意思是經歷，例如「過年」、「過冬」，後來延伸了其他意思，像是超出（過期）；錯誤（過失）；忍受（難過）；太多（過度）等。

過左邊的「辶」是部首，本來的寫法是「辵」。很早以前的字典裡沒有辶，只查得到辵這個字。辵的造形很特別，就像一隻腳的腳趾、腳跟和腳底板在走動的樣子。因此，只要是有辶（辵）字的字，大多和行走、行動有關！

小篆　　康熙字　　楷體

「辶」字家族大集合

字	解　釋	造　詞
巡	來回查看。	巡視
返	回來、折回。	返鄉
迅	快捷。	迅速
遇	相逢。	相遇
遠	距離不近的。	遠方

任務區

1. 我們的文字裡，有好多含有辶（辵）的字，請動手圈圈看，把有辶（辵）的字圈起來。

> 　　近年來，退休以後的爺爺看起來更有活力了。透過參加各種社團，他遇到很多認真生活的人，讓他相信老年人也可以創造生命的價值。他還選擇當社區的巡守隊員，他說每天走在這個自己居住的道路上，可以一邊保護社區，一邊運動，讓身體更健康呢！爺爺就連下雨天也會認真達成使命，真讓我敬佩！

2.「辶」是個大方的小可愛，喜歡載著好朋友到處玩。他有很多好朋友，遇到不同的朋友，就有了不同的組合。例如：「扁」遇到了「辶」，就變成了「遍」，

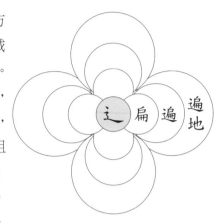

他們到了「遍地」開滿花朵的公園。請為「辶」找到不同的朋友，把它寫下來。

3.我會寫：在一場正義與邪惡的戰爭裡，好人「言」、「兆」、「軍」、「首」、「斤」等不斷被追殺，幸好有個正義之士，就是部首「辶」來拯救大家。「言」、「兆」、「軍」、「首」、「斤」跳上他的車子之後，就變成了新的字，有了新的身分，因此躲避了危險，完成了神聖的使命，拯救了地球。現在，請你寫下這幾個新字，並為他們造詞吧！

部首	好人	我會寫字	我會造詞
辶	言		
	兆		
	軍		
	首		
	斤		

4.讀一讀，把正確的語詞寫進（　　　）裡。

過年　過冬　過期　過失　難過　過度

⑴我最喜歡（　　　　）時那種熱鬧的氣氛了。

⑵買東西時要留意保存期限，以免買到（　　　　）
的產品。

⑶親人逝世，他心裡非常（　　　　）。

⑷秋冬時，候鳥會飛往溫暖的南方（　　　　）。

三、文字好好玩──大闖關

1. 漢字攻防戰

原本平靜的漢字世界中，突然掀起了正邪大戰！邪惡的神祕人物想要把漢字「隹」、「氏」、「青」、「袁」、「少」、「勺」、「西」消滅。正當這七人不斷被追殺，快要落入魔掌時，幸好出現了五個正義之士──「辶」、「日」、「艸」、「糸」、「火」來拯救大家。這五個部首是著名的變裝高手，在他們的巧手之下，「隹」、「氏」、「青」、「袁」、「少」、「勺」、「西」變成了新的字，有了新的身分，躲避了危險。請你想一想，他們會變成哪些新字？請把可能的新字寫下來，並且查一查這些字代表什麼新的意思？

2. 連連看

請看下方圖片；將正確的圖和部首連起來。

糸	辵（辶）	日	艸（艹）	火（灬）
跟細絲有關	和行走、行動有關	和太陽、時間有關	和草木有關	跟火、熱有關

3. 找部首

請用有顏色的筆將下面五個字的部首塗上顏色，把部首寫一次，並為這個字造一個詞。

部首					
造詞					

4. 填一填

(1) 相約　　條約　　大約

我和同學（　　　）在學校的大樹下見面。

(2) 難過　　過來　　過冬

秋天或冬天時，北方的候鳥會往南（　　　），春天或夏天時才會回到自己的家。

(3) 月曆　　國曆　　農曆

（　　　）的一月一日也稱為元旦，是新的一年開始的日子。

(4) 日光燈　　花燈　　路燈

元宵節，我們都會去賞（　　　）、猜燈謎。

(5) 茶葉　　樹葉　　葉子

阿里山的（　　　）非常有名，泡茶時的清香味道讓人非常喜歡！

5. 圈一圈，寫一寫

讀一讀下面兩段文章，圈找出下列部首的字，並把它寫出來。

(1)妹妹有一雙新的紅雨鞋。

下雨天，她喜歡穿著紅雨鞋，開心的和雨滴玩遊戲。

妹妹在院子裡走過來、走過去。

她的紅雨鞋，就像兩隻紅金魚，在魚缸裡游過來、游過去。

(2)花園裡，花開了，草綠了，媽媽說：「春天來了。」

弟弟問媽媽：「春天是誰？他是坐車來的，還是走路來的？」

媽媽笑著說：「花開了，草綠了，陽光照在身上暖和了，就是春天來了。」

部首	糸	辵（辶）	日	艸（艹）	火（灬）
字					

貳
教學實務與設計篇
我這樣「玩」寫作

寫作，是一件非常幸福又美麗的事，是知識活化的運用，是創意的展翅高飛！

高興的時候，書寫喜悅的心情；憤怒的時候，發洩爆發的澎湃；傷心的時候，撫慰決堤的抑鬱。對我而言，提筆寫文章，是觀察曾經走過的深刻痕跡，是記錄著歲月走過的聲音。所以，寫作不僅只是文字的瑰麗城堡，更是生命流域的軌跡紀錄。

以教學的角度而言，作文是內心思維感知的轉化顯影，個人經驗反思的意義書寫，是以書面語言表達思想感情的產物，更是反映語文能力的窗口。換言之，寫作是語文能力高度的綜合展現。在課堂上，寫作教學應為「有想法，有方法，有辦法」的教學設計。所以本「教學實務與設計篇」有「打開議論新視窗」、「寫作教學寶典」二大部分，都是以孩子為主體的寫作教學實務設計，閱讀的對象是學生，教師或家長可以直接讓孩子閱讀，或是直接拿來和孩子互動學習。相信透過由淺入深、有序列步驟的引導，孩子們的學習會更有效能，成為懂得思考、優游寫作的人。

一、打開議論新視窗

議論，是一種思維表達，一種邏輯思考，一種自我探索，一種表述方式。我們在一般寫作教學中，最常教導記敘文，說明文、議論文則相對少讓孩子接觸。議論，是提出主張，是言之有物、言之有序、言之有理的表達，它需要系統化的訓練，讓孩子能有條有理的說出自己的觀點與想法，這是未來與人溝通時很重要的能力。所以特別以議論為主題，寫成一系列的「打開寫作新視窗」，陪伴孩子探索議論新「視」界。

第一回 ⇔ 主觀說理，說服他人

　　日常生活中，你是不是有很多想法？認為這樣做比較好，認為那樣不對；主張要善用時間、安排時間，當時間的主人；提出要口說好話，因為「良言一句三冬暖」。像這樣，我們經過自己深入的思考後，對事物做出評價或判斷，說出自己的想法與意見，就屬於議論類文章。

超級比一比

　　很多小朋友在寫作時，常會將議論類和記敘類混淆，造成在寫議論題目時，無法寫出精采的文章。到底這兩類文稿，應該如何區別？

想一想：「我的偶像」和「偶像」，這兩個題目寫作內容會完全一樣嗎？答案是：當然不會！

　　「我的偶像」是針對「我」個人崇拜的偶像，進行敘述或描寫：寫偶像是誰，喜歡他的原因，主要寫自己的心情或感想，屬於記敘類文章。

　　「偶像」則可能寫偶像的存在會對人們產生哪些正面和負面的影響，可能是讚美，也可能是批評，取決於「你」對「偶像存在」這個現象的看法或主張，傾向於議論類文章。

　　簡單來說，議論類文章是主觀的說理；記敘類文章，是主觀的表達情感。

議論說想法

　　議論類文章重在用「理」說服別人，根據主題或議題，提出自己的見解或看法。以下兩個例子，一個是客觀的陳述（說明），一個是主觀的表達（議論）。透過對照，便能了解什麼是議論類文章。

	議論類（主觀說理）	說明類（客觀陳述）
例句	時間是多麼的珍貴，卻又是多麼的無情，我們一定要妥善運用，讓它發揮最大的價值。	時間是一種尺度，以事件發生的先後可以分成：過去——現在——未來。
說明	提出自己的主張和見解。	客觀說明事物的定義和類別。

▼讀一讀下列文章，比一比：

（議題：你認為手機網路是生活必需品嗎？為什麼？說出你的理由。）

例一：「上網」已是現代人生活中不可或缺的部分，可是「網」究竟是什麼？
這種「網」不是一般有形的網，而是指「網際網路」。「網際網路」
是網路與網路之間所串連成的龐大網路。你可以想像一下，有一隻巨
型的蜘蛛，織成一張團團圍住整個地球的「大網」，是多麼壯觀！「網
際網路」就像這張包住地球的「大網」。而這張「網」是通過無數條
「線」，把億萬臺電腦連接起來的。根據二〇一〇年的資料，全球網
際網路的使用者總數已達十八億。

以比喻、數字的方式，客觀說明網際網路是什麼，有多少人在使用它。

例二：手機是生活必需品嗎？或許很多學生的回答為：「是。」我卻不這麼
認為。生活裡，只有空氣、水、食物是必需品。像非洲的落後地區，
大部分人都沒有手機，他們仍然自在生活著。況且，在手機出現之前，
人類照常活著，且繁衍不息，不是嗎？有人覺得沒有手機在旁便會焦
躁、恐慌，但有人至今堅持不用，因為他們喜歡不受干擾的生活。可
見，在現代的生活中，手機雖然重要，卻不是生活必需品。

提出自己的主張和見解，並舉出例子來證明這個事實和道理。

你發現了嗎？上述兩個例子，第二個例子裡，作者提出自己的想法和主
張，不像第一個例子只客觀陳述事實，這就是「議論類的文章」。

貳
・教學實務與設計篇

第二回 掌握主題，提出見解（議論藏在題目裡）

先審題再分類判斷，掌握主題，提出見解

每一個季節都有自己獨特的風景，每一朵花兒也有其獨自的嬌顏，每一種類別的文章，皆有它特有的屬性。議論類的文章，旨在以「理」說服別人，重在提出自己的思考和看法。那麼，哪些題目是屬於比較適合以議論手法來書寫或表達的呢？

從題目判斷寫作類型

議論類的文章通常很容易從題目判斷出來。最簡單的，是題目只要出現「談〇〇」、「論〇〇」，這便是屬於適用以議論表述方式進行書寫的文章。例如：「談合作」、「談辯論」、「論快樂」、「論勤奮」等等。

另外，只要是在文章中需明確表態贊成或反對，肯定或否定，發表自己意見或判斷的，都可以運用議論的寫作方式來寫作。例如：「做時間的主人」、「良言一句三冬暖」、「成功與失敗」、「耕耘與收穫」、「比讀書更重要的事」、「開卷有益」、「永遠不會太晚」、「分享力量大」……都很容易從題目看出是屬於議論類的文章。

小試身手 · 換我做做看

請讀完下列題目，將適用於議論類文章的題目打「√」

□成功的祕訣　　　　　　　　□期待的午休時間

□一個成功的小故事　　　　　□一則新聞報導的省思

□我對午休時間睡午覺的看法　□我最愛的一則新聞

解答：成功的祕訣、我對午休時間睡午覺的看法、一則新聞報導的省思

寫作前要先審題

既然議論類的文章是要提出想法或判斷，那麼面對議論文的題目時，還可以先將它分成兩部分：主題＋判斷。例如：

「良言一句三冬暖」，可以分成「良言」和「三冬暖」兩部分。意思是：口說「良言」（主題）➡ 即使「身處寒冬也能感受溫暖」（判斷）

又如：「分享力量大」，可以分成「分享」和「力量大」兩部分。意思是：懂得「分享」（主題）➡ 就會「力量大」（判斷）。

小試身手 ・ 換我做做看

請標出下列題目的主題和判斷。

題目	主題	判斷（想法）
開卷有益	➡	
知足常樂	➡	

自己提出想法和判斷

然而，有些題目只說了主題卻沒有做出「判斷」，那「我」得要自己提出想法或做出判斷，例如：「談辯論」。題目沒有說為什麼需要辯論？辯論會產生什麼效果？於是，「我」必須自己提出判斷：

「辯論」（主題）可以 「說服人」（判斷）。就可以提出想法：

在雙方意見僵持不下的時候，「辯論」不失為一個尋求公斷，說服對方的好方法。

有的題目則只有「判斷」，沒有「主題」，例如：「比讀書更重要的事」。什麼事「比讀書更重要」呢？題目沒有具體指出要說服人家的主題，於是，「我」必須自己找出主題：

「健康」（主題）是 ➡「比讀書更重要的事」（判斷）。

像這樣，讀懂議論題目的主題和判斷，就能幫助我們快速掌握寫作的重點喔！

小試身手 ・ 換我做做看

判讀	談合作：「合作」（主題）➡ 可以（就能）（判斷）		
例子	合作就能（　　　　　）；合作可以（　　　　　　）		
判讀	「永遠不會太晚」：（主題）永遠不會太晚（判斷）		
例子	（　　　　　）永遠不會太晚		

貳・教學實務與設計篇

第三回 ⇦ 言之有理說論點（我認為……）

　　議論類的文章，旨在以「理」說服別人，所以提出自己的思考和看法是很重要的，這就是議論文裡面的「論點」。「論點」雖然是尊重自己主觀的想法，但必須要是正確的，也就是必須符合社會的價值認定，或是科學的依據，而不是天馬行空的胡說一通。

　　論說的要點是要以理服人。而以理服人的方法，要不就是直指重心，挑明了講；要不就是含蓄委婉，點到為止。所以，文章一開頭便可以直接破題，提出論點。例如「守望相助」：

　　人與人之間要彼此關懷、相互扶持，生活才能安和快樂。同鄰里社區的人若能心手相連，發揮患難與共的精神，做到守望相助，那麼鄰居相處會更和諧融洽，生活也會更安康美好。

論點說出守望相助的重要，能讓鄰居相處和諧，生活更美好！

　　又如「做時間的主人」，提出的論點是：

　　如果一個人可以活一百歲，他一生擁有的日子，大約是三萬六千五百天，扣除睡眠、吃飯、刷牙、洗臉等，剩下的時間到底還有多少？算一算，竟然只剩下不到一半！而這些僅存的光陰，從我們呱呱墜地那一刻起，就開始悄悄的溜走，毫不止息。時間是多麼的珍貴，卻又是多麼的無情，我們一定要妥善的運用，讓它發揮最大的價值。

論點提出時間的珍貴，所以要妥善運用時間，才能發揮最大的價值。

小試身手・換我做做看

　　請以「分享快樂多」為主題，說出你的「論點」。

分享快樂多

議論小助手：「分享快樂多」這個題目，兼含主題（分享）和判斷（快樂多）。所以論點要是：懂得分享（主題）就會快樂多（判斷）。現在，你可以試著用自己的話把想法寫下來喔！

　　某些題目，論點是很明確的，例如「分享快樂多」；然而，某些題目，論點需要自己思考後提出，這就需要好好運用大腦思考一下了。例如：「比讀書更重要的事」，題目沒點出「什麼事是比讀書更重要的事」，所以，「我」必須自己提出論點──（　　　　　　）是比讀書更重要的事。

　　在思考的時候，可以利用下面的聯想圖，將所想到的材料都先寫下來，之後再選擇比較喜歡的主題。

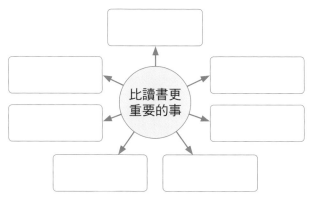

這個題目，你的論點可以只聚焦一件事。例如：

●我認為，比讀書更重要的事，便是擁有健康的身心。

●原來，還有比讀書更重要的事──誠實。

論點也可以提出多件事。例如：

●讀書雖然非常重要，但是，我認為組織統整、良好品德以及健康身心都是比讀書更重要的事。

●「讀書」，在一個人的學習生涯中雖然很重要，但是，如果沒有一個健康的身體，沒有一顆孝順的心，沒有愛心，沒有快樂，書讀得再好又有什麼用呢？

小試身手 ・ 換我做做看

　　請完成上面的聯想圖後，提出「比讀書更重要的事」的論點。

　　確立論點：（　　　　　　）是比讀書更重要的事。

貳·教學實務與設計篇

第四回　議論開頭的寫法（一）

議論類的文章以表達主張與觀點為主，所以，通常會在開頭就點出作者的主張，即是這篇文章的論點。

議論類文章的開頭，一般有以下幾種方式：

破題法

這是在一開始就點明題目的中心意旨，把話題點穿，直截了當觸及文章的核心，為後繼的反覆辯證鋪路。由於挑明了說，所以寫來理充詞沛，氣勢磅礡，容易留下深刻的印象，也有人稱為「開門見山法」或「直起法」。

例如「比讀書更重要的事」：

> 　　有人說：健康是 1，知識、財富、學歷、身分……都各代表一個 0。讀書雖然是打開知識寶庫大門的鑰匙，但是，沒有健康的身心，縱使滿腹經綸、學富五車，擁有再多的財富與尊榮，沒有前面的 1——健康，也還是 0 罷了。所以我認為，比讀書更重要的事，便是擁有健康的身心。

「破題法」就是解釋題意，所以不限於任何文體使用。但是，就實際下筆的作用來說，以議論型的題目使用次數最頻繁，也比較能產生相得益彰的效果。當然，也可以一開頭就把題目的字樣嵌入文中，例如：

「比讀書更重要的事，就是擁有健康的身心。」

這樣的敘述方法更直接，可以直指重心，讓人一目了然。然而若要採用這種方法，必須讓承接的敘述擁有更強大的氣勢，才能與開頭相互烘托。

設問法

這是先就題目的主旨設定一個或幾個疑問，然後再接著回答來引出主題，這種以一問一答或數問一答的開頭方式，能引發讀者的思考與好奇心，並產生想一探究竟的想法。

例如「做時間的主人」：

> 　如果一個人可以活一百歲，他一生擁有的日子，大約是三萬六千五百天，扣除睡眠、吃飯、刷牙、洗臉等，剩下的時間到底還有多少？算一算，竟然只剩下不到一半！而這些僅存的光陰，從我們呱呱墜地那一刻起，就開始悄悄的溜走，毫不止息。時間是多麼的珍貴，卻又是多麼的無情，我們一定要妥善運用，讓它發揮最大的價值。

又如「分享的力量」：

> 　「從上海到倫敦，怎麼去才好玩？」這是上海一家電器公司的有獎徵答題目。第一特獎是四十吋彩色電視，參與這個活動的情況異常熱烈，書信有如雪片般飛來。競逐者來自全國各地，其中不乏教授、大學生、上班族甚至家庭主婦，答案是無所不包，創意是無奇不有。決選的結果出乎意料：由一個小學生雀屏中選。他的答案很簡單：「跟好朋友一起去，最好玩。」的確，誠如評審給的評價：「分享的快樂，遠勝過獨自的擁有。」

　「設問法」運用提問開頭，能發人深思。有時，也可以先針對題旨提出反問，而且只問不答，如此更能引起讀者的興趣。例如「新的意義」：

> 　你們有沒有見過田裡初出土的新苗？你們有沒有吃過剛出爐的麵包？你們有沒有讀過才出版的新書？

小試身手 ・ 換我做做看

　運用上述其中一種方式，以「比讀書更重要的事」為題，寫出文章的開頭。

第五回　議論開頭的寫法（二）

　　議論類文章的開頭，除了先前介紹的「破題法」和「設問法」之外，常見的還有下列方式：

引用法

　　這是引用名言、俗語，或大家公認的道理，作為自己論述的依據，以提高說服力。例如「談謙虛」：

> 　　俗話說得好：「謙謙君子，卑以自牧。」就是說，謙虛嚴於律己的君子，常保持謙卑的態度，藉以修養自己的德行；相反的，如果態度傲慢過於自大，常會使別人覺得驕橫而不想親近；所以，我們要做一個謙虛而不狂妄的人。
>
> （中教大　楊裕貿教授）

　　又如「失敗者的覺醒」：

> 　　「人生的光榮，不在永不失敗，而在於能夠屢敗屢戰。」失敗並不可怕，可怕的是因失敗而喪志，無法從失敗中記取教訓，那就會導致再次的失敗。誰從沒有過失敗的經驗？重要的是，我們必須保有「失敗者的覺醒」。

　　運用「引用法」能讓人眼睛一亮，感覺作者博學多聞，增加說服力。在文章的開頭，引用與內容相關的名言、成語、詩句等，可以引起統領全篇，提綱挈領的作用。引用的內容，往往就是文章的中心思想，或是文章主旨。

　　例如「勤奮與成功」：

> 　　「天才是百分之九十九的汗水加百分之一的靈感。」「發明大王」愛迪生用這句話告誡世人：與其迷信天資對個人成就的決定作用，不如腳踏實地，努力工作，這樣才能得到豐碩的成果。

　　又如「寬容的力量」：

> 　　美國大文豪馬克・吐溫曾說：「一隻腳踩扁了紫羅蘭，它卻把香味留在你的腳上，這就是寬容」。是的，紫羅蘭對踩扁它的那隻腳是如此的寬容。寬容是什麼？寬容是以寬大、有氣量、不計較的心面對不完美；寬容代表著尊重、信任、理解和溝通，是溫暖的陽光，能將心靈照亮。

比喻法

　　這是把主題比喻成其他東西或景象，作為文章的開端。尤其遇到難以理解或無法一語道盡的題目時，利用和主題有共同特點的人、事、物來比喻題旨，就能把題目變得淺顯易懂。

　　例如「讚美與責備」：

> 　　讚美是一種神聖的語言，猶如甜蜜的歌聲，令人喜悅，有一種鼓舞振奮的力量；責備是一種莊嚴的警語，卻如秋霜，雖能振聾發聵，卻也令人失去興趣，灰心喪志。讚美別人，彷彿用一支火把照亮別人的生活，也照亮自己的心田。大讚美小責備，多讚美少責備，發自愛心的讚美與責備就能感動人心。

　　又如「自治與自律」：

> 　　自治彷彿是曲調，自律彷彿是五線譜，人們彷彿是音符。音符可以自由的舞蹈在曲調中，卻不能跳脫五線譜的方格外。在這民主自由時代，雖然開放但卻不能馬虎。自治，用有限的自我彩繪青春；自律，用良知與良能來規範自己，通往成功。懂得自治與自律，才能譜出一首美妙的人生之曲。
>
> （明志國中　陳竑諺）

　　「比喻法」運用比喻開頭，加入作者鮮明的感悟，引起讀者對要說明的事物或道理的興趣。例如「淚和笑」：

> 　　人生，是一部悲喜劇。悲與苦釀成了甘醇的葡萄酒，喜與樂灌溉了芬芳的奇葩。剛出生的小寶寶，呱呱墜地時，嚎啕大哭，直到躺在母親的懷裡，才含笑入睡。淚和笑，透露了人內心的感受，道出了生活的多采多姿。
>
> （明志國中　陳竑諺）

小試身手 · 換我做做看

運用上述其中一種的方式，以「男生和女生」為題，寫出文章的開頭。

第六回 ⇨ 議論小雛型（我認為……因為……）

我們對許多事情都有自己的看法與見解，有時未必與人相同，有時需要積極獲得認同，這時，如何說服對方？如何捍衛自己的看法讓人家接受呢？此時，提出有力的理由是最好的方式。例如你很想看一個電視節目，那該如何說服家長讓你可以看電視呢？

你可以先提出你的看法（我想看這個電視節目），再加上兩、三點理由，增加說服力。例如：

> 我想看這個電視節目，因為看這個節目可以增長知識，就像閱讀書報一樣，讓我學習到許多課本上沒有的新知；看這個節目可以豐富我的學習，擴充我的視野，啟迪我的思想；看這個節目可以讓我抒發一整個禮拜上課緊張的壓力，可以讓我適度的休閒與放鬆。所以，請讓我看這個電視節目吧！

瞧！想看電視節目可以振振有辭提出三大理由：

1. 增長知識
2. 豐富學習
3. 抒發壓力

像這樣有條有理，理性陳述看法的方式，是否比發脾氣、吵鬧更具說服力，更能達到目的呢？

又如：「考完試後在班上公布班級名次是不好的」，你可以這樣表達：

> 我認為考完試在班上公布班級名次是不好的，因為會讓考不好的人覺得很傷心、很挫敗；也可能讓考得好的人頓時驕傲自大起來，破壞班上的和諧氣氛，讓同學們一直為成績和排名斤斤計較。所以，我不贊成考試結束後在班上公布班級名次。

又例如：有人認為小學生有必要帶手機上學，但我認為這是不必要的，可以這麼說：

有人認為手機對現代人而言，已成了不可或缺的生活必需品，所以，小學生有必要帶手機上學，以方便和家人聯絡。然而，我認為小學生沒有必要帶手機上學。

論點

第一：帶手機上學會影響學習，上課時容易分心。即使是上課時間，有的同學仍舊會互傳訊息，有的還會不小心流連在網路或遊戲上，導致上課不專心聽講，那是非常糟糕的事。

第二：現今是智慧型手機的時代，手機隨時可以上網，但網路上充斥著許多虛擬情境，例如網路交友，就很可能帶來許多問題和危險。而且有些不適合小學生看的圖片或資訊，很容易利用手機傳遞，可能會帶來詐騙電話、色情簡訊等等的困擾，更可能危及小學生的安全。

三點理由

第三：手機的機種不斷推陳出新，功能擴充、造型炫麗，無形中成了同學間比較、競爭的消費品和炫耀品，物質欲望很容易在不知不覺中提高了。有的同學為了擁有更炫、功能更好的手機，發生勒索、偷竊、搶奪等犯罪行為，也間接提高了校園犯罪率。

所以，我認為小學生沒有必要帶手機上學。

結語

小試身手 · 換我做做看

你認為「小學生有必要帶手機上學嗎？」先提出你的看法，再參考上列形式，提出兩～三個理由，最後做出結語。

我認為小學生……

因為第一……

第二……

第三……

所以……

第七回 ⊶ 用論據舉例，增加說服力

　　想要說服人，除了提出正確、鮮明的論點外，重要的是舉出有效的論據，以增加論證的強度與可信度。論據就是舉例，是作者用來佐證論點的根據，可以提出事實或例子來支持立論，強化論點的說服力。

　　論據一般可分成兩種：如果是舉名言佳句、哲學思想或俗諺來幫助說明，這就是「理論性的論據」；如果提出歷史故事、人物或親身經驗等等的事實來協助說明論點，這就是「事實性的論據」。

　　以「實踐」這個題目來說，若舉人物為例：「**愛迪生致力於科學實驗的研究，經歷了數不清的失敗，卻仍堅持不懈，終於成就了『發明大王』的美稱。**」這就是「事實性的論據」。如果寫成：「**『坐而言不如起而行』，知識光靠空談是不夠的，一定要親身實踐，才能體悟其中的真理。**」這便是「理論性的論據」。

　　以「談謙虛」為例，舉事件或人物來當例子，便是屬於「事實性的論據」，例如：

> 　　鐳質的發現者居禮夫人，曾兩次獲得諾貝爾物理獎，並獲頒無數個獎章，對於各項殊榮，她總不以為意。有一次，一個友人到她家作客，看見她的女兒在玩一枚金質獎章，訝異到說不出話來。居禮夫人笑著說：「榮譽就像玩具，玩玩就好，否則將會一事無成。」〔舉居禮夫人的事件為例〕
>
> 　　越結實飽滿的稻穗，越是低頭。因為結實的稻穗較重，稻梗就會往下彎，反觀不結實的稻穗很輕，稻梗就挺直。這就像人一般，越是謙虛成熟的人，越懂得彎腰，內斂的表現自己；不像半瓶水，一知半解，過度膨脹自己，輕輕一搖就很大聲。〔舉稻穗（物）為例〕　　　　（中教大　楊裕貿教授）

　　若是引用古今中外的名言，則成為「理論性的論據」，例如：

> 　　《尚書》：「滿招損，謙受益。」謙虛待人對自己才有好處，驕矜自滿只會招人嫌怨，沒有益處。我們做人應該隨時保有一顆謙卑的心，因為人外有人、天外有天，謙虛才能讓我們有更進步的空間。

　　論據的舉例，書寫時可以什麼人 ➡（　　　　）做了什麼事 ➡（　　　　　）產生了什麼結果或影響 ➡（　　　　）的方式進行，例如「做時間的主人」：

什麼人　　　　　　　　　　　　　　　　　做了什麼事

　　要妥善的運用時間，就要懂得做計畫，再依照計畫執行，才能達成預定的目標。企業家嚴長壽先生從事的第一份工作，是在一家公司當遞送文件的服務生。他每天都提早一個小時上班，將所有的資料、文件仔細分類，並安排好傳送的路線。這一個小時的事先計畫，使他每天都能迅速且有效率的達成任務，而且還能空出時間做更多的事，不但對公司有更大的貢獻，也因此奠定了他日後成功的根基。

產生的結果或影響

什麼人	做了什麼事	產生了什麼結果或影響
大文豪歐陽脩	他工作很忙，為了善用零碎的時間，有一個「三上」的祕訣，也就是利用「馬上、廁上、枕上」這些短暫的時間，安靜、專心的思考、寫作。	因此完成了許多文章

小試身手 ‧ 換我做做看

　　以「談謙虛」或「做時間的主人」為題目，學習上述運用舉例的方式，寫出論據。

第八回 ← 正反舉例，對照烘托

　　議論類的文章，建立正確的論點之後，接著應提出富有說服力的「論據」進行論證，方能發揮令人信服的作用。若能提出正確、具有代表性、創新的例子支持立論，便能立即說服他人，因為具體的例子便是最佳的論證。

　　舉例時，可以多舉幾個例子，讓人物或事件成為論點的最佳印證；若例子數量越多，越可發揮效力，增添文章的說服力。

　　例如「談辯論」：

舉例一	孟子是戰國時期偉大的思想家，以「善辯」著稱。他擅長用比喻、問答的方法，和嚴密的邏輯推理，一步一步引導對方思考，達到說服對方的目的。這種「引而不發」的說話技巧，比直接闡述主張，更能達到效果。
舉例二	西方有名的哲學家蘇格拉底也擅長用問答的方式探討真理。他總是先接受對方的說法，然後找出對方說法中的疑點與矛盾，層層反問，一一釐清。這種論辯的方法，成為影響西方討論問題的重要方式。

　　瞧！舉出兩個例子是否比只有一個例子更讓人信服呢？

　　舉例時，也可以將正面和反面的例子同時呈現，相互烘托，以強化突顯題旨，讓正反的例子更加形成對比，強化論點。例如「努力與收穫」：

正面舉例	國際知名的大提琴家馬友友，五歲時就能輕鬆演奏巴哈的組曲，所以被譽為「音樂神童」。但是他並不因此志得意滿，仍然每天持續的練琴。除了練習之外，為了更細膩表現出樂曲的意境，他還用心體會作曲家創作的心路歷程，終於演奏出一首首打動人心的樂曲，讓聽眾聽得如痴如醉。
反面舉例	反觀另一位被稱為「神童」的方仲永，五歲就能寫出一手好詩，所以父親常常帶著他到處參加宴會，誇耀他的才華。因為沒有繼續努力求學，幾年後，這個人們口中的「神童」，表現就不再那麼突出，顯得和平常人沒什麼兩樣了。

　　舉例時，若能一段就舉出兩個以上的正例或反例，將讓議論寫作到達更高層次，因為論據佐證數量如此多，論點的可靠性就很強，更突顯作者的博學多聞。例如「談謙虛」：

三個正面舉例

　　謙虛的態度可以使我們獲得貴人相助，也可以獲得大家的賞識與敬重。例如三國時代的劉備用一顆謙虛的心，去拜訪隱士諸葛亮，而得其下山相助；唐太宗能廣納建言，才能建立大唐盛世；漢光武帝劉秀軍中的一員大將——馮異，隨著劉秀南北征討，屢建奇功，卻從不誇耀自己的功績，反而贏得眾人的敬重。可見謙虛的態度能感動人心，並帶來意想不到的助益。

三個反面舉例

　　態度驕蠻、自以為是的人，容易傷害自己。澳洲總理霍克高高在上，有一天在賣場怒斥一位七十四歲的老人為「愚蠢的老家伙」，結果因此吃上官司，損及形象，得不償失。西楚霸王項羽自以為兵力強大，聽不進謀臣的建言，招致大軍慘敗，使他自刎於烏江；夜郎是漢時西南地區的小國，夜郎的滇王以為自己的國土很大，殊不知自己只是一小州之主，如此自不量力，反而自曝其短、徒留笑名。由此可知驕傲自大只會讓人迷失，引致禍害，徒留遺憾而已。

（中教大　楊裕貿教授）

小試身手 ‧ 換我做做看

　　以「談合作」或「努力與收穫」為題目，學習正反舉例的方式，寫出論據。

第九回 ⟸ 確定論點，擬定大綱（以「比讀書更重要的事」為例）

決定表述方式

前面我們陸續談過了寫作議論類文章的方式與要點，這一回，我們要來學習如何寫一篇完整的議論類文章。

下筆寫作之前，要先決定文章以何種表述方式進行書寫比較適切生動。例如：「比讀書更重要的事」這個題目，可以寫成說明文，也可以寫成議論文。然而，若是以說明文的角度去寫，可能只能談到皮毛，搔不到真正癢處；若能以夾敘夾議的方式來論述，會比較有說服力。若是以記敘文方式寫，然後點出真正的主題，這也是可以的，但這樣需要很高的寫作功力，否則很難寫得出色。

審題

這個題目的審題，要抓住兩個關鍵詞：第一是「讀書」，第二是「更」重要的事，兩者之間並不矛盾。要特別注意的是，題目並非說讀書不重要，而是說讀書雖然是獲取知識的途徑，卻未必是最重要或唯一的人生標的。不同的價值觀，會產生不同的結果。所以，審題時可別曲解了題目的本意。

文章開頭：確立論點——（ ）是比讀書更重要的事

文章一開頭，可以開門見山，立即破題點出全文的重心——（ ）是比讀書更重要的事。在思考的時候，可以利用下面的聯想圖，將所想到的題材都先寫下來，之後再選擇自己比較喜歡的主題。這個題目，可以通篇只寫一個主題，也可以整篇寫兩～三個主題。例如：

- 有人說：「健康是最大的財富。」也就是說，擁有健康的身心，才能擁有追求夢想的利器；相反的，沒有健康，所有的一切都是零。所以我認為，比讀書更重要的事，便是擁有健康的身心。
- 讀書可以讓我們增長知識，豐富人生，看到更高更遠的世界；讀書是如此重要，但是，我認為培養良好的品德、擁有健康的身心和珍惜與家人在一起的時光，都是比讀書更重要的事。

布局與構思

若以「擁有健康的身心」為主題，可以先說明健康的重要，再列舉一些例子或理由來驗證；或者把一些例子或理由歸納起來，建構出「健康」是很重要的。可以依序述說以下幾點：

1. 為什麼健康比讀書更重要？
2. 健康的人是否能讓讀書、學習更愉快？更有效益？（是）
3. 一個角度，兩個支持：有哪些例子或理由可以支持你的想法，至少要有兩個例子或理由，才能讓文章更有說服力。

   例子（理由）一：_____

   例子（理由）二：_____
4. 如果沒有健康，會對你的人生造成什麼樣的影響？
5. 提出作法：你會如何維持你自己的健康呢？
6. 統整你的看法和想法，再次重申健康的確比讀書更重要（總結）。

若以多個主題為寫作主旨，可以第一段先以設問破題，接著每一段寫一個主題，並列舉一些例子或理由來驗證，最後做總結。例如：

人生中最重要的事是什麼？「打電腦」、「吃美食」、「玩遊戲」……都不是，我相信很多人會認為是「讀書」吧！的確，「讀書」是學習一切事物的基礎，不過，只有讀書是最重要的事嗎？難道沒有其他比讀書更重要的事？

首先，我認為組織統整的能力，比只會「死讀書」還重要百倍。現在

是個科技爆炸的時代，很多新知得以馬上湧進你那廣大無邊的腦海裡，但是，不斷產出的資訊，如果沒有經過統整，就像未開機的電視和電腦一樣，僅能安靜的被擺在一旁而毫無作用！然而，不同的知識一旦透過適當的轉換和組合，可能就會變成重要的「發明」。例如愛迪生最著名的專利──鎢絲燈，就是取材於昔日的煤氣燈，並加以改良而成的。牛頓曾說：「我看得比別人更遠，是因為我站在巨人的肩膀上」，在資訊無遠弗屆的社會裡，唯有善用組織與統整的能力，才有可能享用到大量知識的好處，否則很快就會被書本淹沒。

其次，我認為培養良好的品德也是比讀書更重要的事。兩千多年前的孔子就開始提倡品德教育，他說：「入則孝，出則弟，謹而信，汎愛眾，行有餘力，則以學文」，意思就是要能做到孝順、恭敬、誠實以及愛人等德行，才有資格可以學習讀書。在現在的臺灣社會裡，要做到這些可真不容易，許多人空有高等學歷，但卻做著不符合身分的事情，例如臺灣大學的高材生因為上課遲到、吃東西、玩電腦的事件而被報導，真的叫身為小學生的我匪夷所思。相反的，臺東一位賣菜阿嬤陳樹菊，雖然只有小學畢業，卻因為捐款助人樂做善事，而被美國時代雜誌評為影響世界的慈善英雄。這些例子告訴我們，一個擁有良好品德的文盲，可能比沒有德行的博士，對社會更有貢獻。

此外，擁有健康的身心，更是比讀書重要的事。美國作家愛默生曾說：「健康是智慧的條件」，如果一個人無法維持良好的身心，一天到晚頭暈腦脹、奄奄一息，又怎能應付繁雜的課業，並管理好其他事物呢？所以追求健康的生活，成為現代人非常重要的一件事。透過適當的運動以及規律的作息，使自己擁有較為健康的身體，才能在未來具有更好的競爭力。

總而言之，讀書雖然非常重要，但是，我認為組織統整的能力、良好的品德以及健康的身心，都是比讀書更重要的事。換句話說，讀書只是生活的一部分，以上所說那些「比讀書更重要的事」，其實都是人生的各個方向，如果我們能夠確實做到，生活就會更加多采多姿，生命也會更加豐富璀璨。

（修德國小六年級 林劭禹）

小試身手・換我做做看

確定你的論點後，擬定寫作大綱，並依照大綱完成整篇的寫作吧！

第十回 ⇔ 夾敘夾議，情理兼具（以「發現生活中的美」為例）

寫作亮點

　　「發現生活中的美」這個題目，「發現」是整篇文章的動力，思考的層次是：美——生活中美的感覺，是需要被「發現」的。下筆時，可以交錯運用記敘、抒情、描寫、說明等方式；然而，若能以夾敘夾議的方式來寫，讓文章在議論中增添美感，在敘述中加入說服力，則是更高階的寫作手法。

　　想寫好這個題目，首先要對「美」有正確的概念。生活中處處都有美，只要細心尋找、用心體會，一首樂曲，一朵小花，運動場上的身影或閱讀時專注的神情，都是美！如果我們不懂得在生活中發覺無所不在的美，只往國家音樂廳或國家戲劇院、畫廊或美術館，買票去尋找一次美的體驗，恐怕也只是庸俗的附會風雅吧！

　　使這篇文章出色的亮點，在於選材和立意。要知道：美不是偉大，也不是高不可攀的，它是隨處都在，有慧眼就能發現感受的。大自然的青山綠水、蝶飛雲舞、夏雨秋楓是美；朗朗讀書聲、天真的童言童語、老者臉上的智慧皺紋是美；棒球選手的專注凝神、公園裡打拳的老人家、爺孫牽手散步也是美；就連汗流浹背在為生活努力的攤販，都有著認真的美。美的發現，不必遠求，也不必求人，就從生活中開始；從自己身邊捕捉，處處皆有美。

審題

　　「美」是這個題目的眼睛，最關鍵的一個字，而且必須鎖定在「生活中」這個範圍，所以文化歷史的美，不會是此篇著墨的重點。

　　生活中「美」的感覺要怎麼得到呢？它當然不是天上掉下來的，需要去「發現」。「發現」是動詞，所以只要用心觀察，用心感覺，就可以在生活中發現無處不在的美。例如：

> **論點**
>
> 　　生活中的美，無處不在。只要我們願意睜開觀察的明眸，願意敞開真善的心靈，細細品嘗玩味，就能驚奇的發現：處處留心皆是美，便能享受到生活中的甘甜。

布局與構思

生活中的美，處處都有，但是我們常視而不見。寫作第一步，要先「發現」美。想想生活上有哪些事物或畫面是美的呢？可以利用下方表格將它寫下來。

體操選手的表演	書法的表現	大自然的美景
阿嬤的舞蹈	生活中的美	鋼琴樂曲
小朋友笑容	和家人相處	老師上課、改作業

接下來，可以運用聯想圖幫助聯想，再將它有次序的寫出來。

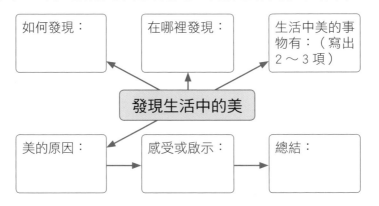

例如：

> 　　閒暇時，爸爸拿起毛筆蘸飽墨汁，在雪白的宣紙上，懸腕寫下古人的詩句：「山重水複疑無路，柳暗花明又一村」，那一條條的橫線直線與頓挫點捺，組成一片黑與白的世界，沒有聲音、沒有光彩。然而聚精會神的觀察後，我彷彿領略到線條的力量，字體的流動，以及整篇書法的層次與行氣，這一份安靜典雅的美感。

●論據(舉例)，可以舉2～3個例子，當論據印證。

結語可以緊扣住主題以做總結，情理兼收，首尾呼應。例如：

> 　　輕柔的天空、蓊鬱的蒼山、湛藍的碧海、初春的百合、酷暑的蟬鳴、深秋的明月、北國的皚雪、地上的文章、案頭的山水，有生命，有愛，就是美！生活中不是缺少美，而是缺少能發現美的眼睛。張開微笑的眼睛，深情而飽滿的注視，就能從一粒沙裡看見宇宙，一朵花中看見天堂。打開心眼，靜觀就能自得，就會發現：生活中，處處都是美。

　　美可以是很直接的，可以一眼就瞥見，不加思索的愉快感覺；美也可以是很深層的，心靈深處迴盪的感覺。因為美到處都有，只有真誠、富有感情、同時又能從閒趣中懂得生活的人，才能發現美。美是一種自然的吸引力，但也必須用心靈的慧眼才能看得到，從大自然中或小至生活中，都無法領悟美的人，並不是美不存在，而是沒有發現，自然日陷於庸俗的江河而不自知。

　　要發現美，就要善於觀察。好的觀察者就像是一名「偵探」，往往能察覺出其他人忽略的地方，並將它細膩的表達出來。平時如果能多增進自己的觀察，善用觀察能發現更細緻的事物。尤其用身體各種感官，對周遭環境事物，仔細深入觀察體會，加以具體描繪，那麼在寫作時，文章就能鮮活靈動，就可以寫出跟別人不一樣的特色哦！

小試身手 · 換我做做看

　　請以「夾敘夾議」的方式，寫一篇「耕耘生命中的花園」。

第十一回 ⟺ 讀故事有省思，探討議題（以「一則故事的省思」為例）

寫作亮點

議論類的文章，依形式來分有以下幾類：

1. 談論型：談辯論、談誠實、談合作……
2. 什麼型：誠實的作用、一則故事的省思……
3. 為何型：讀書的重要、誠實的重要……
4. 如何型：如何把話說得更好？如何做個誠實的人？……
5. 以我為主型：我與報紙、電腦與我……

寫作思考一

以「一則故事的省思」為例，這是屬於「什麼型」的題目。這篇文章要寫得好，材料的選取很重要。所以，最好找一則能讓你有所感、有所悟的故事題材來寫。若選的是一般幽默的笑話，就比較難發揮「省思」的部分。而且，故事的長短不是重點，故事的內容才是此篇文章選材需考慮的。故事的內容是否好發揮？故事是否有值得探討的主題或要點？「我」可以從這則故事中學習到什麼樣的道理？所以，要選取讓自己印象深刻或值得探討的一則故事。

寫作思考二

「一則故事的省思」撰寫時，要將重心和主力放在「省思」的部分，不能只寫故事的大綱和內容而已；也就是說，內容的敘述要掌握重點，去蕪存菁，提出自己的見解和看法。所謂「省思」是指反省思考，也就是閱讀完這一則故事後，「我」有什麼樣的反省或思考，「我」得到什麼樣的收穫或啟示，「我」能如何運用在生活中。例如：

> 讀了〈井底之蛙〉，我感悟到這個世界很廣闊，有著許多令人大開眼界的事物等著我們去發現，等著我們去挖掘。每個人都必須敞開心胸、勇敢探尋，不要被眼前的事物限制住，更不要自以為是。

　　所以，寫作時首先可以簡要的敘述故事內容，接著再陳述自己的心得感想。當然也可以一邊敘述一邊發表議論，或一邊陳述故事內容，一邊發表心得感想。

寫作思考三

　　「一則故事的省思」主要是傳達「小故事也會有大道理」的概念，所以重點要放在閱讀之後得到的知識或想法，從中有所省思與體會，進而印證在生活上。面對這類的文章，寫作時可以參考以下幾點進行構思：

1. 簡介故事：簡單敘述這則故事的內容或主旨，可以具體講述故事中主角的遭遇。

2. 評價故事，提出自己的論點：讀過這則故事後，你認為作者這麼做好嗎？為什麼？他想傳達什麼精神或人生觀。

3. 舉出事例或名人名言佐證，成為論據。

4. 從故事中或作者身上，你得到了什麼省思或啟示？（可透過比較自己和書中故事主角生活的異同來思考）

5. 這些省思，對你的身心或日常生活產生了什麼影響？你如何將這些省思與體會（可以提出方法），具體印證在日常生活中呢？

6. 總結這則故事所要展現的精神與你的體會，呼應論點。

7. 可以參考下列的結構圖，完成自己的寫作大綱。

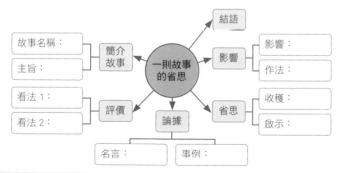

小試身手 · 換我做做看

　　請以「誠實的作用」為題，寫一篇議論文。

第十二回 ↔ 蒐羅論據，分析佐證（以「○○快樂多」為例）

　　議論類文章一般的寫作方式是：提出問題、分析問題、解決問題。書寫議論類文章最需要掌握的基本元素是：論點、論據、論證。面對題目時，先找出屬於自己的「論點」，接著蒐羅相關正反論據以茲例證，然後以寫作大綱協助構思，寫出文章。

　　面對「○○快樂多」，我們可以這樣解題，讓文章完整有內涵，產生共鳴，表現亮點。

寫作亮點

1. 「○○快樂多」，首先要把題目補充完整，想一想，做什麼事可以讓你快樂，讓你覺得很滿足、很幸福呢？○○可以填上動詞或形容詞，不限於兩個字，例如：分享、助人、不計較、轉念、運動（打球、跑步、健走）、彈琴、唱歌、閱讀、旅行、登山、見義勇為……等。

2. 「○○快樂多」是屬於「為何型」的議論文章，也就是說，這個題目的重點需要放在你「為什麼」認為「○○會很快樂呢？」

3. 議論類的文章，要舉例作為論據才有說服力。舉例時可以舉自己切身的經驗或故事，也可以舉別人的例子，當然，古今中外名人的例子會更好。如果能舉出一正一反的例子來相對照，文章的深度與廣度還會更進一層。

寫作思考一：確立論點

　　你做什麼事最快樂呢？做什麼事讓你覺得心情很好，很有成就感，心裡感到很幸福？在思考時，你可以利用右邊的九宮格進行聯想，最後選擇一個主題成為你的論點。記得，這個主題要有正面的思想，論點要是正確的，大家都能接受的喔！

	確立論點	
	○○快樂多	

我認為：（　　　　）快樂多

例如：分享快樂多

> 　　「生活需要伴侶，快樂和痛苦都要有人分享。」快樂可以製造出來，但是要如何變出更多的快樂呢？那就是——分享。分享成功的果實，是榮耀；分享快樂的果實，是散布喜悅。與人分享痛苦，痛苦少一半；分享快樂，快樂多一倍。能夠找人訴說心事，同喜，同怒，同哀，不是能更開心嗎？

寫作思考二

　　這個題目論點已經確定，就是「○○是會比較快樂的。」；「○○是會更快樂的。」；「○○的快樂是加倍的快樂。」那麼，需要加以努力的地方就是印證這個論點，所以我們必須舉實際的例子（論據）來證明論點是正確的，強化論點是值得相信與肯定的。

　　可以採取 什麼人 ＋ 做什麼事 ＋ 有什麼結果 的方式來寫。例如：

什麼人	做了什麼事	有什麼成果	有什麼快樂的感受
諾貝爾	捐出全部財產設立基金	獎勵國際上各領域重要貢獻的人	懂得分享，令後人敬佩不已

寫作思考三

　　分析完「○○為何是快樂的」之後，我們也可以進一步提出方法：我們能與別人一起做這件事嗎？如何與人一起做呢？有什麼樣的感受或心情呢？這樣的寫作會更具體深入，文章會更完整有內涵，讓人產生共鳴，表現這篇文章的亮點。最後，確定主題與選擇可發揮的材料後，擬定寫作大綱，並依照大綱完成整篇作文。

段落	大綱	內容
一	論點	
二	舉例一	
三	舉例二	
四	提出作法	
五	結語	

小試身手 ‧ 換我做做看

請以「助人快樂多」完成一篇議論文。

二、寫作教學寶典

寫作，是語文能力的綜合表現，是以文字記錄情境景物、傳達感受與思考的意義書寫。寫作，是將所見所聞記錄下來，看似很簡單；寫作，要將所思所感書寫下來，又似乎很艱難。其實，只要將寫作的思路打通，鍛鍊寫作基本功，書寫時就能如行雲流水，優游享受文字創作的樂趣。

寫作需要由審題、立意、取材，到構思、布局，做一個通盤的考慮與規劃，最後提筆進行書寫。這當中牽涉到對題目的認知與思考，對主題內容的篩選與取捨，對文句與修辭的優游運用……這一系列「寫作教學寶典」的實務設計，便是以一篇篇的作文題目為主題，依序提供具體的思路引導和實戰策略，還提供學生實作文章為例證，讓寫作變得簡單、生動又有趣！

課文是教學的教材，也是拿來進行寫作教學最好的例子，不管是從形式、內容或單元統整的角度來看，都為寫作提供一個可學習的支點。這些作文題目都是由課文教學中延伸衍生而出，也就是從課本出發，進行閱讀、寫作相關的教學設計。只要跟著一步驟一步驟耐心完成，再加上一點巧思和創新，就能好好的鍛鍊筆頭，讓寫作成為歡樂又幸福的事。

貳
·
教
學
實
務
與
設
計
篇

第一回　影響我最深的一句話

一、主題：影響我最深的一句話

二、寫作教學亮點

　　一句金玉良言可以醍醐灌頂，提醒正在猶豫的人；一句頗有哲理的話，可以鼓勵一個受創的心靈。不管影響我最深的這一句話是誰說的，只要自己喜歡，能接受，就能影響自己，甚至讓自己受益無窮。

　　這個題目在審題時可以用「6W」來解題，這句話是什麼？是誰說的？何時說的？在哪裡說的？為什麼影響我？如何影響我？而「影響」，最好定調在正面的價值，例如啟示、警惕、感動、反思等等的思考上，這樣比較好發揮。

　　這篇文章的題眼是「一句話」，雖然沒有規定這「一句話」要寫什麼？卻考驗著「一句定江山」的能力。這種題目不要大而浮泛，最好「小作」，選擇最熟悉又最有意義，同時最有發揮空間的「一句話」。「一句話」，可以從幾個角度來思考方向：「提醒」➡ 帶有消極的警惕性；「鼓勵」➡ 帶有積極的引導性；「受益無窮」➡ 對自己的人生有珍貴的價值性。

　　描述這影響自己最深的「一句話」時，同時要敘述和這句話息息相關的「事件」。例如在哪裡聽到的，誰說的，發生了什麼事。透過事件的發展襯托，文章的重心「一句話」，才能具體的展現生命力，有事記事、有情抒情、有理說理，以感動人心或引起喝采。所以，文章的開頭可以從事件開始寫起，引出核心的「一句話」，把重點放在事件的鋪陳和心情的感觸，整個事件以這「一句話」作為貫串全文的主軸。由記敘——抒情——論說，雖是很簡單的布局，但重要的是結實感人的內容。

　　另外，也可以從「一句話」引起的心情感觸寫起，例如這一句話為你帶來人生的啟示、生命的轉捩點、親情的交融、友誼的昇華等等，再說明這句話對你的影響，這個部分屬於理性的闡釋，可以用論說的筆調來寫。

三、教材連結（從教材看寫作）

　　「我的夢想」這一課，是沈芯菱的成長故事(康軒五上課文)。優秀的孩子從小就能創造奇蹟，許多人以為她是天才，才能拍攝出「草根臺灣臉譜」這麼感動人心的照片。可是沈芯菱說：「**我不是什麼天才，也不是什麼幸運兒，我只是一個來自流動攤販家庭的孩子。**」貧苦，始終是她生活中的記憶，然而在她的堅持與努力下，小學五年級就會架設網站、寫程式，之後創立個人工作室，還能協助弱勢團體，幫他們 E 化行銷、架設學習網，參與弱勢青少年創作與原住民部落等公益活動。

　　小小年紀的女孩，怎會有如此愛的能量？原來，她一直牢記母親對她說的話：「**今日老天爺給妳這天賦和機會，妳應該用它去幫助更多的『艱苦人』……**」願要大、志要堅、心要細、氣要柔——是她的座右銘，支持她更努力為弱勢群發聲。每個人都有自己生命的信條或支持他前進的座右銘，這是往前航行的原動力，當遇到困難時，腦海出現的那句話，影響最深的一句話，能給我們力量，讓我們吸氣握拳，往前方邁進！

　　讀到這一課時，我們可以以「影響我最深的一句話」為題進行寫作，感受一句話的正面能量，一如沈芯菱母親對她說的一句話，讓她人生自此轉彎，影響深遠。

四、作文基本功練習：引用

　　我們在說話或作文時，引別人說過的話或典故、名言、詩文、寓言、故事或俗語等，就是「引用」。例如「**人生不如意事，十常八九**」、「**一生之計在於勤，一年之計在於春，一日之計在於晨。**」。

　　「引用」詩文或書籍中的名言，是藉由大家對權威的崇拜與尊重，來增加自己言論的說服力，達到使人信服的目的，增加文章的氣勢或效果。例如：愛因斯坦說：「**機遇只偏愛有準備的頭腦。**」可見凡事要未雨綢繆，不要空等待，否則一旦機會來臨卻錯失機會，那就太可惜了。這樣的呈現方式，是不是使自己的論點更讓人相信呢？

「引用」分為「明引」和「暗引」。「明引」是明白寫出出處。例如：佛家說：「放下屠刀，立地成佛。」如果想要成佛，就應該立即改過向善。「暗引」是沒有寫出出處，直接引用到自己的文章中。例如：「採菊東籬下，悠然見南山」這樣的淡泊心志，令我敬佩。

「引用」要認真核對，確定真實性，不能憑著模糊的記憶隨便呈現。引用的資料，要和題目密切相關，而不是牽強附會，隨意引用。例如：「舉杯邀明月，對影成三人。」是浪漫派詩仙李白的作品，如果說成是杜甫的，就會鬧出笑話了。此外，引用應適度就好，引用過多，會給人賣弄學問的感覺。

五、寫作教學思路引導

小朋友，也許你有這樣的經驗，一句話的提醒或鼓勵，有時會深深影響著你，令你受益無窮。許多人在猶豫不決或遇到阻礙時，都是靠著一句座右銘來鼓舞自己，讓自己掌穩人生的舵，往前方的夢想前進。哪一句話深深的影響你？你是在什麼樣的場景聽到或看到這句話的呢？你的感受如何？這句話對你有什麼樣的影響？請以「影響我最深的一句話」為題，把這句話帶給你的影響與感受寫出來。

1. 寫作第一步：確定一句話

影響我最深的一句話是：＿＿＿＿＿＿＿＿＿＿＿＿＿＿＿＿

它主要的意思是：＿＿＿＿＿＿＿＿＿＿＿＿＿＿＿＿＿＿

2. 寫作第二步：取材與構思

「影響我最深的一句話」就是要敘述或說明這「一句話」對「我」造成怎麼樣的影響？如何讓「我」受益無窮？「我」哪裡改變了？「我」必須要說出一番道理或真誠的體悟，讓這句話最深的影響能合理的落實。

(1)你可以先完成下列表格，把跟這「一句話」有關的部分都先寫下來，再依照引導完成一篇文章。（下方多元的題目是幫助思考用的，所以題目有很多面；小朋友在下筆寫文章前，選擇下列其中 3～5 個題目進行深度描寫就可以了。）

是什麼：	誰說的：	在哪裡說：
我的感觸：	影響我最深的 一句話	發生了什麼事：
我的體悟：	如何影響我：	為什麼影響我：

(2)這句話是在什麼地方、聽什麼人說的？

(3)敘述當時聽到或看到這句話的場景或畫面。（事情的故事背景）

(4)「我」當時的心情或感受。

(5)這一句話為什麼會影響「我」？

(6)「我」什麼時候會想起這一句話？

(7)「我」受這句話影響的事例。（舉例說明聽到這一句話前後的差異）

(8)這一句話對「我」哪些方面有深深的影響？為什麼？（如何影響「我」）

(9)再度咀嚼這一句話，「我」的心情感受與想法。

3. 寫作第三步：擬定寫作大綱

參考上方的材料，選取你最有把握，最有想法的內容，擬定寫作大綱，並依照大綱完成整篇作文。

「影響我最深的一句話」寫作大綱	
第一段	這一句話的緣由	
第二段	敘述聽(看)到這句話的事件或場景	
第三段	如何影響我(哪些方面)	
第四段	為什麼影響我最深	
第五段	我的感覺(我想說)	

六、寫作小偏方

寫作小提醒

　　這篇文章不管用什麼方式寫，整篇文章的大架構，大致離不開「記敘」（事情）＋「抒情」（感受）＋「論說」（影響）。對於聽到或看到這句話時所發生的事件，需要記敘的功夫；構思文章時，必須想到對這句話的「感受」，這個部分屬於「情感」的表達，因此確立了這篇文章對「抒情」的需求。至於主題是「影響我最深的一句話」，當然得說明我為什麼會受影響？如何影響？這就需要發揮言之有理的「說理」功夫。所以在說明如何影響「我」時，如果筆調以哲理的、人生的、親情的角度來做結尾，會是比較突出的文章。

　　本篇最重要的那「一句話」，是文章最核心的「焦點」，其實這「一句話」，也是整篇文章成敗的關鍵，所以這「一句話」要經典，要震撼讀者，要感動人心，或驚豔八方。想要達到這個效果，最好找一些正面積極的人生格言或充滿哲思的話，精簡而又充滿道理，發揮空間會比較大。

寫作小寶庫

　　小寶庫裡提供一些成語俗諺或是名言佳句供寫作參考，你可以讀一讀，引用名言佳句，或是自己上網搜尋喔！

★ JUST DO IT。YES, WE CAN。

★食果子，拜樹頭。

★哪裡跌倒，哪裡爬起來。

★人們的愉悅就是我的報酬。（居里夫人）

★要怎麼收穫，先怎麼栽。（胡適）

★行到水窮處，坐看雲起時。（王維）

★可以做一棵大樹，就不要只做一片葉子。

★不要把時間花在你會後悔的地方。

★不要急著做一個成功的人，要在乎能不能做一個有價值的人。

★一分耕耘不見得有一分收穫，一分收穫卻絕對來自一分的耕耘。

七、寫作大觀園～佳作欣賞

影響我最深的一句話

臺北市玉成國小　闕子捷

　　兩年來，我的班導每天都會講很多話，而老師影響我最深的一句話，就是「自在不成人，成人不自在。」

　　每一天，老師都會和我們分享她的人生經歷，告訴我們許多學習時應該具備的態度和做人處事的道理，有時還會說一些啟發我們的故事，讓我們從中學習、增廣見聞。上課中，如果我們不小心即將進入「閉目養神」的狀態，老師就會說笑話、講故事，即時喚醒我們，因此我們每次上課都精神百倍呢！

　　記得有一次，老師在批改作業時，看見許多人的字跡十分潦草，即使已經告知勸誡多次，他們仍然我行我素、不聽勸告。老師覺得十分痛心，便語重心長的說：「『自在不成人，成人不自在。』每個人在成功前，都經過一番的努力與奮鬥，歷經許多困難與挫折，才能邁向成功之路；身為學生，不要只是把功課做完就好，而是要做好，如果只是把功課做完，那只是交差了事罷了；唯有真正將『功課』當成一件重要事情來做的人，將來才會有所成就；而那些屢勸不聽的人，將來必定要為自己的敷衍塞責付出代價！」老師的一番話，字字句句說在我們心坎上，我有如當頭棒喝，決定改正自己的心態與作法，開始認真看待「功課」這項例行公事，往美好的未來邁進。

　　就是因為老師「自在不成人，成人不自在」的勸勉，使我在學習成長的過程更加堅強，也讓我面對挫折時更為勇敢。有人說：「學校如花園，教師如園丁，學生如花草。」如果沒有園丁，就不會有漂亮的花草。老師的一句話，關係著我的未來，也是影響我最深的一句話。

貳·教學實務與設計篇

第二回 ／ 讀書報告

一、主題：讀書報告

二、寫作教學亮點

　　書是人類最好的朋友，閱讀一篇篇好文章，猶如開啟一道道智慧的門窗，猶如經歷一趟趟新奇的冒險。當我們看完一篇文章或一本書時，心中一定有一些心得與想法會開始萌芽，將它記錄下來，讓記憶更清楚，讓收穫更具體，讓感動更深刻，還能與別人一起分享，這就是寫讀書報告的妙用。

　　更重要的是，寫讀書報告對我們的學習也有很大的幫助喔！所謂「最淡的墨水，也勝過最強的記憶。」寫讀書報告會讓我們的學習更深刻，讓我們和書中的作者有更進一步的接觸與認識。

　　讀書報告也叫讀書心得或讀後感，所以重點應在「心得」與「感想」。在看完一篇文章或一本書之後，每個人或多或少都有一些體會和感想，把這些所思所想寫下來，就是讀書報告。讀書報告可以寫自己讀書時的心得或體會，也可以針對文章中的某些論點加以發揮，或是提出自己的批評和意見。所以，大至一本書，小至一句話，只要是你看了之後所產生的想法、啟示，都可以把它寫下來，這就是讀書報告。瞧！是不是很簡單呢？

　　讀書報告可以將文章中的內容稍微提一下，但重點應該是「感」，是自己的感受和收穫，千萬不能只抄錄原文來代替自己的感想；或只將內容大意簡單敘述而已。也就是說，讀書報告一定要「感」比「讀」多，把自己的「心得」、「感想」當成書寫的重點，這樣才能顯示自己真正讀懂了一篇文章或一本書。

三、教材連結（從教材看寫作）

　　康軒六年級的第四單元「文學花園」，收錄了三篇文章，分別是：「心靈小詩」：摘錄了泰戈爾的四首小詩，內容來自大自然的啟發，運用太陽、星星、小草、鳥等作為詩的主體，以自然為師，讓我們在閱讀後體會出人與

自然的關係，也了解泰戈爾樂觀積極、重視精神生活的人生觀。

「孫悟空三借芭蕉扇」則是章回小說《西遊記》裡的故事，我們看到唐三藏師徒三人遇到困難，孫悟空利用智慧，聰明靈巧的向鐵扇公主借得芭蕉扇，終於搧熄火焰山烈火，前往西方取經。在故事裡，我們看到孫悟空發揮不屈不撓的精神，最後克服了困難。

「桂花雨」是琦君回憶童年美好的記憶，在她的文章中，可以感受家鄉的美好，她在字裡行間透露出她是多麼珍惜與家人共處的時光。透過琦君的奇幻之筆，搖桂花那一幕，我們彷彿都聞到了空氣裡飄散著淡淡的桂花香味呢！

當我們閱讀到優美的文章、有趣的小說，饒富哲思的小詩，可以選擇印象深刻的地方，認真抒發自己的想法，寫成讀書報告或讀書心得，讓學習更具體。所以，讀完這單元後，我們便能以讀書報告這樣的主題進行寫作，統整對書籍或文章的看法與收穫，讓閱讀與寫作更深刻。

四、作文基本功練習：文章結尾

文章結尾關係著全文的好壞，如果結尾散漫潦草，即使開頭再精采，正文再充實，都會被這不佳的結尾破壞。好的結尾要能順應文章內容，要能總結、統一全文主旨，當然文字要精練緊湊，情感也要前後呼應。文章結尾的技巧有：

自然結尾法 順著事件的結束，作為文章的結尾，不再另外強調文章主旨，乾淨俐落，不拖泥帶水。

呼應結尾法 是指結尾時呼應題目、開頭或正文的方法，使末段和開頭有了呼應，文章才能嚴謹鮮明。

總結結尾法 以概括性的文字，把文章主要內容寫得更具體明白。這種方法有總結事件、道理，使主旨更明確的效用。

畫龍點睛結尾法 用一句或一段話，直接點明文章主旨，或者透過對景物、人物的描繪，來呈現文章、強化主題，使全文豁然開朗。

五、寫作教學思路引導

　　小朋友，你寫過讀書報告嗎？你害怕寫讀書報告嗎？你知道讀書報告要寫哪些重點嗎？其實，寫讀書報告是一件很簡單又有趣的事呢！因為「閱讀」是基礎，「心得」、「感想」是關鍵，所以，想把讀書報告寫好，只要先讀完文章，掌握住文章的重點，就很輕鬆了！

1.寫作第一步：選擇書籍或文章

(1)這本書的（這篇文章）的名稱是？

(2)它是哪一家出版社出版的？作者是誰？

(3)文中有哪些人物角色？主要的人物性格如何？

(4)寫出文章的主旨。

2.寫作第二步：取材與構思

很多小朋友不知道要從哪些角度寫心得和感想，下面提供一些思考方向。小朋友，寫讀書報告的時候，可以往這些方向去思考喔！

(1)簡要敘述這本書（這篇文章）的主要內容。

(2)其中我最喜歡的是什麼？

(3)寫出這本書（這篇文章）中讓你印象最深的事物和人物。你喜歡（討厭、贊成、反對）當中的哪位主角（情節）？為什麼？

(4)這本書（這篇文章）有哪些精采的片段和詞句？它好在哪裡呢？你是否從那裡學習到了什麼？

(5)閱讀完這本書（這篇文章）後，你懂得了什麼道理？受到了什麼啟發？是否讓你聯想到生活上的哪些情況或相關的經驗？

(6)在閱讀的過程中，是否有產生什麼疑問呢？你想問作者什麼問題？

(7)如果我是這本書（這篇文章）中的某個角色，我會怎麼做？

(8)閱讀完這本書（這篇文章）後，是否為你帶來了些許的改變？什麼樣的改變？

⑼為這本書（這篇文章）下一個簡短的評語。

⑽參考下列提供的資料完成自己的寫作大綱：

1. 書名	2. 作者	3. 出版社
4. 評語	讀書心得	5. 內容大意
6. 佳句筆記	7. 感想、體會	8. 心得、收穫

3. 寫作第三步：擬定寫作大綱

參考上方的材料，選取你最有把握，最有想法的內容，擬定寫作大綱，並依照大綱完成整篇作文。

「讀書報告」寫作大綱		
第一段	開頭： 接觸這本書的緣起： 這篇文章大意是說：	
第二段	優點賞析： 其中我最欣賞的是： 讓我印象最深刻的是：	
第三段	提出想法、分享感受： 我的想法和體會： 但是，我不了解的是：	
第四段	知識運用： 曾經有的相關經驗： 怎樣運用在生活裡：	
第五段	結語： 讀完後，我覺得： 這本書告訴我：	

六、寫作小偏方

寫作小提醒

　　文章中提到的內容可能很多，但不必全部都寫進去，只要選擇你感受最深刻、最有想法的部分，作為讀書報告主要的內容就可以了。每個人對事物的感受都不同，所以，讀書報告書寫的角度也會不同。將自己的想法整理一下，選擇對你來說感受最深的論點或最精采的情節來寫就可以了。

　　寫讀書報告的時候，可以想像自己是書中的角色，也可以和現實生活相連結，將自己真實的情感表達出來。當然，也可以適當引用書中的文句，配合自己的想法來發表論點與感受，表達得越真切，文章就會越感人喔！

寫作小寶庫

　　小寶庫裡提供一些成語俗諺或是名言佳句供寫作參考，你可以讀一讀，引用名言佳句，或是自己上網搜尋喔！

★脫穎而出、潛移默化、囫圇吞棗、追根究柢、百感交集、感同身受、感慨萬千、聚精會神、百看不厭、手不釋卷、全神貫注、推陳出新、高潮迭起、捧腹大笑。

★腹有詩書氣自華。

★坐而言不如起而行。

★貧者因書而富，富者因書而貴。（王安石）

★讀書使心智豐富，交談使心智增美。（西諺）

★知識是我們藉以飛上天堂的羽翼。（莎士比亞）

★平生不做虧心事，夜半敲門心不驚。

★盲目的恐懼是成功的大敵。

七、寫作大觀園～佳作欣賞

讀書報告——《潛水鐘與蝴蝶》

新北市修德國小　陳竑諭

《潛水鐘與蝴蝶》是一本只用左眼眨動所寫出來的書。在這本書中，我看見了一位生命的勇者，在痛苦與絕望的折磨中，以堅強的意志與創意，高唱出嘹亮澎湃的生命之歌。

作者多明尼克‧鮑比原本是法國時尚雜誌的總編輯，開朗健談，生活幸福快樂。然而，在他四十四歲那年年底，健壯的他突然腦幹中風，全身癱瘓麻痺，成了「準植物人」。他不能言語，不能動彈，全身唯一能和外界溝通的，就只剩下左眼還能眨動而已。然而鮑比並沒有屈服在這殘忍痛苦的打擊下，他靠著別人指字母，指對了他就眨眼睛的方式，一個字母一個字母寫下了這本回憶錄。鮑比以行動告訴世人，雖然他的身體被禁錮在潛水鐘裡，但只要他努力舞動自己的人生，他的生命就像蝴蝶一般，能展翅飛向自由蔚藍的天空。

《潛水鐘與蝴蝶》這本小小的書，沒有華麗漂亮的語詞，卻以血淚一個字一個字雕刻出鮑比的生命，記錄著他在絕望中，仍然勇敢的用文字唱出高亢的生命之歌。可惜的是，在這本書問世的第二天，他就力氣用盡，離開了人間。令我印象最深刻的是鮑比對生命的詮釋，他說：「燈塔，一個勇氣的象徵。它代表了無數大愛和堅韌勇氣，為海上勇者打通明亮，白天雨天無所不在，永永遠遠矗立於那兒。這就是燈塔的願望與期望。」我覺得鮑比就像燈塔，他堅韌的勇氣與強韌的生命力，宛如一座矗立的巍峨燈塔，依偎在海平面，勇敢的俯看著遠方，為黑暗的海洋點亮一盞明燈。

看完鮑比的故事，我深深相信：人活著，就有無限潛能。我們在人生的旅程中，難免遇到許多挫折與打擊，只要以恆心和毅力堅持，不向命運低頭，成功一定會在彼岸等著我們。《潛水鐘與蝴蝶》不只是一本書，更是一本以肢體奉獻一生的偉大紀錄，是譜寫出生命真諦的生命之歌。

貳‧教學實務與設計篇

第三回　旅遊日記一則

一、主題：旅遊日記一則

二、寫作教學亮點

　　寫日記是記錄日常生活點滴的方式之一，現在非常流行的網誌或部落格也是其中一種。日記可以針對某一人、事、物做深入的記錄，也可以做綜合性的零碎記載。內容可以隨意多元，可以是做過的、玩過的、看到的、聽到的、想到的、學到的、感受到的……在表現的手法上，可以記敘、可以描寫、抒情、說明、議論……形式多樣，不受拘束。

　　但是，寫日記不是記流水帳，所以要選擇一天中最有意義、最生動有趣、自己感受最深的事情或部分來寫。也就是說，只需要寫一、兩件重大的事情，並不需要交代得過於詳細，以免變得瑣碎繁雜。重要的是：將事情和感受結合起來寫，才能真實反映事情的本來面目，一方面傳達自己的思想和感情。這樣的日記，才可以說是「生活道路所留下足跡的記錄」。

　　這篇旅遊日記，另一個限制的關鍵詞在「旅遊」，所以，可以把它當成遊記的方式來寫，把校外教學去的地方或最近去過的景點記錄下來。「讀萬卷書，行萬里路。」生活中有許多美好的事物，只有在親身體會後，才能感受深刻而且有所體悟，這就是「百聞不如一見」的真諦。

　　遊記的景點也是文章要掌握的重點，所以描寫的手法在此篇作文中顯得特別重要。把普通的敘述變成生動細膩的描寫，讓景色有層次、動作有變化，是這篇文章可以增鮮活色的地方。寫這篇旅遊日記，可以依時間順序描述旅遊的景點，加入自己的想法和心情，讓這篇旅遊日記更精采有亮點。

三、教材連結（從教材看寫作）

　　「單車日記」一文由三篇日記組成，敘述作者到花蓮旅遊的所見所聞。作者選擇了騎單車的方式閱讀大自然。他們從新城出發，一路欣賞鬼斧神工

的太魯閣峽谷、雲霧繚繞的新白楊、美麗雲海的關原，最後登上武嶺。這趟騎著單車挑戰自我的旅程，除了對大自然的美給予讚嘆外，更讓人對作者的堅持努力深深感動。

　　這篇旅遊文章描寫生動，情景交融，讓讀者彷彿跟著作者到花蓮進行了一場深度旅遊。我們的孩子寫遊記或風景時，總是不知如何描摩，似乎在記流水帳缺乏重點，寫不出風景名勝的美。這篇文章善用形容詞和色彩，讓景色鮮活明亮，例如：

> 　　夕陽的金光讓雲朵上流動著不同的光彩，豔麗的紅、生動的橘、尊貴的黃、亮眼的銀……
>
> 　　向陽面的山峰，鮮亮的綠，耀眼灼目；被陰影遮住的地方，深邃的黑，像有人肆意潑灑的墨色。
>
> 　　沒有一位畫家，可以調出那樣神祕清澈的藍；沒有一位作家，可以寫出那樣多變豐富的綠。

　　這種善用「顏色」和「形容詞」的描寫技巧，是值得學生學習仿作的好地方。因此，讀完這課之後，我們可以在寫景時，善用色彩和形容詞，為文章增色加彩。

四、作文基本功練習：描寫

　　「描寫」就是將事物用生動形象的語言具體的寫出來。「描寫」和「敘述」是不一樣的。「敘述」是對事物做一般的介紹，只能讓人知道事物的大概；「描寫」比較重視生動具體的介紹，讓人有明白清晰的認識和感覺。在遊記裡，描寫可以透過「顏色」的角度，讓文章繽紛多彩。

　　顏色 將顏色漸層的變化細膩的觀察後寫出來，會讓人印象深刻。例如：

> 　　現在，太陽的臉上開始泛出微紅，輕輕的，如紗一般。不一會兒，那紅色變深了，變成小姑娘臉上害羞的紅雲了。一會兒，那張可愛的臉漸漸變紅，變紅，最後，一只熟透了的「大紅石榴」就出現在樹杈當中。

在這段文章中，太陽的顏色由微紅 ➡ 紅色，變深 ➡ 變紅，變紅 ➡ 熟透了的「大紅石榴」，非常具體而生動，你是否感覺自己真的身歷其境呢？

五、寫作教學思路引導

小朋友，你有沒有寫日記的習慣？日記的形式屬於應用文，所以首先要有一些具體的形式。去旅遊是一件很幸福的事，能走向美麗的山水，能擁抱大自然，光是用想的就很幸福呢！

1. 寫作第一步：記明具體的時間、選定內容

_____月_____號　星期_____　　　　天氣：_____

我和誰一起出遊？

我的心情是：_____

我旅遊的景點是：_____

2. 寫作第二步：取材與構思

遊記是以寫景為主的文章，就是出去玩之後，留下的一份文字記錄。遊記的主角是「風景」和「人」，是記錄「人」在這一段「風景」中旅行的過程，所以必須要點明空間和時間。你可以依序述說以下幾點：

⑴請依表格提供的方向思考，將想到的連入空格內，並加形容詞。例如：

2.時 寒冷的寒假	3.地 花木扶疏的士林官邸	4.視 各種花爭奇鬥豔
1.人 浩浩蕩蕩一行15人	**旅遊日記一則**	5.嗅 聞到許多花香
8.心情 快快樂樂的回家	7.聽 清脆悅耳的鳥鳴	6.觸 摸到柔軟的花瓣

⑵它的地理位置在哪裡？有什麼需要事先準備的用具呢？

⑶景點的特色是什麼？

⑷我先看到了什麼？再看到什麼？

(5)我聽（聞、摸）到了什麼？

(6)我說（做）了什麼？

(7)我想到了什麼？

(8)發生了什麼事，讓我印象最為深刻？

(9)我有什麼感覺？

3. 寫作第三步：擬定寫作大綱

參考上方的材料，選取你印象深刻想詳細描寫的內容，擬定寫作大綱，並依照大綱完成整篇作文。

時間／地點／人物：			
事情	第一段	你可以先寫由期待去玩的心情到終於出發的心情轉變。	
	第二、三段	在那裡看到什麼呢？有什麼有趣的人事物嗎？	
	第四段	寫出印象最深刻的地方，並說說遊玩後的感受和心情。	
	第五段	覺得依依不捨嗎？說說有什麼收穫與感想吧！	

六、寫作小偏方

寫作小提醒

寫遊記時，要繞著我們的發現和感覺來寫，這樣寫出來的文章才會真實。下筆前，我們會想到很多材料，但是不能每一樣都寫進去，否則文章會過於瑣碎，而且沒有重點，變成「流水帳」了。我們必須選擇想表達什麼重點，把看到的景物印象深刻的詳細寫下來（詳寫），其餘的簡單帶過就好（略寫）。

那麼，要寫哪些材料呢？取捨的標準以你自己的喜愛為主，因為你才是文章的主人啊！例如：出發的時間和經過的地方簡單略寫就好；把你認為最

顯眼，讓你印象最深的景物深入詳寫。描寫它們的位置、大小、形狀、色彩、輪廓、動態和靜態等特點，讓它們具體而突出，當然，還要加入自己的感情——你對這些景物的感覺是什麼，將它寫出來，讓沒去過的人也彷彿身歷其境。這樣，才是一篇成功的遊記。

寫作小寶庫

　　小寶庫裡提供一些成語俗諺或是名言佳句供寫作參考，你可以讀一讀，引用名言佳句，或是自己上網搜尋喔！

　　★山明水秀：形容風景的優美秀麗。

　　★山光水色：天氣晴朗時的山水優美景色。

　　★綠草如茵：地上綠草平鋪，像一條毯子一樣。

　　★青山綠水：青綠色的河流、山脈。形容風景的秀麗。

　　★高下相間：高低不齊，互相參雜。

　　★千巖萬壑：形容高山與溪谷的起伏重疊。

　　★別有天地：形容風景秀麗，引人入勝。

　　★世外桃源：比喻風景優美而人跡罕至的地方。

　　★人間仙境：形容景色優美，有如仙界一般。

七、寫作大觀園～佳作欣賞

　　　　旅遊日記一則

　　　　　　　　　　　　　　　　新北市修德國小　陳葦庭

　　三月七日　星期六　天氣晴

　　熱情的太陽用力的散發著金黃色的光芒，把雲都給嚇跑了，藍天像一塊畫布，湛藍清澈。在經過好長一段又溼又冷的天氣，今天終於能趁著萬里無雲的日子出遊。我們全家帶著外婆和九十歲高齡的外曾祖母，一群人浩浩蕩蕩的來到位於臺北市的神祕花園——士林官邸。

　　「士林官邸」，顧名思義，位於臺北市士林區，是先總統蔣中正先生的官邸。進入官邸前，首先要經過一條林蔭大道，這裡林木蓊鬱、優美寧靜，偶爾還可看見松鼠穿梭在樹叢中。漫步其間，會讓人有一種遠離都市的錯覺。

　　走進官邸，宛如走進一處未經人工雕琢的自然花園，蟬鳴鳥叫、花香撲鼻。其中，玫瑰花園是蔣宋美齡夫人以前最喜歡散步流連的地方。那兒種植著世界各地不同品種的玫瑰花，爭奇鬥艷，彷彿一場世界小姐選美大賽；而在旁邊的小徑上，成排的梅花正盛開著，初春的微風吹動了花蕊，瀰漫著醉人的花香；還有中式與西式庭園……爸爸用輪椅推著外曾祖母，溫柔的為她詳細解說，讓外曾祖母笑得合不攏嘴。

　　我知道外曾祖母為什麼笑，因為前陣子可怕的寒流來襲，外曾祖母的身體機能故障了，而今天溫暖的陽光讓外曾祖母的筋骨稍微舒服了些。還有一個重大的原因，是爸爸一路上推著外曾祖母，跟她解說，縱使她不知道太多關於蔣中正的歷史典故，但能跟親人在一起，對她老人家來說才是最開心的事。我聽到外婆偷偷的跟媽媽說：「妳老公真好，今天都虧他幫忙推輪椅。」我聽了好驕傲，這是我的好爸爸。

　　今天的踏青，就在溫暖和煦的天氣中告一段落。接著，因為怕外曾祖母太勞累，舅舅提議到海霸王甲天下用餐，大人、小孩各一桌，這可是我們這群小蘿蔔頭最興奮的時刻，當熱騰騰的美食一端上來，只見筷子不斷在桌上飛舞，不一會兒功夫盤子全見底了。這時我們的目標又鎖定了大人的那一桌，外婆看著我們祈求的眼神，一道道佳肴，盡往我們這桌搬，害得大人們必須過來跟我們搶食。在這歡樂的氣氛中，結束了今天美好的旅程。

第四回　〇〇快樂多

一、主題：〇〇快樂多

二、寫作教學亮點

　　「〇〇快樂多」，首先要把題目補充完整，想一想，做什麼事可以讓你快樂，讓你覺得很滿足、很幸福呢？〇〇可以填上動詞或形容詞，不限於兩個字，例如：分享、助人、不計較、轉念、運動（打球、跑步、健走）、彈琴、唱歌、閱讀、旅行、登山、見義勇為……等。

　　「〇〇快樂多」可以用記敘、描寫為主的寫作方式來下筆，也可以寫成以議論為主的文章。然而，若寫成一般的記敘文章，只是一般敘事或像遊記，不易突顯主題的特色；採議論的方式，則可以讓這篇文章的想法更有力道、更具體。

　　議論文最需要掌握的基本元素是：論點、論據、論證。這個題目論點已經確定，就是「〇〇是會比較快樂的。」、「〇〇是會更快樂的。」、「〇〇的快樂是加倍的快樂。」那麼，需要加以努力的地方就是印證這個論點，所以我們必須舉實際的例子（論據）來證明論點是正確的，強化論點是值得相信與肯定的。

　　在舉例作為論據時，至少要舉兩個以上的例子，這樣的文章才有說服力，才不會讓人覺得這例子只是少數個案。舉例時可以舉自己切身的經驗或故事，也可以舉別人的例子，當然，古今中外名人的例子會更好，這樣的說服力更是強而有力，不言可喻。舉兩個正面的例子已經很好了，但若能舉出一正一反的例子來相對照，那麼文章的深度與廣度會更進一層，讓人讀來有論有敘有據，有正面的根據，有反面的提醒，在閱讀時便能很自然的接受你的主張與意見。

　　議論文一般的寫作方式是：提出問題、分析問題、解決問題。若已經分析完「〇〇為何是快樂的」之後，我們也可以進一步提出方法：我們能與別人一起做這件事嗎？如何與人一起做呢？有什麼樣的感受或心情呢？這樣的

寫作會更具體深入，文章會更完整有內涵，讓人產生共鳴，表現這篇文章的亮點。

如果真的想不出來，也可以以「分享快樂多」為題，引用課本小女孩和諾貝爾的例子當論據，再加上一個自己的例子，進行寫作。

三、教材連結（從教材看寫作）

懂得分享便是懂得感恩，懂得體諒。「分享的力量」(康軒五上課文)一課是以夾敘夾議的方式，說明分享的力量是很大的。「獨樂樂不如眾樂樂」，因為分享的快樂，勝過獨自的擁有。是故，得到的結論是：「分享快樂多。」

文章形式以問句開頭：「從上海到倫敦，怎麼去才好玩？」這問句引發思考。從這個有獎徵答的問句開始，在眾多參賽者中，得獎者是一位令人跌破眼鏡的小女孩。她認為「跟好朋友一起去，最好玩。」這種懂得分享的想法，與文中提到的諾貝爾和同學分享筆記一樣，是值得學習的。懂得分享會帶來幸福，會改變人的一生。諾貝爾除了小時候不拘泥於讀書成績外，他成了鉅富後又能捐出財產，獎勵在國際上有貢獻的人，終成為一位值得敬佩的典範人物。

孩子在求學的過程中，可能因為競爭壓力，有的會斤斤計較，甚至擔心、嫉妒同學超越，而有自私的想法。透過這一課的辯證與舉例，可以知道「格局決定結局，態度決定高度」，懂得分享是大我、大圈圈的成就與廣闊，而非小我、小圈圈的自私狹隘。在我們生活中，有許多事讓我們感受到幸福或快樂的滋味。透過閱讀這一篇文章，我們可以帶領孩子反思自己的思維，寫一篇「○○快樂多」，讓孩子更真實釐清那些事情帶來的力量，知道自己的喜好與興趣所在。

四、作文基本功練習：開頭的方法

議論類的文章以表達主張與觀點為主，所以，通常會在開頭就點出作者的主張，即是這篇文章的論點。

議論類文章的開頭，一般有以下幾種方式：

設問法 就題目的主旨設定一個或幾個疑問，再接著回答來引出主題，這種以一問一答或數問一答的開頭方式，能引發讀者的思考與好奇心，並產生想一探究竟的想法。例如「最苦與最樂」：

> 人生什麼事最苦呢？貧嗎？不是；失意嗎？不是；老嗎？死嗎？都不是。我說人生最苦的事，莫苦於身上背著一種未來的責任。
>
> （梁啟超）

破題法 一開始就點明題目的中心意旨，把話題點穿，直截了當觸及文章的核心，為後繼的反覆辯證鋪路。由於挑明了說，所以寫來理充詞沛，氣勢磅礴，容易留下深刻的印象，也有人稱為「開門見山法」或「直起法」。例如「看見臺灣的美麗與哀愁」：

> 臺灣是美麗的，但也是哀愁的。臺灣的美，美在青翠的高山中，美在蜿蜒的小溪裡，美在純樸的人們心中；臺灣的哀愁，愁在政治的混亂中，愁在生態的浩劫中，愁在黑心的工廠裡。

引用法 引用名言、俗語，或大家公認的道理，作為自己論述的依據，以提高說服力。例如「談奉獻」：

> 海倫凱勒說：「把你的燈提高一點，以便照亮後面的人。」世界上，有許多人提著一盞盞燈火，默默的貢獻心力，照亮了黑暗的角落，卻從來不要求回報。這樣的人，奉獻自己、犧牲自己，卻也帶給人溫暖與希望，換來燦爛的笑容。
>
> （楊裕貿）

五、寫作教學思路引導

小朋友，「分享的快樂，遠勝過獨自的擁有。」在我們周圍，常有許多愛的故事，故事的主角，因為樂於分享而變得更為「富有」、更快樂！有什麼事情可以讓你覺得快樂呢？是幫助別人，還是不跟人計較？或是運動、聽

音樂，還是改變心情……請你以「〇〇快樂多」為題，寫一篇文章，告訴大家為什麼「〇〇」可以獲得更多快樂。

1. 寫作第一步：確立論點

你做什麼事最快樂呢？做什麼事讓你覺得心情很好，很有成就感，心裡感到很幸福？在思考時，你可以利用下方的九宮格進行聯想，最後選擇一個主題成為你的論點。記得，這個主題要有正面的思想，論點要是正確的，大家都能接受的喔！

		確立論點
	〇〇快樂多	

我認為：（　　　　　）快樂多

2. 寫作第二步：取材與構思

寫這篇文章時，你可以先說明你認為〇〇會很快樂的原因，當然，要舉出適當的例子來增強說服力。你可以依序敘述以下幾點，完成文章的布局，最後再將它組織成一篇完整的文章。

(1)〇〇會很快樂的原因是什麼？

(2)舉例說明做〇〇會讓人感覺快樂的經驗或感受。可以舉自己的例子，也可以舉名人的例子。可以採取什麼人＋做什麼事＋有什麼結果的方式來寫例子。例如：

什麼人	做了什麼事	有什麼成果	有什麼快樂的感受
			提出論據

1. 例子可以是兩個以上的正例，也可以一正一反，形成對比。

2. 這些例子不是文章的重點，所以不必長篇大論，掌握重點敘述就可以。

3. 如果真的想不出來，可以用「分享快樂多」為題，引用課本小女孩和諾貝爾的例子當論據，再加上一個自己的例子，進行寫作。

⑶這些事情對我的啟示是什麼？我從中學到什麼？

⑷我對這些事情有什麼感受？

⑸有什麼相反的故事或例子可以印證？

⑹跟ＯＯ有關的名言佳句有哪些？

⑺用一句話做結語。

3. 寫作第三步：擬定寫作大綱

確定你的主題與選擇可發揮的素材後，擬定寫作大綱，並依照大綱完成整篇的寫作。

段落	大綱	內容
一	論點	
二	舉例一	
三	舉例二	
四	提出作法	
五	結語	

六、寫作小偏方

寫作小提醒

建立正確的論點之後，則應提出富有說服力的「論據」進行論證，才能發揮說服的作用。提出論據，就是舉例。論據要確實不能誤用，論據要典型有代表性，論據要新穎增添文章的新鮮感。論據要充實舉例，若單舉個例，會令人產生例外感的質疑。因此，若能多舉例佐證，論點的可靠性就越強。

論據不必長篇大論，掌握重點敘述即可。我們可以採取 什麼人 ＋ 做什麼事 ＋ 有什麼結果 的方式來寫。例如：

簡要舉例	表達分析		
	什麼人	做了什麼事	有什麼成果
著名的大書法家懷素，以木板代替紙張練習，被他寫禿的筆不計其數，終於使他成為萬古流芳的書法家。	著名的大書法家懷素	以木板代替紙張練習，被他寫禿的筆不計其數。	終於使他成為萬古流芳的書法家。

舉例可以簡要說完，但多舉幾個例子；也可以用一大段來深入說明一個例子，端看如何安排。例如：

簡要舉例	詳明舉例
昔日大禹為蒼生治水，櫛風沐雨，三過其門而不入，受人感念。武訓立誓以乞興學，使天下人皆有書可讀，令人敬佩。現今更有慈濟功德會、嘉邑行善團的設置，為關懷弱勢族群而發聲，為偏遠地帶的民眾造橋鋪路而不以為苦，樂在其中。	上古時期的大禹，看見人民連年受到水患之害，於是親自帶領水工治水，改變原先父親圍堵的治水方法，開挖河道，引水入海，終於逐步解決了水患。由於治水有功，大禹受到百姓和諸侯的愛戴，於是舜帝就傳位於他，繼續保護天下百姓。

（中教大　楊裕貿教授）

寫作小寶庫

　　小寶庫裡提供一些成語俗諺或是名言佳句供寫作參考，你可以讀一讀，引用名言佳句，或是自己上網搜尋喔！

★有福同享、宅心仁厚、樂善好施、人飢己飢、知足常樂、寬恕體諒。

★一個人的快樂不是因為他擁有的多，而是他計較的少。

★快樂不是件奇怪的東西，絕不因為你分給了別人而減少。有時你分給別人的越多，自己得到的也越多。

★施比受更有福。

★有福同享，有難同當。

★送人玫瑰，手有餘香。

★我們必須與其他生命共同分享我們的地球。（瑞吉兒・卡森）

★悲傷可以自行料理；而歡樂的滋味如果要充分體會，你就必須有人分享才行。（馬克・吐溫）

★如果你把快樂告訴一個朋友，你將得到兩個快樂；而如果你把憂愁向一個朋友傾訴，你將被分掉一半憂愁。（培根）

七、寫作大觀園～佳作欣賞

閱讀快樂多

新北市修德國小　沈容襄

　　哲學家孟德斯鳩曾說：「喜愛讀書，就等於是把生活中寂寞無聊的時光換成巨大享受的時刻。」由此可見，閱讀是人生的一大樂趣。

　　我喜愛閱讀，只要一有空閒的時間，我就會拿出一本書來看。無聊時閱讀，能夠排憂解悶；難過時閱讀，可以讓自己全神貫注的沉浸在故事情節中，進而忘卻煩惱；開心時閱讀，則能學習更多新知，了解其他學問。讀歷史故事，讓我能見賢思齊，學到一些古人待人處事的方式；讀冒險故事，使平時生性謹慎的我，也能和故事中的角色們一起參與驚險刺激的冒險行動；讀科幻小說，讓我有更多天馬行空的想法與創意。閱讀不僅給了我許多有趣的知識，更令我可以用歡欣的心情度過每一天！

　　但難道閱讀只能讓一個人「獨樂樂」，不能大家一同「眾樂樂」嗎？這個問題的答案絕對是否定的！當三五好友、一群人、全班、全年級甚至全校的人，都一起在閱讀某本有趣的書時，一定會引發熱烈的討論話題：早晨相遇時交換閱讀進度；下課時，聊天的話題圍繞著男主角和女主角性格、互動及喜歡的事物；「進度」較快的同學還會不時用「破梗」的方式來誘使其他同學繼續探索故事內容。我曾和一位朋友共閱一套小說，那陣子，我和他的談天內容全部都和那套書相關，我們跟著情節緊張心跳，我們隨著人物悲歡喜樂。最後，我們不但讀完了整套小說，還使我們倆友情加溫！閱讀，確實是人生的一大樂趣！

　　閱讀，能讓我們乘著想像的翅膀盡情飛翔，閱讀，能帶著我們遊歷山川，穿梭古今。你說，閱讀是不是一件充滿快樂的事情呢？

第五回 ╱ 一份特別的禮物

一、主題：一份特別的禮物

二、寫作教學亮點

　　從小到大，我們收到過許多禮物，在這麼多的禮物中，哪一個禮物讓你覺得最特別，讓你印象深刻，想忘也忘不了呢？是送禮的人特殊？還是禮物本身很獨特？抑或當時發生的事情讓你難忘？這個禮物牽引著什麼樣的故事或畫面呢？禮物，可以是具象的東西，例如卡片、腳踏車、手表；也可以是抽象的事物，例如一句讚美的話、父母遺傳的自然捲……都是很特別的「禮物」。

　　「一份特別的禮物」，重點是「禮物」，而且限制只能「一份」，所以不要寫成「兩份」、「三份」……更不要寫成泛泛論說的「禮物」，東拉西扯就離題了。這篇文章在寫作之前，要先確定這份禮物是誰送的？對象可以是父母、長輩、兄弟、姐妹、老師、朋友……。送禮是在哪一個時空？禮物屬於哪一種性質？是生日禮物、成績禮物、見面禮物、畢業禮物還是離別禮物？還要思考所要表現「特別」的主題，究竟有沒有獨特之處？也就是無論你從哪個角度選材，一定要關注到「特別的」思維，這樣子，這篇文章的眼睛才會亮起來。例如有一位學生寫的「一份特別的禮物」是弟弟，感謝媽媽生了一個弟弟，讓他們可以遊戲，可以相互陪伴，這樣的選材就非常「特別」。

　　這篇文章要寫得亮眼出色，必須結合送禮者與你之間的故事與情感。如果沒有感動自己的深刻經驗，這份禮物恐怕就特別不起來，這樣子文章的旨趣就缺少了引人入勝的吸引力。由於禮物的性質不同，送禮給你的人也沒有固定身分，從寫作的策略來說，要採取「大題小作」的手法，也就是要確認「性質」與「對象」，再選定「特別的」經驗，以完成「一份」「特別的」「禮物」。

三、教材連結（從教材看寫作）

「從從容容　穩穩當當」這一課（康軒六上課文），是林良寫信給女兒櫻櫻，分析櫻櫻常找不到東西的原因，並舉自己做事的方式，希望女兒明白「提早去想、先準備好，就能從容不迫，不易出錯」的道理。

每一個為人父母者，總是對自己的小孩呵護備至，疼愛有加；更希望孩子長大後能貼心懂事，獨立負責。這一封信，有爸爸的疼愛，父親的期待。父母從小到大一直送孩子各式各樣的禮物，協助孩子處理許多事情，但能為孩子做的事畢竟有限，因此最大最好的「禮物」便是教他「懂得生活」。有些話直接面對面說，會讓人難堪或難以接受，透過文字傳達，不僅可以發揮溫柔的力量，也可以讓彼此因拉出的空間冷靜思考，讓想表達的人與接受者都平心靜氣的思量。

父親寫給女兒的信，傳達關心與期許，這也是一種愛的禮物。透過文字看到寬容的父愛，讓孩子糾正迷糊、急就章的個性，這樣的「禮物」才是孩子最需要也最受惠的。所以，讀到這一課時，我們可以以「一份特別的禮物」為題進行寫作，從一份禮物感受特別的心意與情感，一如林良先生為女兒寫的這封信，充滿關愛與期許，是這麼「一份特別的禮物」。

四、作文基本功練習：敘述的方式

「一份特別的禮物」屬於記敘文。記敘文重在「感」，最主要的表現方法是敘述，通常以時間、空間或事件發展為主軸，貫串全文。最常以時間做主軸來寫作，把事發時刻前後交代清楚，使文章合乎邏輯。有關時間的敘述，有順敘和倒敘兩種：

順敘 按照事情發生的先後順序或因果關係，依序安插材料、記錄事件；也就是按照事情發生開始、經過、結果的順序來進行寫作。例如：「考試前後」，先寫考試前緊張不安的焦慮情緒，再寫考試時全力以赴或絞盡腦汁的情形，最後寫考試後的歡欣或懊惱心情。順敘式的優點是清晰有條理，缺點是文章比較呆板。

倒敘 把時間發生的順序前後倒置，也就是把事件的結局或某個最突出的
片段提前到前面敘述，先寫現在的情形（結果），再追溯往事（原
因）。這種寫法較有變化，可以為文章製造效果，引起讀者一窺究
竟的好奇心。它的時間結構一般為「過去——現在」，更高層的為
「現在——過去——現在」。同樣以「考試前後」為題，可先寫最
後的感想（現在），再寫考前的埋頭苦幹和考試時的情形（過去）。

無論是順敘或倒敘，只能擇一使用，不可交叉並用，以免造成時間錯亂。
當然敘述的方式還有插敘和補敘，也都不應過度使用，以免喧賓奪主。

五、寫作教學思路引導

我們在生活中常有機會收到禮物。禮物可以是有形的，也可以是無形的。
小朋友，你曾經收過什麼樣特別的禮物嗎？你在何種狀況下收到這份禮物？
這份禮物的特別之處在哪？請以「一份特別的禮物」為題，把這個禮物與眾
不同之處與帶給你的影響和感受寫出來。

1. 寫作第一步：確定禮物

你可以利用像右方的聯想圖，將所收過比較特
別的禮物先列出來，最後，再選擇其中「一份」
最特別的禮物，成為這篇文章的主角。

2. 寫作第二步：取材與構思

「一份特別的禮物」就是要敘述這一份禮物是
什麼？由誰送的？有什麼特別？是因為什麼事讓人覺得特別？「我」為
什麼覺得它是特別的？你可以依序回答下列問題，完成構思和布局，最
後再將它組織成一篇完整的文章。（下方的題目是幫助思考用的，所以
題目很多元，有各種面向；小朋友在下筆寫文章之前，只要選擇當中的
3～5個題目來進行深度描寫就可以了。）

(1)這個禮物是什麼？是什麼人在什麼地方送的？

(2)這個禮物的性質是什麼？（生日禮物、成績禮物、交換禮物⋯⋯）

(3)簡明扼要的敘寫出現這一份禮物的時空背景。

(4)這是誰送給「我」的禮物？為什麼送給「我」？

(5)詳細描寫這一份禮物。（外型、功用、長相、聲音⋯⋯）

(6)這個禮物有什麼特別？（是東西本身？還是所象徵的意義特別？）

(7)我最常帶著這個禮物做什麼？（玩遊戲、騎車、上課、學習⋯⋯）

(8)這個特別的禮物，帶給「我」最大的感動與感受是什麼？（喜、怒、哀、樂、幸福、回憶、教訓⋯⋯）

3. 寫作第三步：擬定寫作大綱

參考上方的材料，選取你最有把握最有想法的內容，擬定寫作大綱，並依照大綱完成整篇作文。

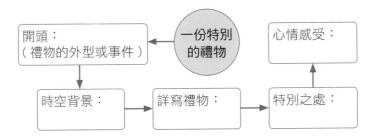

六、寫作小偏方

寫作小提醒

在結構與布局方面，第一種方式可以開門見山的點出「物」的具體形象，第一段從禮物的表相直接摹寫；然後再憑藉這個「禮物」，娓娓道出屬於你與送禮者的故事；透過迴環轉折的情節變化，交代好來龍去脈之後，就可以自然而然的抒發情感，由物入情，點染這一份特別的禮物。另外，也可以考慮從敘寫禮物背後的故「事」做開端，然後才讓禮「物」在最適當的時間出現，最後再從禮物引起的情愫，採取渲染的手法或者真摯的筆調，讓「情」順利

將文章帶入高潮。不管以順敘法或者倒敘法，甚至多元環敘法入手，只要故事能引起興味，情節能靈活生動，什麼手法都可以是成功的記敘。

　　這一份禮物因為要「特別」，所以「珍貴」比「昂貴」重要，「價值」比「價格」有意義；「故事」不一定要轟轟烈烈，「禮物」不一定要貴得令人咋舌，「情感」不一定要驚天地泣鬼神，自然真切就好。

寫作小寶庫

　　小寶庫裡提供一些成語俗諺或是名言佳句供寫作參考，你可以讀一讀，引用名言佳句，或是自己上網搜尋喔！

★日以繼夜、血濃於水、獨一無二、探頭探腦、膽小如鼠、溫柔綿密、柔能克剛、濃濃郁郁、濃淡深淺、噓寒問暖、銅牆鐵壁、價值連城、豁然開朗、嬌小玲瓏。

★讚美是最好的禮物。

★快樂，要從微笑開始。

★我不看自己沒有的，我只看自己擁有的。（黃美廉）

★如果送禮的人不是出於真心，再貴重的禮物也會失去它的價值。（莎士比亞）

七、寫作大觀園～佳作欣賞

一份特別的禮物

新北市明志國中　陳竑諺

　　乙武洋匡一出生，醫生便判定他是原因不明的「先天性四肢切斷」，也就是說他天生就是沒手沒腳的殘障人士。母親第一眼看到他，竟然不是「驚訝」、「悲傷」，而是「喜悅」，逕說了一句：「好可愛的孩子呀！」慈愛的母親眼中並未看到自己孩子身上的嚴重缺陷。乙武洋匡在愛的王國中樂觀成長，於是說出：「奇妙的身體，是上天送給我最有創意的禮物。」

　　我頂上的茂密叢林，總是不規矩的到處攀爬，橫生交錯糾結，兀自向各自的舞臺天空伸展。每個人看到我，都會驚訝的問一句：「啊！你那頭髮是自然捲還是去燙的？」剛開始我還會有耐心的解釋半天，但總是無奈又好笑。唉！怎麼會有人要去燙這麼一個怎麼梳也梳不好的雞窩頭呢？這當然是老天爺跟我開的大大玩笑啊！進入青春期的我，雖然沒有少年維特的煩惱，但頭頂上那顆越來越濃、越來越捲的龍鬚頭，就變成我的煩惱了。

　　每天，我需要花很長的時間梳理我的雞窩頭，抹水、梳平，翹起、再梳平，頑皮不聽話的髮絲卻總是和梳子作對，玩捉迷藏，怎麼也不聽話。發揮百折不撓的精神依然不能改變現狀後，我宣告放棄，頹然的跟媽媽抱怨，為什麼別人的頭髮又直又順，我的頭髮卻又粗又捲，活像個黑人頭？為什麼爸爸和哥哥的頭髮都又柔軟又聽話，我卻像被雷殛過後的受害者，頂著一頭驕縱乖戾的電棒頭，走到哪兒，都被人家行奇異的注目禮？

　　媽媽微笑的告訴我，這是她送給我的一份最特別的禮物，早在我還住在她肚子的時候，愛我至深的她便想送我一個與眾不同的禮物。媽媽從小便遺傳到外婆的自然捲，小舅舅也是如此，這個特殊的禮物標誌著血脈的傳承，是我和媽媽血濃於水的相連臍帶，更是獨一無二、想買也買不到的珍寶。「你瞧！大家都說小舅舅好帥，尤其頭頂微翹的捲髮，更是他彰顯個人特色魅力的所在，不是嗎？只要你接受它，用心愛它，你就會發現，其實這是一個獨具巧思，非常特別，屬於愛的禮物喔！」

　　是呀！當我完全接受自然捲是我的身體特徵，不再為三千煩惱絲的問題困擾後，我發現，大家看到我都會說：「好可愛的自然捲喔！」讓我帶著自信的微笑回答：「是呀！這是我親愛的母親送給我的一份特別的禮物。」在眾人豔羨的目光中，我覺得我是最幸運的，擁有一份神奇的珍寶，我開始樂觀的相信：每個人的身體，都是獨一無二的，都是父母給我們最佳的特別禮物。

　　我和乙武洋匡一樣，感謝神奇的力量，擁有一份珍貴特別的禮物，我非常樂意隨身攜帶這份母親愛的珍寶，一份充滿愛的特別禮物。

第六回 / 談機智

◯ 一、主題：談機智

◯ 二、寫作教學亮點

　　「談機智」從題目一看，便知道是一篇屬於議論「機智」的文章。因為題目只要出現「談〇〇」、「論〇〇」，便是屬於適合以議論表述方式進行書寫的文章。

　　「談機智」，若以文體來分，屬於「議論文」；若以表述方式來說，亦是以「議論」表達方式為主的文章，兼以敘述或描寫來舉出論據，印證自己所提出的論點。議論文一般有三要素：論點、論據、論證。題目是「談機智」，所以一定要「談」出自己對機智的看法與想法。可以在一開始便提出論點：機智對我們生活的重要，機智如何幫助我們面對困境……接下來舉出兩～三個論據（事例或言例）來佐證自己的論點，增加說服力，印證自己所提的論點是正確的。當然，也可以提出作法，更具體的知道該如何培養機智，以智慧與巧思解決問題。最後，總結文章寫出結語，完成整篇創作。

　　議論類的文章，在建立正確的論點之後，接著還要提出富有說服力的「論據」進行論證，方能發揮令人信服的作用。若能提出正確、具有代表性、創新的例子支持立論，便能立即說服他人，因為具體的例子便是最佳的論證。議論類的文章，中間的舉例是非常重要的。

　　在舉論據的部分，可以多舉幾個機智人物的事件當例子，讓人物或事件成為論點的最佳印證；例子數量越多，越可發揮效力，增添文章說服力。舉例時可以舉出正例（哪個人因為機智化解危機，讓自己解決困境），也可以舉出反例（哪個人因為魯莽衝動，沒運用智慧面對困難，反讓自己陷入更大的困境）；更可以將正面和反面的例子同時呈現，相互烘托，以強化突顯題旨，讓正反的例子更加形成對比，強化論點。

三、教材連結（從教材看寫作）

「機智的故事」這個單元（康軒五上課文）透過閱讀多篇古今名人的故事，認識機智的神奇力量，欣賞在不同情境中，機智語言所產生的趣味。機智不僅可以化解尷尬與危機，還可以幫助他人，解救他人性命。第一課從三位名人面對問題幽默以對的小故事中，感受到機智的妙用；第二課透過紀曉嵐與乾隆皇帝的對話，顯示飽讀詩書有益於機智的發揮；第三課「智救養馬人」中，聰明的晏子以機智救了一條寶貴的生命，更點明了機智並富含慈悲心，不僅可以解救人的性命，更可以挽救國君免於犯錯。

機智可以化解危機，是充滿智慧的表現。如果我們都能學習以機智化險為夷，生活中的困頓和挫折就會減少許多。這一單元要學習如何在生活中運用機智，展現幽默，並能思考文章中解決問題的過程，體會其中蘊含的機智與趣味。

我們從這些故事中可以學到，臨機應變的能力有多麼重要。話說得幽默，可以化解尷尬，造成趣味；話說得中肯，有時委婉勸諫比直言不諱還更有效果。當我們面對問題或困境時，如果能以機智之眼看待，以聰敏之心面對，許多事就會大事化小、小事化無了。

所以，讀完這個單元時，可以進行單元統整，以「談機智」這個題目進行寫作，整理在這個單元所學的知識，說出對機智的看法與見解。

四、作文基本功練習：議論小雛型

我們對許多事情都有自己的看法與見解，有時未必與人相同，有時需要積極獲得認同，這時，如何說服對方呢？如何捍衛自己的看法讓別人接受呢？此時，提出有力的理由是最好的方式。例如：班上要選舉模範生，該如何說服同學支持你心中的候選人呢？

你可以先提出你的看法（我支持OOO當模範生），再加上二、三點理由，增加說服力。例如：

> 我支持OOO當模範生。因為他待人親切，每天都笑容可掬的和大家打招呼，老師和同學們都很喜歡他；他學習時很認真，表現很傑出，不管是學業成績或是藝術、體育方面，都是我們學習的對象；他為人謙虛不驕傲，時常熱心幫助他人，協助同學。所以，請讓我們支持他當選為模範生吧！

瞧！要支持候選人當選模範生可以振振有辭提出三大理由：

一、待人親切

二、學習傑出

三、謙虛助人

像這樣有條有理，理性陳述看法的方式，是否比套交情、分派系更具說服力，更能達到目的呢？

五、寫作教學思路引導

小朋友，你是否覺得機智很重要呢？機智能適時化解生活中的危機，帶來歡樂；讓我們在面對僵局或困境時，避免衝突或錯誤的發生，不僅能四兩撥千金化解尷尬或困難，甚至能造成意外的驚喜。請回想自己類似的生活經驗或是聽過讀過的故事，根據下面的提示，以「談機智」為題，完成一篇作文。

1. 寫作第一步：確認論點

你認為機智是什麼？機智有何重要性？為什麼具備機智反應的人會受歡迎呢？機智需要哪些條件？

2. 寫作第二步：取材與構思

(1) 一個角度，兩個支持：有哪些例子或事件可以支持你的論點，至少要有2～3個例子或理由，才能讓文章更有說服力。

(2) 思考要寫哪些論據時，也可以運用下列的聯想圖進行蒐集資料，協助取材與構思。

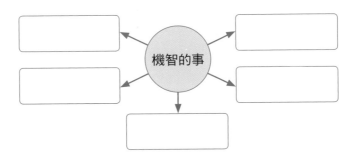

(3)提出論據的時候，可以以：是誰？碰到什麼難題？如何解決？結果？
你的評論，來進行舉例。例如：

	例子一	例子二	例子三
誰	英國首相邱吉爾		
碰到的難題	應邀演講時，有人遞來一張寫著「傻瓜」的紙條，想羞辱他。		
如何解決	他神態自若的說：「剛剛有位聽眾送來一張紙條。這位聽眾真糊塗，只在紙上簽了大名，卻忘了寫內容。」		
結　　果	面帶微笑，繼續他的演講。		
我的評論	我覺得邱吉爾修養很好，不但不生氣還能反將一軍，真的很有智慧。		

(4)如果你想不到和機智相關的故事，也可以直接運用課本裡名人的故事，成為你的論據。

(5)提出讓自己變機智的作法。

(6)寫出結語：再一次總結「機智的重要」以及「期許自己或眾人培養機智的能力。」

3. 寫作第三步：擬定寫作大綱

確定你的主題與選擇可發揮的材料後，擬定寫作大綱，並依照大綱完成整篇的寫作。

段落	大綱		內容
一	論點		
二	論據	例子一	
三		例子二	
四	作法		
五	結語		

六、寫作小偏方

寫作小提醒

　　想要豐富文章的內容可以多用成語，這樣可以使文章生色不少。譬如：在事件的開始，遇到困難時，你可以使用：大吃一驚、驚慌失措、六神無主、一籌莫展、無計可施……等成語來形容事件發生的時候，大家驚恐、不知如何是好的心情。但是，只要透過機智的應變，就可以解決問題了。這時你可以使用臨機應變、三思而行、急中生智等成語來描寫問題解決時、解決後的情形。

寫作小寶庫

　　小寶庫裡提供一些成語俗諺或是名言佳句供寫作參考，你可以讀一讀，引用名言佳句，或是自己上網搜尋喔！

一、與機智有關的詞語

　　臨機應變、臨危不亂、三思而行、大吃一驚、驚慌失措、急中生智、靈光一閃、膽戰心驚、害怕猶疑、從容不迫、氣定神閒、忐忑不安。

二、與機智有關的佳句

　　★心中的智慧，優於掌中之金錢。（蕭伯納）

　　★沒有智慧的頭腦，就像沒有蠟燭的燈籠。（列夫・托爾斯泰）

★機智應當像魚子醬一樣成為一種高貴的美食，永遠別像抹果醬那樣抹魚子醬。（英國劇作家諾埃爾‧考沃德）

★無論一個人怎麼有智慧，要是欠缺了機智幽默，那麼他擁有的一定不是最高的智慧。（李天命）

三、與機智有關的小故事

1. 聰明的蚊子

美國小說家馬克‧吐溫到芝加哥一家旅店住宿，有人告訴他這裡的蚊子特別凶猛。

當他在服務臺辦理登記房間時，一隻蚊子正好飛來。馬克‧吐溫對服務員說：「我早就聽說貴地的蚊子十分聰明，果不其然，牠竟會預先來看我的房間號碼，以便夜晚光臨，飽餐一頓。」服務員聽了不禁大笑。

這一夜，馬克‧吐溫睡得非常安穩，因為服務員記住了房間號碼，事先認真的做了一切該做的預防措施。

2. 容易跌跤的活動家

美國總統福特的膝蓋有傷，因此容易跌倒。

一九七五年六月，他出訪奧地利，飛機抵達後，他從「空中一號」的舷梯走下來，不慎腳下一滑，跌倒在地。

同一天，在一個會議廳麗希宮的長梯上，他又兩次險些跌倒。媒體記者便將這個當成一個大新聞大肆渲染。旁人問及原因時，福特卻風趣的說：「我是一個活動家，活動家比任何人都容易跌跤的。」

3. 幽默的雷根總統

美國總統雷根前往加拿大訪問，在多倫多發表演說。

有一群反對示威的人不時打斷雷根的演說，令在旁陪同的加拿大總理感到十分尷尬。面對窘境，雷根面帶微笑的說：「這種情況在美國經常發生，我想，這些人可能特意從美國趕來貴國，他們使我不忘記仍在美國，讓我有

『賓至如歸』的感覺！」加拿大總理一聽到這句話，原本緊皺著眉頭，突然放聲哈哈大笑！

又有一次，雷根在白宮鋼琴演奏會上致詞時，夫人南西不小心連人帶椅跌落，發出巨響。南西在觀眾的驚叫中靈活的爬起來，並在賓客如雷的掌聲中回到自己的座位。雷根看到夫人並沒受傷，機靈一動，説：「親愛的，我不是告訴過妳，只有在我沒獲得掌聲時，才需要這樣表演嗎？」話一説完，全場報以熱烈掌聲。

七、寫作大觀園～佳作欣賞

談機智

新北市麗林國小　陳俍聿

「沒有智慧的頭腦，就像是沒有蠟燭的燈籠。」托爾斯泰曾說過這句至理名言。對人類來說，擁有智慧的頭腦，不僅可以掌握趨勢，還能趨吉避凶。雖然並不是人人天生就能擁有智慧，但我們卻能在生活中學習機智應變，把自己的小小光芒散發出去，照亮每個角落。

有一次，美國總統雷根在白宮鋼琴演奏會致詞時，夫人南西在臺下不小心連人帶椅跌落地上，發出巨響，在場的觀眾全都投以異樣眼光。這時，雷根總統馬上機靈的插入一句：「親愛的，我不是告訴過妳，只有在我沒獲得掌聲時，才需要這樣表演嗎？」語畢，全場賓客報以熱烈的掌聲。雷根總統以機智的應對，輕輕鬆鬆化解了尷尬的場面，更顯示出總統的風範。

清朝大臣紀曉嵐隨侍乾隆皇左右，面對皇帝的百般刁難，多次以臨機應變化險為夷。有一次，紀曉嵐正在抄書房中努力抄寫，因他天生肥胖，沒多久就滿頭大汗，乾脆脫下衣服，來個「光膀大吉」。這時，碰巧乾隆出巡，紀曉嵐來不及穿衣服，又怕遭受失儀之罪，只好鑽到桌子底下躲著。乾隆見到紀曉嵐的衣角，故意一屁股坐在椅子上，用龍袍遮住了唯一的通風口。

　　過了許久，躲在窄小桌下，身體又肥胖的紀曉嵐等得發悶，熱得汗水直流，靠近洞口輕聲問道：「喂！老頭子還在嗎？」乾隆一聽立刻回答：「朕公在此。」紀曉嵐聽見，心想不好了，趕緊推開椅子，連滾帶爬的趴在地上請罪。乾隆反問他：「說吧！你為何叫朕『老頭子』？」紀曉嵐停頓一會兒，趕緊回答：「皇上，老，是尊敬之意；頭，是王者的稱呼；子，是指聖賢，合起來就是『老頭子』。」乾隆一聽，笑得合不攏嘴，暗暗佩服紀曉嵐的機智，紀曉嵐也因機智而讓自己逢凶化吉，逃過一劫。

　　在生活中，我們也要懂得隨時運用機智化解危機，雖然我們不是聰明絕頂，但還是可以透過觀察，找出方法改變現場情勢，顧慮全局的發展，甚至將外在的傷害降到最低。這時，我想，當我們逐漸培養出這種機智的能力時，我們也可以算是一名「小小生活智慧家」吧！

第七回 ╱ 夏天最棒的享受

一、主題：夏天最棒的享受

二、寫作教學亮點

　　「夏天最棒的享受」這個題目，有一個真正的主語──「我」被省略了。其中「最棒的」是用來修飾「享受」，焦點可以鎖定在「夏天」與「享受」。所以，主要的是寫「我」在夏天的享受。而既然是「最棒的」，就只要寫「一個」，寫成兩、三個反而失焦。時間或季節點明是「夏天」，其他季節就不要寫進來。「享受」，可以是感官的享受，也可以是心靈的享受，從感官的享受進而發展到精神世界，心物合一，兩種合著寫也是可以的。

　　這篇文章要寫得出色，想要有突出的亮點，就需在選材與立意上創新，一般學生不外乎寫吃冰、吹冷氣、游泳、吃西瓜、打籃球、洗冷水澡……等等，這些多數被定位在生活中比較尋常、比較物質化的「享受」。這樣的主題，並不是不可以寫，只是容易因為大同小異而顯不出獨特性。所以，如果放大到精神世界的追求，例如：淋雨、觀星、賞月、爬山、傾聽天籟等接近大自然的「享受」，以抒情的筆調切入，強調心靈的滿足，是否比較令人驚喜？也比較有表現的空間？

　　文章開頭的第一段，可以考慮以寫景入題（可以寫一個熟悉的鄉下或名勝古蹟，進行精美的描寫或摹寫；也可以直接對熟悉的夏天進行刻劃。）這部分是以描寫來布局，適合善用修辭讓文章突出亮點。也可以記事入題（例如：以每年夏天全家都要到鄉下度假這件事寫起，寫沿途親子間的互動……也可以直接把鏡頭放在游泳池或棒球場……讓事件馬上映入眼簾。）亦能以抒情入題（可以回憶在奶奶家的情境，奶奶呵護的祖孫之情）來帶出夏天的情境。選擇你最熟悉的點點滴滴，都是很好的開頭。

　　第二段以後是文章寫作的重心，段落不拘，可能是三或四段，記敘事件與描寫人物情景，必須全力著墨，讓故事情節高潮迭起，讓人物典型鮮明。最後一段則最好以綿密的情懷收尾，扣緊人心，深刻的情感以引起共鳴。

貳·教學實務與設計篇

三、教材連結（從教材看寫作）

「童年 · 夏日 · 棉花糖」（康軒六下課文）這一課，是作者敘述關於夏日棉花糖的童年記憶。夏天，碧綠扶疏的深巷底，有作家陳幸蕙美麗的成長故事。吃著一口口蓬鬆若雲的棉花糖，吃進的不只是綿密的雲，更是甜蜜的幸福！對童年時代的陳幸蕙而言，在向日葵像一輪輪金黃圓盤燦燦然綻開的夏日，能看著老人像變魔術般，做出一根一根新鮮潔白的棉花糖，是夏天最棒的享受了。在夏日與棉花糖相遇，看著「織雲的人」慢慢的一步驟一步驟做出美好形狀的棉花糖，的確是幸福的享受。

每個人在夏天最喜愛做的事情都不同，有的人喜歡去運動，讓自己活躍在陽光下；有的人喜愛寧靜閱讀，以書香對抗酷暑……哪一個才是你所喜歡的「最棒的享受」呢？

讀完這一課時，可以以「夏天最棒的享受」為題進行寫作，讓孩子將自己在夏天最喜歡做的事情細細的寫出來，感受那份美好的幸福。

四、作文基本功練習：敘事的寫法

「事」有原因、經過、結果，有的事情重在交代原因，有的事情重在鋪敘過程，有的事情不必挑明結果就很耐人尋味，能留給人家許多想像空間。

敘事要挑選有用、有意義的材料來表現，先釐清事情的線索和順序，篩選、取捨，辨明所寫的材料主要和次要，把重點找出來，並由此安排有哪些重點訊息要詳述，哪些較不重要的線索可以略寫或省略。此外，若能兼顧情感的融入和道理的寄託，就更出色了。以「打籃球」為例：如果只是平鋪直敘的敘寫：

> 夏天午后約幾個同學到學校打籃球，某個同學動作很滑稽，某某人很神準，大家打得滿身都是汗水，打完以後，好好的洗個冷水澡，覺得全身舒暢，這是夏天最棒的享受。

這樣寫就是「記流水帳」，文章是好不起來的。建議試著這樣寫：首先以細膩的描寫文字起筆，摹寫天氣炎熱難耐，渾身不暢快的情景；接著寫你夏日午后的最愛——和幾個球友在籃球場捉對廝殺、或一對一鬥牛、或打半場……讓球場呈現青春洋溢，渾身是勁的氣氛。由於打籃球是全文的主線，所以，精緻的刻劃與描繪是絕對必要的，同時也是寫作成功的關鍵，不管是運球、投球、戰術等技巧的敘述，或汗水、體力、衝勁的摹寫，還有大家談笑風生的寫實等等，要有深度的表現，讓整篇文章跟著「球」動起來。最後，看你決定要洗一場冷水澡，或吃一碗滿滿的芒果冰，或敘寫全身汗水淋漓的走在夕陽西下的回家路上……這些後續的素材，內容比例可以少一點，讓它巧妙又不失自然的跟「情」結合，這樣「人」、「事」、「時」、「地」、「物」、「情」，面面俱到，就可以成就一篇好文章了。

五、寫作教學思路引導

小朋友，艷陽高掛，暑氣炎炎，有時讓人精神振作、充滿活力，有時又使人汗流浹背、苦不堪言。你可能很喜歡在酷熱的夏天裡運動、閱讀、乘涼，甚至吃火鍋……你覺得在夏天，最棒的享受是什麼？請以「夏天最棒的享受」為題，把你美妙的感受寫出來。

1. 寫作第一步：確定主題

我覺得夏天很棒的享受有哪些？ ＿＿＿＿＿＿＿＿＿＿＿＿＿＿＿＿＿ 。

其中，我選擇 ＿＿＿＿＿＿＿＿＿＿ 為夏天最棒的享受（只選一種）。

2. 寫作第二步：取材與構思

「夏天最棒的享受」就是要敘述我的享受是什麼？它好在哪裡？有哪些人與我共同經歷？地點在何處？這個享受是如何的好？為什麼是最棒的？

(1)你可以先完成下列表格，再依照引導完成一篇文章。（下方的題目是幫助思考用的，所以題目很多元，有各種面向；小朋友在下筆寫文章之前，依照表格來構思主題和布局就可以了。）

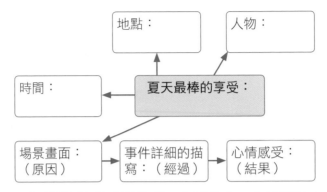

(2)「我」夏天最棒的享受是什麼？和哪些人？在什麼地方？做什麼事？
（敘述四要素）

(3)決定文章開頭（第一段）的書寫方式：以寫景開始？還是記事？或是
抒情切入主題。

(4)描寫做這些事的情景或畫面。（記得善用修辭，讓文字增添美感）

(5)敘述發生了什麼令人印象深刻的事情？如何發生？為何讓你印象深刻？

(6)敘述這件事和夏天之間的關連。

(7)說明它成為最棒享受的原因。（是綿密的親情？友情的催化？身心靈
的洗滌舒暢、人生的體悟……）

(8)記錄自己的心情與感受。

3. 寫作第三步：擬定寫作大綱

參考上方的材料，選取你最有把握最有想法的內容，擬定寫作大綱，並
依照大綱完成整篇作文。

「夏天最棒的享受」寫作大綱		
第一段	開頭： （寫景？記事？抒情主題？）	
第二段	原因：	
第三段	經過： （情景或畫面詳細寫，可一～二段）	
第四段	結果：	
第五段	我的感覺： （可結合景和情，和第一段呼應）	

六、寫作小偏方

寫作小提醒

　　這篇文章要寫得出色，文字、修辭、情感，就必須特別注意，最好能結合敘事、描寫和抒情，以「描寫」＋「記敘」＋「抒情」的框架進行布局，那麼文章就會生動而形象。這篇文章的最後一段或兩段，最好以綿密的情懷收尾，不論是親情、友情、師生之情……都是在人性的共同經驗中發展的，如此就會扣緊人心，感染大家的情感，進而引起共鳴。當然整篇文章中處處都可以表現情感，不只有文章末尾。文章敘寫的過程中，「由景入情」、「由事入情」、「由物入情」，可以隨時呈現。

寫作小寶庫

　　小寶庫裡提供一些成語俗諺或是名言佳句供寫作參考，你可以讀一讀，引用名言佳句，或是自己上網搜尋喔！

★火傘高張、烈日當空、汗出如漿、良辰美景、雨過天青、日上三竿、日正當中、月明星稀、一碧萬頃、月白風清、氣象萬千、萬家燈火、沃野千里、盤根錯節。

★大自然的寬闊是最佳的音響設備。（簡媜）

★我有空中的星星，但是，喔，卻想念我室內未點的小燈。（泰戈爾）

★真的藝術，不限在詩裡，也不限在畫裡，到處都有，隨時可得。（夏丏尊）

七、寫作大觀園～佳作欣賞

　　　　夏天最棒的享受

新北市修德國小 陳筱芸

　　溽暑的折磨令人難耐煎熬，隨著屋前的瀝青被烘得酥脆，柏油路都被燒烤成柏油漿啦！何況是我們這群草莓奶油學生，怎麼能忍受這樣的煎烤曝晒？走在馬路上，頭頂那攝氏一千多度的大火球，似乎特別迷戀滿臉通紅的我，我的衣服和肌膚緊緊親密依偎，昏眩的身軀都快變成旋轉架上的烤雞，還聞得到一陣陣香酥的味道呢！

　　夏天的灼熱令人無所遁逃，整個臺北盆地的炎燄在瞬間迸裂開來，凶惡的在水泥叢林中作亂；老邁的冷氣機雖然奮力放送呼呼的清涼，依舊解不了我的悶熱。望著遠方山頭露出一丁點兒綠眉，是呀！青翠正招手呼喚著我，我想飛奔向它清涼的召喚；是呀！唯有幽幽寂靜和唧唧蟬鳴，是我最佳治暑的解藥。我和爸爸背起行囊，決定將自己交給漫山遍野的翠綠，盡情享受溪澗的沁涼。

　　婉轉鳥鳴不絕如縷，青山綠浪迎面和我相遇，兩旁羽齒狀的蕨葉囂張的橫行著，筆筒樹更是毅然挺立宣示著它的主宰管轄權。右岸蜿蜒著一條冰涼小溪，清澈的一眼望見青苔正恣意隨水舞動，前方白絹般的飛瀑，輕唱著鏗鏘悅耳的進行曲，我的腳步不自覺的輕盈了起來。我和爸爸找了一處清靜綠蔭坐了下來，將疲憊不堪的雙腳放心的交給潺湲溪水。那碧綠如翡翠的山泉，立即舒緩我的腳丫子，肌膚沉浸在沁涼中，身體累積的沉鬱全釋放出來，這寧靜的山水天地，身體的「森」呼吸，心靈的SPA，靜謐的在親情的流淌下，暑氣漸消。

　　放眼望去，山稜將天地裁成兩半，上為悠悠湛藍天，下為盈盈翠綠間。我們在寧靜的宇宙間享受怡然的悠閒，爸爸頑皮的打起水飄兒，一開始，水飄打得並不遠，爸爸靦腆的笑著說退步了，想起他小時候，在鄉野間打水飄的英雄氣概，可是讓村子裡的孩子們豔羨不已的。我想起了洛夫《童話》的打水飄兒，一如憶起童年的父親，「小時候 / 我喜歡用瓦片 / 在水面上 / 打飄飄 /；如今，風摺疊著湖水 / 時間摺疊著臉 / 奮力丟出石子後，跟著飛出去的是一隻——灰色的掌。」爸爸充滿老繭的雙手，是為我打造溫室的梁柱，我不禁伸手牢牢的將它握得緊緊的，彷彿握住幸福。

　　暮色中，我和爸爸手牽著手，享受夏天薰風帶來的最幸福滋味，往家的方向走去。

第八回 給自己的一封信

一、主題：給自己的一封信

二、寫作教學亮點

「給自己的一封信」不是真的要寫一封信，而是要以「自己告訴自己」的方式，達到「自我心靈交流」，讓自己對自己更熟悉，更清楚未來的方向。所以，文章內容的重點是對自己生活的省視和對自我心靈的關照，書信只是表達形式的一種手段罷了。

「給自己的一封信」，雖然可以用任何一種人稱來寫作，但比較起來，還是以第二人稱寫作較適宜。寫作視角確定後，寫作對象定位就要夠清楚，主詞不要忽「我」忽「你」，造成閱讀上的混亂和審題上的缺失。內容可以從生活中取材，針對自己近日的生活或事件，抒發自己的感受。例如四年級學生，轉眼間要升上高年級，成為學校的大哥哥、大姐姐，心情可能既期待又怕受傷害，可以寫一封鼓勵自己的信，為自己打氣。又如六年級學生，即將從國小畢業，要進入國中生活的心情憂喜參半，可以描寫自己近日有可能遭遇的問題，並對自己提出勸告、反思，同時配合具體的事例來做佐證或檢討，以為思考的憑藉。例如身為兒女，自己盡孝了嗎？能體會父母的辛勞與用心嗎？有常惹父母生氣嗎？對朋友師長的態度如何？學業方面又如何？也可以用感恩的心去想想自己所擁有的，寫出自己的心滿意足，寫出對生活的態度與期許。

書信屬於應用文。在我們日常生活中，使用頻率很高，我們經常需要藉著書信傳達思想或訊息，聯絡感情。雖然現在科技發達，電話、手機、電子郵件都取代了書信的若干功能。可是，透過書信中的文字表達出來的情感，是這些高科技電子產品無法取代的。有許多面對面時不好意思開口說的話，許多隱藏在心中的情感，透過書信，才能傳達出我們的心情和想法。

　　寫信時，要注意書信的格式，要特別注意對象，要用親切的語言與對方說話或談心。而這封信的對象是比較特別的，正好是自己，更可以打開心房，把對自己的認識與想法全都說出來。書信的正文是信件最重要的部分，是這封信的靈魂與精髓，就跟一篇文章是一樣的。這封信的正文，除了回顧近日的生活外，更應該著墨在對自己特質的認知，對未來懷抱夢想，勇於追逐。也就是確切掌握題旨後，可以用「住在自己心中的小精靈」的角色，寫信給自己，然後用客觀的角度，娓娓道出生活中可能會改變的地方，該如何努力適應，例如可以由課業的壓力、擇友的重要、親人的相處……加以闡述，反映近日所面臨的狀況；也可以用主觀的方式敘述你的心情，最後以鼓勵開導的言語表現出積極正面的態度做結尾。

三、教材連結（從教材看寫作）

　　「放你單飛」這一課（康軒六年級課文），是一位母親對孩子的叮嚀，課文表現母親捨不得放手，卻又不得不放手的複雜心境。對於成長，每個人都有很多想法，如何邁出腳步、如何實現對自己的期許、如何勇敢追夢，都可以在這篇文章中看到。

　　這篇文章是一封母親寫給孩子的信，「收信人」只有孩子一人，但它又是對外發表的文章，所以內容具有單一的針對性，是一位母親為孩子量身訂做的「期許」。對漸漸長大的孩子，大人總是充滿許多祝福與期盼。而對現在學習壓力不小，每天忙碌的小學生來說，在每天繁雜忙亂的生活中，反思自己的行為與前瞻未來的展望，寫一封信給自己，在書寫中釐清混亂的思緒，也是一種很好的方式。

四、作文基本功練習：書信的格式

　　書信既然屬於應用文，就有它慣用或固定的格式。書信的格式：包含稱謂、正文、祝福語、署名、日期等部分。

1.稱謂

　　寫信和我們與人見面一樣，要先有稱呼跟對方打招呼。它是信的開頭，也是寫信人禮貌的展現，明確點出這封信要寫給誰。稱謂的位置要寫在信紙的第一行頂格處，表示尊敬和禮貌；後面加上冒號，表示下面我有話要說。稱謂後面可寫上問候的話，或是另起一段，空兩格來寫問候的話。例如：

親愛的小雲：你好！

可憐的小雲：

　　最近好嗎？

2.正文

　　正文是信件的主要內容，也是信的中心部分。將自己寫信的目的、想說的話、想傳達的信息、想表達的情感，都在這裡清楚明白的寫出來。如果要寫的事情很多，我們還可以分段來寫。一般來說，重要的寫前面，次要的寫後面；內容重要的詳寫，次要的略寫。如果是回信，則先要把人家問你的事情弄清楚，每件事情最好分開寫，這樣才能眉目清楚，一目了然。

3.祝福語

　　正文寫完後，一般要寫上表示敬意、問候或是祝福的話語作為結尾。寫祝福語的格式也有一定的要求。例如「敬祝」可以接著正文寫，也可以另起一行空兩格寫，但祝福語的內容就一定要另起一行頂格來寫。例如：

……我相信你的身體會越來越健康的。敬祝

身體健康

4.署名、日期

　　署名就是在結尾下一行信的後半行寫上自己的名字。署名的後面，標明寫信的年、月、日，以便知道寫信的時間。

貳·教學實務與設計篇

五、寫作教學思路引導

　　小朋友，看到鳳凰花染紅校園，一串串的阿勃勒像黃花雨從空中飄落下來了嗎？再過幾天，又有一屆畢業生即將踏出校門，展翅飛向更高更遠的國度。你是畢業生，還是即將升上另一年級的小學生呢？你的心中，一定充滿了興奮期待與緊張擔憂吧？你想對自己說些什麼話呢？請以「給自己的一封信」為題，把你所知道的自己和對未來的願景都寫出來吧！

1. 寫作第一步：問候與稱呼

親愛的：＿＿＿＿＿＿（寫上自己的名字或代號）

問候語：＿＿＿＿＿＿（例如：你好！我是住在你心靈深處的小精靈。）

2. 寫作第二步：取材與構思

　　小朋友，要寫一封信給自己，對自己說些悄悄話，你想說些什麼？首先要確定目的──為什麼我要寫信給自己呢？我想跟自己說什麼？是傳達懷念？訴說委屈？還是抒發自己的見解？說出自己的願景與期待？或是對自己的期許、讚美或反省？無論是講一個問題，還是好幾個問題，都要圍繞著中心來說。再多的事情也要分清主從，考慮先講什麼、再講什麼，這樣才能條理清晰。你可以依序回答下列問題，再從問題中找出幾個主題完成一篇文章。

⑴即將邁入新的學期，我覺得長大的滋味像＿＿＿＿＿＿＿，我的心情＿＿＿＿＿＿＿，原因：＿＿＿＿＿＿＿＿＿＿＿＿＿＿＿＿＿

⑵我的個性＿＿＿＿＿＿＿，舉例：＿＿＿＿＿＿＿＿＿＿＿＿＿

⑶我對自己滿意的表現是：＿＿＿＿＿＿＿＿＿＿＿＿＿＿＿＿

　　舉例：＿＿＿＿＿＿＿＿＿＿＿＿＿＿＿＿＿＿＿＿＿＿＿＿

　　該如何保持或更進步：＿＿＿＿＿＿＿＿＿＿＿＿＿＿＿＿＿

⑷我該改進的地方是：＿＿＿＿＿＿＿＿＿＿＿＿＿＿＿＿＿＿＿

　　舉例：＿＿＿＿＿＿＿＿＿＿＿＿＿＿＿＿＿＿＿＿＿＿＿＿＿

　　該如何改變：＿＿＿＿＿＿＿＿＿＿＿＿＿＿＿＿＿＿＿＿＿＿

⑸我對未來的擔憂或害怕是什麼？該如何適應？

⑹我對未來的期許或夢想是什麼？該如何追夢？

⑺我的心情怎麼樣？（有哪些名言佳句或歌曲可以傳達）

⑻我想跟自己說的話。（祝福或建議）

⑼結尾：（祝福語和署名）＿＿＿＿＿＿＿＿＿＿＿＿＿＿＿＿

3. 寫作第三步：擬定寫作大綱

參考上方的材料，選取你最有把握最有想法的內容，擬定寫作大綱，並依照大綱完成整篇作文。

「給自己的一封信」寫作大綱	
第一段	稱謂與問候	
第二段	對自己滿意的地方	
第三段	自己需改進的地方	
第四段	對未來的想法（心情、作法、感覺）	
第五段	祝福語和署名	

六、寫作小偏方

寫作小提醒

寫信，要注意對象，要用親切的語言與對方說話或談心。「寫給自己的一封信」是寫給自己的，是自己與自己的心靈對話，所以「掌握住對象」，是寫好這篇文章的首要之處。但寫給自己只是其中一個寫信對象，日常生活中，我們也經常會寫信別人。

想一想：你想對什麼對象說話呢？他可以是你周遭的親人，也可以是你遠方的朋友，當然，更可以是你的寵物、你鍾愛的玩具、古代的文學家……等等。例如名作家簡媜就曾寫過：「給孔子的一封信」，把一些複雜的教育問題和社會現象提出來請教孔子。雖然明知這是一封寄不出的信，可是透過信裡文字對孔子的告狀，點明了現在孩子學習的諸多問題。又如前幾年全國

語文競賽小學生組的作文題目就是：「給玩具的一封信」。第一名的作品內容是將心愛的玩具送給表哥，陪伴表哥埋入深深的地底下，透過書信傳達對表哥逝去的不捨與思念。所以，書信表達的內容是非常廣泛而多元的。寫信前，仔細想一想：你想對收信的對象傳達什麼訊息？你想要告訴他什麼呢？

教學小寶庫

　　小寶庫裡提供一些成語俗諺或是名言佳句供寫作參考，你可以讀一讀，引用名言佳句，或是自己上網搜尋喔！

★大惑不解、心悅誠服、躊躇滿志、人云亦云、切磋琢磨、青出於藍、淋漓盡致。

★學而不思則罔，思而不學則殆。（論語）

★我思故我在。（笛卡兒）

★心若改變，你的態度跟著改變；態度改變，你的習慣跟著改變；習慣改變，你的性格跟著改變；性格改變，你的人生跟著改變。（美　馬斯洛）

★改變態度，就能改變一生。（美　威廉‧詹姆士）

★人生是花，而愛便是花的蜜。（法　雨果）

★人生惜福，才能幸福。（證嚴法師）

★真正的富裕，源自對自然的珍惜，對生活的知足，對美感的支持。

★我是旅行者，也是航海員，我每天在自己的靈魂中，發現新的天國。（紀伯倫）

七、寫作大觀園～佳作欣賞

給自己的一封信

新北市修德國小　葉惠昀

親愛的惠昀：妳好！

　　時光飛逝，轉眼間，妳即將畢業，朝向人生另一個里程碑邁進。回顧

小學六年的學習歷程，心中想必百感交集吧？離開過往熟悉的校園，揮別團結合作的班級，告別同甘共苦的同學，是多麼令人不捨的一件事啊！此刻妳的心情，就有如品嚐一顆青澀的檸檬般，好酸啊！

在小學生涯的六年裡，妳在音樂方面的表現一直十分突出，也表現得格外有自信。對於每一堂音樂課，每一首老師教授的曲子，妳總會秉持著一股強烈的企圖心，努力將它融會貫通。此外，妳對吹奏笛子情有獨鍾，每當聽到悅耳的笛聲傳來，妳總會技癢，忍不住想大顯身手。即使偶爾遇到瓶頸，妳還是會賣力的練習，絕不放棄。也由於持續的堅持與付出，使得妳的吹奏技巧一天比一天更進步，甚至得到了許多同學的讚美以及老師的肯定及讚賞。

不過，每個人除了擁有自己的專長特色之外，免不了也有需要改進的地方。就我的長期觀察，妳是個對自己缺乏自信的人，為了怕做錯事情，總是不敢嘗試新鮮的事物，因此錯失了許多寶貴的經驗與有趣的體驗。雖然在小學階段裡，妳並沒有表現得十分出色耀眼，但只要跨出那道自我設限的高牆，找到自己的亮點，訓練自己的膽量，相信未來的妳，一定可以比現在更進步的。

即將升上國中，雖然心中有所不捨，但妳也不禁好奇未來的生活，究竟會有什麼樣的改變？相信課業會更加繁重，所要面對的事也會越來越多。期許妳在新的階段，能將小學所學到的事物，好好應用在國中上，並且能夠發揮專長，實現自己的夢想。祝：

學業進步

身體健康

愛妳的分身手書　103.5.20

貳·教學實務與設計篇

第九回　臺灣最美的景點

一、主題：臺灣最美的景點

二、寫作教學亮點

臺灣，又稱「福爾摩沙」，即是「美麗之島」之意。臺灣是我們的家鄉，更是一座美麗的寶島，氣候溫和，地形多元，物產富饒，有各種新鮮美味的水果和美食，每年吸引很多國內外遊客，到各個名勝景點觀光旅遊。

臺灣的美，有各種面貌：太魯閣的雄壯陡峻，野柳的海蝕奇觀，阿里山的高聳神木和日出雲海秀，馬告國家公園的神木群和雲嵐繚繞，墾丁、福隆的熱情沙灘，鹿港、三峽的老街巡禮，安平古堡、府城的文化風味，故宮裡千百年的國寶……都是令人流連忘返，一再回味無窮的景點。

「臺灣最美的景點」這篇文章，要注意「最」這個字。「最」，只能有一個，所以通篇只能找一個景點來寫；而且，這景點必須在臺灣，不能是出國所欣賞到的美景。臺灣，有高山大海的絕美景致，也有熱情好客的溫暖人情。所以，取材時可以思考一下，整篇文章是寫「景」，還是情景交融寫到「人」，也可以從描寫景點到和人的互動，烘托出景美人更美的意涵。

「臺灣最美的景點」可以選擇以記敘的方式介紹這個景點，說明此地的特殊文化與風情，但是，如此一來就和敘事的遊記寫法相去不遠，無法突顯這篇文章的特色。如果在描寫自然景點時，輔以多角度的描寫，例如以時間來書寫：季節轉換變化之美，晨昏陰暗幽明轉至明亮通透之美，讓文章更有生命力；也可以從空間的不同角度：由遠而近、從上到下、由低到高、從整體到部分來描寫景點；亦可由觀察者立足點的角度：仰視、俯瞰、平視、側視等進行觀察，來突顯出這個地方的獨特之美（民俗風情特色）。

若是以文化古蹟為書寫對象，則可以運用說明的表述方式來寫，將這景點的資料蒐集完整，好好的閱讀、理解之後，介紹屬於這個地方的歷史或口耳相傳的事情，讓讀者不僅能深入認識這個地方，更引發讀者的好奇，想一探究竟。這種導覽式的表現手法，或許會是表達這個題目比較獨特的方式。

　　這篇描寫景點的文章，要寫得吸引動人，不僅要有細膩的觀察，還要有豐富的聯想力，適當的為景物說說話，讓文章更生動，所以可以結合譬喻、擬人、摹寫來進行寫作。寫作時，可以按照時間的順序來介紹景點，也就是按照景點的發展和演變的先後來安排順序，這種方式，比較適合有歷史文化或傳承的「古蹟」景點；也可以依空間解說，也就是按照方位、遠近、結構來安排順序，這種方式，比較適合描寫自然山水類的景點。

三、教材連結（從教材看寫作）

　　「東海岸鐵路」（康軒六上課文）是一篇寫景的記敘文，文中敘述作者從臺北搭火車到花蓮，一路經過了許多山中小鎮、濱海小城，從繁華大都會進入絕美的山水之間，秀麗的小城徜徉在大自然之間，透過顏色變化與光影的描寫，讓文章呈現一種幽雅美麗的筆調。

　　作者一開始便點出她認為「從臺北到蘇澳的宜蘭線，以及延續到花蓮的北迴線，是我見過最美麗的鐵道風光。」文章跟著這主題句開始拓展，依照地理位置介紹：從火車告別密密麻麻的城市樓房，進入東北角與世隔絕似的小車站，接著穿越山區，和溪谷間悠閒的自然風光相遇，穿過隧道後熱情的大海撞上眼簾，蔚藍的海洋在眼前跳躍。特殊的依山傍海景致一路蜿蜒迤邐，伴隨作者抵達花蓮。

　　這篇文章除了有記敘的技巧外，也具體細微的描寫所見所聞，運用城市與鄉村之間的反差，烘托出東海岸鐵路這一段寧靜小城的美。文中除了靈動的文字外，還有細緻的觀察，豐富的想像，作者心情的寄託，才可以讓這個景點的美麗更靈活的展現出來，躍然紙上。

四、作文基本功練習：寫景的方法

　　寫景，就是用語言文字把所看到的、聽到的和接觸到的各種自然景物具體、生動的描繪出來，以此來烘托環境氣氛，突出文章的中心或襯托人物的

心情，抒發作者的思想感情。一般可以把握住的寫作技巧有：

1. 抓住景物的特徵，仔細觀察

觀察和感受景物需要發動各種感覺器官。從不同感覺、有動有靜的寫景，才能讓人感覺身歷其境。例如蘇軾：「橫看成嶺側成峰，遠近高低各不同。」就寫出了從不同角度看到的廬山樣貌。

2. 把握寫景順序，寫出層次

我們描寫景物時，可以由高到低，由遠到近，由整體到局部，由物到人，由動到靜等。總之，把握住寫景的順序，描寫出的景物才能層次分明，清晰自然。描寫景物的順序通常有兩種：第一是時間順序，比如寫一棵樹，我們可以按春、夏、秋、冬的時間順序，寫出它在各個季節是什麼樣子的；還有一種是空間順序，例如我們描寫一座山峰，就可以寫遠處看它是什麼樣子，近處看它是什麼樣子，或者從上看是什麼樣子，從下看是什麼樣子等。

3. 展開合理的想像

在對景物進行仔細觀察的基礎上，張開想像的翅膀，根據所見所感展開合理的想像，再把景物的狀態、顏色、聲音、氣味描寫出來，給人留下深刻的印象。例如寫山，可以加上想像力，感覺「綿延起伏的山，溫柔可親。」「一隻翠鳥站在樹枝上歡快的唱歌。」或運用顏色的描寫，使景物內容更加豐富，讓文章更生動。

4. 注意情景交融

寫景的目的，不應為寫景而寫景，重要的是反映作者的思想感情。只有這樣，才能為文章注入活力，才能寫出生動形象的文章。例如《東海岸鐵路》這篇文章，字裡行間處處流露出作者的一股讚美之情。郝譽翔正是憑藉這真摯的感情，讓文章生動美麗起來。

五、寫作教學思路引導

　　小朋友，你「閱讀」過一些臺灣的景點吧？不管是親自去過，或是影片上、書籍裡記載的，它們想必都帶給你不同的感受，讓你體驗到不同風貌的美吧！生長在臺灣的你，最喜歡我們寶島的哪個景點呢？它有哪些特色吸引著你？

　　美麗的風景，透過文字的記錄，能更深刻保存在你的記憶裡，成為美好的畫面。你可以翻閱家庭旅遊的照片，回顧印象深刻的景觀，以及當時旅遊的心情；也可以搜尋記憶裡看過、讀過的臺灣美景，把那些讓你陶醉的畫面和感動的心情描寫下來，以「臺灣最美的景點」為題，寫下你心中最美的臺灣景點。

1. 寫作第一步：選定景點

　　臺灣美景多到不可勝數，但題目是「臺灣『最』美麗的景點」，所以只能寫一處「我」覺得最美麗的地方；而且，這景點一定必須是在「臺灣」，才不會離題。選擇時，可能有多個景點在你腦海浮現，但因為要深入的描寫它，所以必須選擇一處你覺得最美，而且最有印象，能深入描寫的景點成為你的主題。

　　我覺得臺灣最美麗的景點是：＿＿＿＿＿＿＿＿＿＿＿＿＿＿＿＿

2. 寫作第二步：取材與構思

　　「最美麗的景點」就是要敘述、描寫或說明「我」覺得這地方哪裡很「美」？為什麼我覺得它是「最美」？獨特之處在哪裡？是美在自然山水？還是美在歷史人文？有什麼特殊的景致、地理景觀變化吸引人？還是有什麼特別的歷史或文化？你可以依序述說以下幾點：（下方第二小題之後的題目是幫助思考用的，所以題目很多元，有各種面向；小朋友在下筆寫文章之前，只要選擇當中的 3 ～ 5 個題目來進行深度描寫就可以了。）

貳·教學實務與設計篇

(1)你可以利用聯想完成下列表格，把想到跟選定景點有關美好的部分全
都寫下來。例如：

通梁村老榕樹 （共計擁有 95 根氣根的老榕）	天人菊 （強韌生命力、澎湖精神）	玄武岩 （世界級美景，保存完整地質景觀）
海洋、珊瑚礁	景點之美 （澎湖）	雙心石滬 （先民智慧的展現，浪漫的代表）
跨海大橋的夕陽 快快樂樂的回家	親切、和善的笑容	黃金貝殼沙海岸

「我」的景點之美：

	景點之美 （　　　　　）	

(2)景點的地理位置在哪裡？旁邊是什麼樣的環境？

(3)當「我」拜訪這個景點時，是在哪個季節？當時是怎樣的氣候？

(4)景點美好的地方在哪裡？它的特色是什麼？可以結合五種感官書寫。

景色 1：＿＿＿＿＿＿＿＿＿＿＿＿＿＿＿＿＿＿＿＿＿

景色 2：＿＿＿＿＿＿＿＿＿＿＿＿＿＿＿＿＿＿＿＿＿

景色 3：＿＿＿＿＿＿＿＿＿＿＿＿＿＿＿＿＿＿＿＿＿

(5)上方的景色裡，有沒有哪一個具有什麼特別的歷史背景或傳說呢？文
獻上是怎麼記載的？

(6)上方的景色裡，有沒有哪一個具有與眾不同的文化習慣、風土民情或
景觀特色？

⑺上方的景色裡，以空間來看：那些景色遠遠的（整體）看像什麼？近看（局部）又像什麼？（小提醒：這裡可以依照景色的觀察順序，運用不同的方式來寫，例如由遠而近、由上到下、從低到高……最重要是加上自己的聯想和心情，可以結合譬喻和擬人來寫景色。）

⑻上方的景色裡，以時間來看：那些景色在四季中有什麼不同的風景？早上和黃昏的景致相同嗎？有怎樣的不同？（小提醒：這裡可以依照景色的時間變化，加上顏色和形容詞的描寫，結合五種感官的摹寫，結合譬喻和擬人來寫景色，最重要是加上自己的心情和感受。）

⑼在不同感官（視覺、聽覺、嗅覺、味覺、觸覺）的體驗下，這些景色展現出哪些特色？帶給你哪些感覺呢？那邊的人們，是否也是一道美麗的風景？

⑽「我」想要對景點說些什麼話？

3. 寫作第三步：擬定寫作大綱

參考上方的材料，選取你最有把握最有想法的內容，擬定寫作大綱，並依照大綱完成整篇作文。

「臺灣最美的景點」寫作大綱		
第一段	開頭	
第二段	景點美景描寫 1	
第三段	景點美景描寫 2	
第四段	景點美景描寫 3	
第五段	我的感受（我想說）	

六、寫作小偏方

寫作小提醒

寫景點的文章，要能生動亮眼，除了仔細觀察，加入具體詳細的描寫之外，還要加上聯想，讓景點的美麗彷如眼前。這時可以運用譬喻法、擬人法

及摹寫讓文章變生動、變漂亮。當然，顏色的巧妙運用，更是讓景點美麗的化妝師。例如：

> 春天，湖水像天空般碧藍，陽光照在湖面上，金光閃爍。秋天，湖邊鋪滿了白茫茫的蘆葦叢，晚霞映紅了湖面。

用「碧藍、金光、白茫茫、映紅」，以顏色具體的寫出湖邊的景色。

又如：

> 日出的「燈光秀」終於上場了！先是灰雲轉換成紫雲，紫雲又轉換成紅雲，紅雲逐漸變成橘色的雲，橘雲逐漸閃耀著金光。就在這金光閃閃的浮雲背後，忽然跳出一顆熊熊的火球，一下子金光四射。「哇！」我們等待的太陽終於出來啦！

詳細描寫雲彩變化的顏色，從「灰雲、紫雲、紅雲、橘雲、金光」，以顏色寫出雲層的變化之美。

另外，結合譬喻或擬人，讓文章更生動更漂亮，例如：

> 雨停止哭泣了，天空中的雲不再害羞，他像個快樂自在的小孩跳出來，給大地披上一條圍巾，喜悅的在峽谷間穿梭著。草地上來了一隻剛長滿翅膀的翠鳥，他一會兒跳，一會兒跟小花小草絮絮低語……

又例如：展開聯想和想像，把大山想像成像老人、像巨象、像駱駝，奇峰羅列，形態萬千，豐富的想像力，讓文章「亮」起來。

寫作小寶庫

小寶庫裡提供一些成語俗諺或是名言佳句供寫作參考，你可以讀一讀，引用名言佳句，或是自己上網搜尋喔！

★崇山峻嶺、碧海青天、阡陌縱橫、蔚為奇觀、一望無垠、層巒疊嶂、雲霧繚繞。

關於山景：

★仰首望上去，湛藍的天空下，陽光燦爛做著背景，勾勒出高山那懸崖峭壁奇石怪疊的身架。

★重重疊疊的高山，看不見一個村莊，看不見一塊稻田，這些山就像一些喝醉了酒的老翁，一個靠著一個，沉睡著不知幾千萬年。

★再沒有比春雨洗浴後的青山更迷人了，整個山坡，都是蒼翠欲滴的濃綠，沒來得散盡的霧氣像淡雅絲綢，一縷縷的纏在它的腰間，陽光把每片葉子上的雨滴，都變成了五彩的珍珠。

★這堵石壁似摩天大廈仰面壓來，高得像就要坍塌下來咄咄逼人。山巔上，密匝匝的樹林好像扣在絕壁上的一頂巨大的黑毯帽，黑綠叢中，岩壁裡蹦竄出一簇簇不知名的野花。

關於季節變化：

★田野裡，美在那裡跳舞！春天，田裡禾苗綠油油。那翠綠的顏色，明亮的照耀著我們的眼睛，似乎每一片葉子上都有一個綠精靈在跳舞。轉眼秋天了，田野裡一片金黃，一陣微風吹來，層層梯田翻金浪，沉甸甸的稻穗搖擺著身軀，彷彿一個個黃精靈在舞蹈。

七、寫作大觀園～佳作欣賞

臺灣最美的景點

臺北市東門國小 林芸安

我覺得臺灣最美麗的景點是花蓮，花蓮位於臺灣的東邊，西邊有高聳直立的中央山脈，東邊則有廣闊的太平洋，是個有山有水又有人情味的好地方。

在花蓮東邊的七星潭是觀賞日出的最佳地點。在那裡，可以看見火紅的太陽慢慢從太平洋冒出來，它就像一位笑容燦爛的小女孩，散發著無比的生命力與希望，又像一顆被拋到空中的圓球，美而短暫。在雲朵的襯托

之下，火紅的太陽顯得更有活力，也因為有那隨風飄逸的雲朵，為太陽增添了一點神祕感。

　　位於花蓮北邊的太魯閣是世界級的觀光景點，那裡有冰涼的溪水、壯觀的峽谷和陡峭的斷崖，砂卡礑步道和白楊步道剛好一應俱全。走在砂卡礑步道上，你可以從斷崖上俯瞰峽谷，或者跳到溪谷中閉上眼睛，聆聽溪水美妙的歌聲；而在白楊步道，你可以體會到走在斷崖邊緣，那種隨時有可能掉入峽谷的危機感。走到終點，水濂洞就會出現在你眼前，那是個會讓你的腳凍得抽筋的地方，裡面有綿延不斷的巨大瀑布和遊客們興奮的尖叫聲。從水濂洞出來的人，有如經歷一場淋浴，這裡也是個訓練膽量的好地方。

　　花蓮的賞鯨活動也很有趣，導覽員會帶你搭乘賞鯨船行駛到太平洋上尋找鯨豚。航行中，我們很幸運的遇到飛旋海豚，牠們是一種喜歡熱鬧的動物，經常主動接近遊客，而名字前面之所以會加上「飛旋」這個詞，是因為牠們會像芭蕾舞者一樣在空中盡情的轉圈，最多可以一次轉七圈半呢！

　　花蓮的人也是一道美景，因為他們既樸實又善良，把從其他地方來的客人當做自己的家人般細心招待，讓人有種回到家鄉的親切感。

　　謝謝花蓮帶給我美好的渡假體驗，我一定還會再度光臨的！

第十回　把握時間

一、主題：把握時間

二、寫作教學亮點

　　「把握時間」這個題目，題眼是「把握」，所以，為何要把握？如何把握？是本篇文章要發揮的重心。世間最寶貴的是時間，而最無情、最公平的也是時間：無情的是它一去不復返，生命之河始終不停的流淌著，永不止息，也從不等待；公平的是它一視同仁，不管老少年幼，不管貧富貴賤，大家擁有的時間都一樣，一天只有二十四小時，沒有人能有絲毫的特權。

　　莎士比亞說：「時間的腳步，不會因為我們有許多事情要做，而稍作停留。」越早懂得把握珍貴的時間，對我們的一生越有益。我們應該好好把握時間，畢竟時間匆匆流逝，「一寸光陰一寸金、寸金難買寸光陰」，如果沒有把握時間，人生就少了色彩，也少了精采。

　　「把握時間」這篇文章，從題目中已經明確點明時間是需要把握的，所以論點非常清楚。文章要表現出亮點，就要說出把握時間的重要性，它的利弊得失是什麼？還要論述如何把握時間？方法是什麼？例如：利用各種「等」的時間（坐車、下課……），可以做一些小事情。當然，配合內容舉出事例印證是必要的，這樣才能讓論述有說服力。舉的事例可以有正例（善用時間、把握時間而成功的例子），例如大禹治水，一寸光陰都不肯浪費；大將軍陶侃連一分時間都拿來鍛鍊身體；歐陽脩的三上「枕上、廁上、馬上」是善於利用零碎時間的典範；富蘭克林為自己設計了一套時間財務制度，以檢查自己有沒有珍惜或浪費時間；魯迅不管多麼忙碌奔波，總還是會擠出時間來讀書、寫作……若能舉出反例，因為蹉跎光陰而失敗或得不償失的例證，那就更能相互映照了。

　　文章的篇末可以用總結法為文章做下最後的結語，以簡短的語言畫龍點睛；也可以使用引用法勉勵自己，讓自己對未來有展望與期許；當然也可以用感想法寫出自己的體悟與感受，讓文章有個強而有力的結束。

三、教材連結（從教材看寫作）

「做時間的主人」（康軒六上課文）這一課清楚明確的告訴讀者：時間是生命，要妥善運用。首段提出論點：以時間計算的方式，寫出時間珍貴，要懂得利用。接著提出兩個論據：以嚴長壽懂得事先規劃，靈活運用時間的例子來說明要提早做計畫；歐陽脩利用「三上」的零碎時間寫文章，日後有另一番成就的成功例子，說明要善用零碎時間；最後並以若能妥善管理時間，生命會更充實，更有意義作為結尾。

這篇文章屬於議論文，第一段提出論點，第二、三段提出論據，第四段加以分析推論，第五段做總結。在形式上，這樣的寫作模式可以提供學生習寫議論文的參考。在內容上，每個人的一天都只有二十四小時，有些人懂得利用時間，因而有所成就，讓生活更臻美好；懂得充分掌握並善用時間的人，才能讓自己的生活更充實，生活更有意義。藉由這一課的教學，讓孩子反思自己在時間上的運用，是否還有改進的空間？讓孩子透過閱讀、寫作，學習規劃自己的時間和作息，懂得把握時間，善用時間，讓生活過得充實愉快，真正成為時間的主人，而不是被時間追著跑，成為時間的奴隸。

四、作文基本功練習：文章開頭

文章要結構完整，有頭有尾。好的開頭可以引人入勝，讓人想迫不及待往下閱讀下去。好的開頭應該落筆就要點題，緊扣文章的中心思想。開頭是全文的起點，就好像要跑一百公尺競賽的起跑一樣，關係到整篇文章的展開與成敗。萬事起頭難，開頭的第一句話是最困難的。「把握時間」屬於議論型的題目，而議論的目的就是要以理服人，以下幾種方式是適合這個題目的開頭。

破題法 一開始就點明題目的中心意旨，直截了當觸及文章的核心，為後繼的反覆辯證鋪路。例如：

> 善用時間的人才能成為時間的主宰者，把握時間的人將會有充實飽滿的人生。我們唯有好好的利用時間，把握時間，才可以成為時間的小主人。

比喻法 把主題比喻成其他東西或景象，作為開端。尤其遇到難以理解的題目時，利用和主題有共同特點的人、事、物來比喻題旨，就能使題目變得淺顯易懂。例如：

> 時間就是金錢，懂得珍惜時間的人便是生命中的富人，他可以把握每一刻，成為生命中的大贏家。

引言法 引用名言、俗語，或大家公認的道理，作為自己論述的依據，以提高說服力。例如：

> 俗話說：「當你每天醒來，口袋裡便裝著二十四小時的時間，這是屬於你最寶貴的財產。」一天二十四小時，是上帝賜予我們最公平的禮物，你要選擇善用，還是任其流失在時間的河流裡，端看你如何選擇。

五、寫作教學思路引導

小朋友，時間是我們爬往成功的梯子，它是非常珍貴的。歐陽脩惜時如金，終成為一代大師；德國著名的詩人、小說家歌德也曾說：「時間是我的財產，我的田地是時間。」如果你的田地是時間，你要如何把握、善用時間，運用時間來耕耘你的生命花園呢？請以「把握時間」為題，並以自己和別人為例，寫出「把握時間」的重要。

1. 寫作第一步：確立論點～時間是需要把握的。

文章一開頭，你可以決定立即點出全文的重心——時間是需要把握的。你可以寫出時間需要把握的原因和理由，找出一句有關時間的名言佳句佐證你的論點，利用右邊的方式層層推論出論點。

1.名言佳句開頭。
2.懂得把握時間會？
3.相反的，若沒把握時間會？
4.所以，我們要把握時間。

2. 寫作第二步：取材與構思

寫這篇文章可以善用演繹法與歸納法，讓文章合情合理。你可以先說明時間的珍貴，所以需要把握和善用，再列舉一些例子或理由來驗證；或者把一些例子、理由歸納起來，建構出「把握時間」是很重要的。你可以依序述說以下幾點（下方的題目是幫助思考用的，所以題目很多元，有各種面向；小朋友在下筆寫文章之前，只要選擇當中的 3 ～ 5 個題目來進行深度描寫就可以了。）：

(1)提出見解：時間像什麼？

(2)時間為何很珍貴？為何要把握？（可引用名言佳句強化說服力）

(3)說明自己對時間運用所抱持的態度。

(4)一個角度，兩個支持：有哪些例子或理由可以支持把握時間能得到好結果？論述時須提出兩個以上的理由或例子佐證，這樣才有說服力。

(5)用幾句話為上面的例子作總結。（說明把握時間會對人生造成什麼樣的影響？）

(6)舉例說明不能善用時間所得到的壞結果，並用幾句話作總結。

(7)提出作法：你會如何把握時間、善用時間呢？（可以利用吃飯前的零碎時間來寫功課，可以在等車的時候看書，可以在下課時間做筆記，也可以擬一張日程表，好好的規劃想做和應該做的事情。）

(8)統整你的看法和想法，再次重申把握時間的重要性或影響，提出強而有力，使人信服的結尾。（總結）

3. 寫作第三步：擬定寫作大綱

確定你的主題後，參考下方的寫作小偏方，擬定寫作大綱，並依照大綱完成整篇的寫作。

段落	大綱	內容	文章結構
一	開頭		提出問題
二	論據 1：舉例		分析問題
三	論據 2：舉例		
四	作法		解決問題
五	結論		

六、寫作小偏方

寫作小提醒

　　議論文的寫作，開頭、結尾若能相互關照扣題，會讓文氣更順暢，讀起來更具說服力。這篇「把握時間」的結尾，可以用總結法、感想法、勉勵法、引用法做結。

　　所謂「總結法」就是文章結束時，把全篇的意思歸納出一個綜合結論；或是點出全文的主旨，再作一次有力的強調，通常會用到「總之」、「所以」、「由以上看來」……等詞語作結尾。

　　「感想法」則是針對題目的主旨，寫出心中的思想、情感或意願，通常與「希望法」並用，先寫感想，接著寫期望，效果比單用一種方法來得好。

　　「勉勵法」是針對題意和全文中心思想，運用鼓勵的語句，來勉勵自己或激勵他人，作為全文的總結。至於「引用法」，則是一如開頭的引述名言佳句，引用和題旨相關的成語、俗語、格言、名句或古今中外著名人物所講的話，來強調主題，總結全文的寫法。

寫作小寶庫

　　小寶庫裡提供一些成語俗諺或是名言佳句供寫作參考，你可以讀一讀，引用名言佳句，或是自己上網搜尋喔！

★人生幾何、及時努力、白駒過隙。

★少壯不努力，老大徒傷悲。

★一個今天值兩個明天。（富蘭克林）

★荒廢時間等於荒廢生命。（川端康成）

★拋棄時間的人，時間也拋棄他。（莎士比亞）

★在時間的大鐘上，只有兩個字——現在。（莎士比亞）

★盛年不重來，一日難再晨，及時當勉勵，歲月不待人。（陶淵明）

★時間就是生命，時間就是速度，時間就是力量。（郭沫若）

★時間是由分秒積成的，善於利用零星時間的人，才會做出更大的成績來。
（華羅庚）

★時間就像海綿裡的水，只要願擠，總還是有的。（魯迅）

★時間的腳步，不會因為我們有許多事情要做，而稍作停留。（莎士比亞）

★勸君莫惜金縷衣，勸君惜取少年時；花開堪折直須折，莫待無花空折枝。
（金縷衣）

七、寫作大觀園～佳作欣賞

把握時間

新北市修德國小　羅文听

　　古人有云：「一寸光陰一寸金，寸金難買寸光陰。」由此可見，時間是十分珍貴的，即使家財萬貫也買不起逝去的光陰。時間總在不知不覺中悄悄流逝，它是不會等人的，猶如高速火車般一去不復返。因此，我們更應該「把握時間」，進而「善用時間」，讓它成為我們的助力。

　　白衣天使南丁格爾在克里米亞戰爭中，不浪費一分一秒，拯救了許多面臨死亡關頭的病患。克里米亞戰爭期間，衛生環境不佳，許多傷患的病情因而每況愈下，幸好南丁格爾在最短的時間內，將人民的捐款用於改善衛生環境，搭建了烹飪處以及洗衣室，提升了傷患休養環境的品質。就連夜深人靜的時刻，她也不放過，親自巡視病房、照顧病患。南丁格爾這種把握時間，提高工作效率的方法，不但提升了戰爭中傷患的痊癒率，還讓她成為舉世聞名的白衣天使。「分秒不空過，步步踏實做」，南丁格爾與時間賽跑，爭取時間讓病患獲得妥善治療，造福傷患也造福世界，真是善用時間的最佳典範。

　　有一則寓言故事，內容大概是這樣：在一個村莊中有一對兄弟，大哥以浪費財富聞名，二哥以浪費時間出名。某天，二哥罵大哥是敗家子，大哥則罵二哥是短命鬼，他倆便吵了起來。這時有位白髮老人出來勸架，他

對二哥說：「浪費時間就是浪費生命，因此你哥哥罵你是短命鬼，並沒有錯啊！」大哥一聽，露出勝利的笑容，但老翁卻回頭對他說：「浪費財富比浪費時間還要嚴重，因為浪費財富等於把人們用生命創造起來的財富給銷毀。」從此，他們兩兄弟再也不敢浪費了！因為時間溜走，便無法回頭，生命也無法再來一次，因此浪費時間等於是在浪費生命。時間催促我們不斷的往前走，因此更該把握當下，好好善用分分秒秒，才能創造更多的可能。「會善用時間的人，時間如鑽石；不會善用時間的人，時間如泥土。」因此，我們應該要當時間如鑽石般把握，而非當它如泥土般揮霍。

明代詩人文嘉曾說：「明日復明日，明日何其多。我生待明日，萬事成蹉跎。」如果事事物物都等「明天」來處理，日子就在蹉跎中度過了。由此可知，我們應該把握時間，今日事今日畢。從現在開始，就讓我們一同來做個能夠把握時間、善用時間的人吧！

第十一回 ╱ 我最難忘的一首歌

一、主題：我最難忘的一首歌

二、寫作教學亮點

　　富有音樂性和節奏韻律的歌曲，伴隨很多人度過不同階段的成長歲月。高興的時候哼歌，傷心的時候唱歌，憤怒的時候 K 歌，平靜的時候聽歌……不管是小時候的兒歌，還是氣勢磅礴的古典音樂，或是現今朗朗上口的流行歌曲，都曾陪伴我們的生命。尤其許多膾炙人口的歌曲，有意境的歌詞文字加上音樂和節奏，更能勾動心弦，讓人產生共鳴！

　　「我最難忘的一首歌」，重點在「最」這個字。「最……」的題目，通篇只能選擇一個來發揮。所以，難忘的歌曲可以有很多首、很多種類，但「最」難忘的歌曲，全篇只能選擇一首來寫。而題眼是「難忘」，會令人「難忘」，一定有經歷過一些時間的淬鍊，不會是昨日才聽到的。能讓「我」難忘，這首歌一定與「我」有特別的故事，特別勾動「我」心靈的地方。或許是歌詞令人心動，或許是旋律教人嚮往，或許是在某個情境下與它相遇，正值得紀念當時的事件……總之，能令人「難忘」，一定會有深刻的原因和理由。

　　歌，包含歌詞和樂曲，反映出作者豐富的情感與創作。每個人都有難忘的歌，當然難忘的種類和原因各自不同。有人偏愛民歌，民歌不僅韻律節奏充滿音樂性，濃郁綿長的情感透過含蓄象徵的文字點到為止，吟唱之間更覺雋永，教人想一唱再唱。有人鍾愛流行歌曲，因為歌詞貼近生活有現代感，道出平常壓抑的心聲。有人偏愛兒歌，天真可愛的歌詞與節奏，發揮活潑細膩的想像力，能將童真的歡樂表達出來。

　　「我最難忘的一首歌」要讓文章表現出亮點，首先要把這首歌與「我」的連結寫清楚。浩瀚曲目中，「我」為什麼獨獨對這一首歌難忘？它一定和「我」有特別的連結。所以，要將「我」難忘這首歌的原因寫下來：是歌詞文字打動我，觸發到內心的感情與思想？還是音樂旋律讓我難忘？抑或是

我和這首歌有了哪些深刻的互動或關聯？這首歌陪伴我走過哪些難忘的時光……

　　除了寫出難忘的原因之外，也可以寫下什麼時刻「我」最愛哼唱它或聆聽它？還要細細描寫這首歌帶給「我」的感動與想法，它如何震撼「我」的心靈？如何影響「我」的思考？「我」在何時、何地、遇到什麼事情，腦海裡便會有這首歌迸現？所以，抒發你難忘這首歌的原因，你和這首歌之間的情感，才能展現這篇文章的亮點。

三、教材連結（從教材看寫作）

　　「看戲」（康軒五下課文）介紹了作者一家人都喜愛看戲，第一段第一句就直接點題。令人意外的是，獨獨作者不愛看戲，引人好奇，這也為下面的文章埋下伏筆。文章接下來分段敘述一家人各自喜愛不同的戲：爺爺喜歡京劇，奶奶喜歡歌仔戲，爸爸喜愛布袋戲，媽媽喜愛連續劇，而「我」後來鍾愛卡通影片。文章總結時修正了第一段話：全家人都愛看戲，連「我」也不例外。

　　文章在各段介紹家人各自喜愛的戲時，寫出喜愛的原因，也對不同的戲做出了不同的介紹，突顯不同戲劇的特色。文中更把為何喜愛這種戲的原因，以及從戲劇中獲得的啟發寫出來。簡單的文字，讓戲劇與每個人的生命有了重要的交會。以這樣的寫作形式（總—分—總）為基底，可以提供學生學習寫作的階梯。寫作內容對戲劇的介紹與取材，也可以成為學生練習寫作時的構思參考。

四、作文基本功練習：花瓣聯想圖

　　「花瓣聯想圖」屬於向外發散的思考模式，和聯想心智圖類似，用來做事物聯想的腦力激盪；也就是說，針對題目做天馬行空的聯想，只要是覺得與題目內容有關係的各種事件，都可以隨手記錄下來，這可以幫助取材和構思。例如：

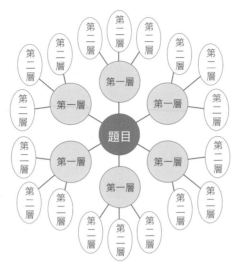

參考自《神奇的小花圖作文法》，作者：周恬宇。

第一層 第一層「放射狀花瓣」聯想很簡單，只要針對「題目」做發散式的聯想即可。這是最好發揮的一層，也是文章取材廣度的基礎。放射狀聯想不需要任何條件限制，也沒有任何規定要求，只要你覺得跟主題有關的事物，都可以逐項列入。

第二層 第二層花瓣聯想的運作模式，與第一層聯想的模式相同。也就是說，直接針對主題，做天馬行空的放射狀聯想。但是透過第二層放射狀聯想，可以讓我們確定主題的各項背景資料，進一步的幫助我們深入思

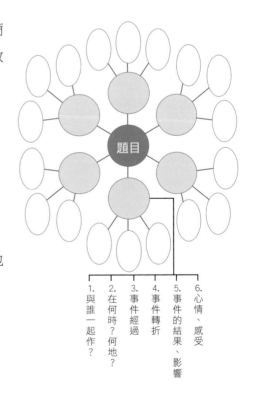

1. 與誰一起作？
2. 在何時？何地？
3. 事件經過
4. 事件轉折
5. 事件的結果、影響
6. 心情、感受

考。因為文章最後只能選定一個主題來向下發展。所以在這個階段，我們要開始鎖定題材，以利挑選最後主題。而把這些背景資料先做出廣泛且詳細的介紹，正是深入發展主題的事前準備工作。最後，選定其中「一個」主題，針對它做詳細的思考與設計。

第三層 根據文章題目，我們利用「花瓣聯想圖」連結出一個生活經驗主題，接著就要針對這個生活經驗的主題花瓣，生出最能代表個人深入想法的根部，為自己即將呈現的全文，做好更深入的歸納與整理。整理的方針就是依照事件發展主軸呈現，簡單來說，就是將「人、時、地、事、心情」的資訊，清楚條列出來。將事件的前因後果清楚條列，其實，就是在幫助自己安排提筆書寫的整個流程。

五、寫作教學思路引導

小朋友，從小到大我們唱過許多歌，也聆聽過許多歌曲，不管是浪漫的古典音樂，還是現代流行歌曲；不管是國語、臺語、客語、西洋樂曲……歌曲都能觸動人心、減輕壓力、激發鬥志、傳情達意……你心中是否有一首歌，只要聽到它熟悉的旋律和歌詞，就會帶你進入某一段記憶呢？請以「我最難忘的一首歌」為題，述說那首歌，並寫下它帶給你的經歷和感觸。

1. 寫作第一步：決定主題～（　　　　　）是我最難忘的一首歌。

我們唱過、聽過許多歌，其中你最難忘的是哪　首呢？在思考時，你可以先利用下方的花瓣圖進行聯想，將難忘或喜歡、熟悉的歌都列出來，然後選擇其中最有感覺的「一首」歌，成為你文章中的主題。

也可以運用兩層式的花瓣聯想進行材料的蒐集，第一層將難忘或喜歡、熟悉的歌都列出來，第二層列出跟這些

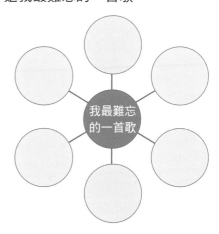

歌有關的背景資料，最後選擇其中最有感覺的「一首」歌，成為你文章中的主題。

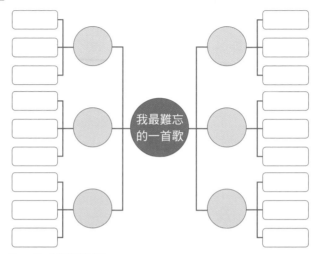

2. 寫作第二步：取材與構思

寫這篇文章時，可以善用聯想的方式或敘述六要素（人、時間、地點、原因、經過、結果）來進行構思，也可以依序完成下列問題，最後將它組織成一篇完整的文章。

(1)簡介這首歌的歌名與背景，也可以適當引用這首歌的某段歌詞。

(2)「我」在什麼時候、什麼地點和這首歌相遇？

(3)這首歌帶給「我」什麼樣的感受？讓「我」抒發什麼樣的情感？

(4)「我」難忘這首歌的原因，「我」和這首歌有什麼故事？（是它觸發感情與思想？我有相同經驗？文字優美？充滿趣味？還是在無助的時候唱出我的不安？與這首歌曾經發生過深刻的事件⋯⋯重點在突顯「難忘」。）

(5)這首歌與「我」的生命有怎樣的關聯？它對「我」的獨特魅力是什麼？

(6)「我」在什麼情況會想起這首歌？什麼時候最愛哼唱它或聆聽它？它如何陪伴「我」？

(7)仔細描寫這首歌帶給「我」的感動與想法、啟示或影響。

3. 寫作第三步：擬定寫作大綱

確定你的主題與選擇可發揮的材料後，擬定寫作大綱，並依照大綱完成整篇的作文。

「我最難忘的一首歌」寫作大綱	
第一段	
第二段	
第三段	
第四段	
第五段	

六、寫作小偏方

寫作小提醒

　　這個題目，重點在寫出「我」與這首歌的故事，所以選擇好一首歌後，要思考如何把我和這首歌的故事寫出來。也許是因為一件事，也許因為他的旋律，也許因為他的主唱或是歌詞打動你⋯⋯如果是一件事，要把自己和這首歌發生的故事寫清楚，事情的原因、經過、結果要具體而明白。這時，也可以運用倒敘法將事件說出來。

　　寫作時可以適當引用歌詞，但不能將歌詞全部抄錄進去，否則反而破壞文章的美感。這篇文章還要寫出自己最真實的想法，抒發內心最真摯的情感。情感無法造作，只要真實呈現當時的心情與感想，突出重點就可以了。

寫作小寶庫

　　小寶庫裡提供一些歌詞供寫作參考，你可以讀一讀，引用歌詞，或是自己上網搜尋，協助寫作。

　★每一次都在徘徊孤單中堅強，每一次就算很受傷也不閃淚光，我知道我一直有雙隱形的翅膀，帶我飛，飛過絕望。（隱形的翅膀）

★把握生命裡的每一分鐘，全力以赴我們心中的夢。不經歷風雨，怎麼見彩虹，沒有人能隨隨便便成功。把握生命裡每一次感動，和心愛的朋友熱情相擁，讓真心的話和開心的淚，在你我的心裡流動。（真心英雄）

★雨下了，走好路，這句話我記住，風再大吹不走囑咐。雨過了，就有路，像那年看日出，你牽著我，穿過了霧，叫我看希望就在黑夜的盡處。（陪我看日出）

★不要怕，不要慌，有我在你身旁，手牽手就能抵擋這風浪。別擔心，別徬徨，有信心一定強，有微笑就能聚集這能量。常常聽說不如意十有八九，學學風就能輕盈又自由。（月光）

★悲與恨都放手，用真愛來歌頌，願你我都能平安的度過。（月光）

七、寫作大觀園～佳作欣賞

我最難忘的一首歌

新北市 麗林國小 楊燦榕

「加油！這次大隊接力比賽，大家要全力以赴，拿個好成績回來呵！」運動會時，我聽到同學間彼此鼓勵的話，心裡暗自下了決定：我要全力衝刺，為班上爭取最佳榮譽。但就在選手進場就位時，我一個不小心跌倒，扭傷了腳，老師和同學紛紛關心的詢問我需不需要休息，突然，我腦中浮現了曾令我深深感動的一首歌曲，「痛苦的時候，總有莫名的溫柔守護著我……」。

在主題曲的音樂聲中，我彷彿回到電影院，聽見此起彼落的讚美聲，內心激盪不已，「……太感人了！」「真是一部好電影啊！」這部名為〈KANO〉的電影是當紅的院線片，媽媽特地趁著假期，帶我和哥哥到電影院一同欣賞。

這部電影主要訴說一支嘉義農林野球隊，勇敢逐夢的故事。故事背景是在臺灣的日據時期，有一位日本教練，不分人種，善用每個人的優勢並

以鐵血訓練方式，讓一支從未贏得比賽的散漫球隊脫胎換骨，一路過關斬將，打入日本甲子園冠亞軍賽。在關鍵時刻，他們的王牌投手受傷了，可是他們毫無放棄之意，互相信任、鼓勵，最後雖然沒能贏得比賽，但奮戰不懈的精神卻贏得了大家的尊敬，感動了所有的觀眾。

「……帶著傷與驕傲去未知的未來，是勇者間的浪漫。」電影結束時，主題曲〈勇者的浪漫〉迴盪在劇院裡，滿場的觀眾，竟沒有人起身離去。我和大家一樣，被故事裡那群堅持努力的勇者深深感動，坐在位子上好久好久，相信：只要不放棄，就會充滿力量，擁有希望。

「老師，我不需要休息，您讓我把比賽跑完好嗎？」我誠懇的請求，雖然腳有點痛，但老師與同學的關懷，以及在場邊等著為我加油的父母身影，就像歌曲所吟唱的「因為學會愛而彌堅」一樣鼓舞著我，讓我勇氣倍增。

輪到我上場了，接到棒子後，我使勁向前衝，忘記腳上的疼痛，飛奔似的一路跑到傳出手中的棒子，心裡只想著：不能輸，我絕對不能輸給自己。

人生是一場又一場的競賽，當挑戰來臨時，我的腦海裡總會想起這首〈勇者的浪漫〉，它就像一陣微風撫慰我心中的焦躁不安；它就像一股暖流，送給我愛的力量，讓我一直勇敢的前進。

貳.教學實務與設計篇

第十二回 ╱ 我的家鄉

一、主題：我的家鄉

二、寫作教學亮點

每個人都有屬於自己的成長故事，而家鄉正是醞釀這些成長點滴最佳的地方。家鄉，可以是自己居住的地方，自己成長的地方，也可以是老家，例如爺爺奶奶住的地方。

我們對許多名勝古蹟如數家珍，似乎在那兒長大似的；其實，更重要的是關懷我們自己居住的土地，了解它的歷史，熟悉它的文化，感受它的美麗風光，這樣我們和自己的家鄉，才會有永遠剪不斷的情感臍帶。

這篇文章要寫得亮眼出色，一定要事先做足功課。所以，可以事先蒐集家鄉的相關資料，例如上家鄉行政區域或公所的網站查詢家鄉的歷史文化；也可以訪問家人或家鄉的耆老，找出家鄉與眾不同的特色或特殊的人文風情，這樣的文章才能更有亮點。舉例而言，說到紙傘的故鄉，會立刻想到高雄美濃；提到黑珍珠的家鄉，我們會想到屏東林邊；講到安平古堡，會立即知道這是府都臺南；介紹到 101 摩天大樓，當然知道這是繁華的臺北城。換言之，也就是必須寫出家鄉獨一無二的特色來。

鄉村有鄉村的寧靜安詳，都市有都市的進步繁榮，各有其風情與面貌。要注意的是，並非要有宏偉的建築與鬼斧神工的名山勝景才能寫出特點。要知道，家鄉之所以牽繫我們的心，是因為我們和它之間有緊密的情感。所以，這篇文章重要的是你的眼光、心胸和態度，要將情意融入。感動別人之前，得自己先受感動。這篇文章要想展現亮點，得讓自己與家鄉之間的情感動人，將美好的情境呈現，讓情與景相交融。

對家鄉景物的描寫，可以結合動態與靜態，例如清澈的小溪終日潺潺不息的流著，那附滿綠苔的石頭、纖細透明的小魚小蝦、偶然墜下的幾片花瓣或葉子……都可以讓景物更有魅力。另外，可以寫出景物因環境不同而呈現

出不同景觀，例如晨昏或四季的不同，植物的變化等。當然，也可以寫出因不同的觀賞角度，家鄉所呈現的變化，例如從上往下看、從低處往高處走、由裡往外介紹……最後，運用聯想，將所有景物以摹寫、轉化、類疊、譬喻等技巧描寫出來，便可使文字畫面更加豐富。

三、教材連結（從教材看寫作）

　　「山村車軼寮」這一課（康軒六下課文），讓我們認識車軼寮——一個位於臺灣中部的山村。在這篇文章中，作者向陽詳盡介紹了童年的家鄉景致，先概略描述山村的歷史，再從不同的時間點（早晨、過午、有月亮的夜晚、滿天星星的晚上）來觀看山村的特色。

　　這一課的寫作手法可以讓學生以散列式的方式，學習寫景物的方法。文章首先介紹地理位置和相關的歷史，接著用三大段落細膩的描寫筆法，素描出家鄉的美麗風光。生動活潑的轉化修辭搭配上作者懷念的情感，讓人們對這個山村留下深刻的印象。讀完這一課時，可以以「我的家鄉」為題進行寫作，將你對家鄉的認識和相關的風土民情都寫出來，表達對家鄉的關愛與感恩。

四、作文基本功練習：轉化

　　在「山村車軼寮」這一課中，作者善用轉化（擬人）技巧，讓景物有情有感、活靈活現的躍入眼簾。所謂「轉化」，就是在描述事物時，轉變它原來的性質，變成另一種不同性質的事物。

　　「轉化」一般有三種方式：

　　1. 直接賦予「動詞」，如：〈茶杯〉中：

> 　與你親嘴
> 　是我今生
> 　最主要的任務

這句話便是把人的動作（親嘴）直接賦予茶杯。

又如：

> 　陽光越過山崙、跳過小溪，接著翻過窗子，掀開還在睡夢中的孩童的眼睛，天就亮了。
>
> 　過午之後，是山村最沉靜的時刻，山村也在打盹。

也都是利用給予動詞，讓陽光活潑的「動」了起來。

2. 用「形容詞」形容，如：「**浪濤像頑皮的孩子似的跳躍不定**」；「**一個寂靜的夜裡／頑皮的煙火／使得傷心的夜空／突然高興起來……**」這是用形容詞（**頑皮的、傷心的**）將人的心情賦予了原本沒有生命的景色（**海濤、煙火、夜空**）。

3. 讓它們「直接對話」，就像人類說話一般。如：**野花迎面對我笑，說：「好久不見了！」我也笑著對他說：「哈囉！好久不見！」**

五、寫作教學思路引導

　　小朋友，家鄉是每個人成長的地方，跟我們有永遠剪不斷的感情，所以，我們都應該對自己的家鄉有深入的了解。你的家鄉在哪裡？你對它熟悉嗎？你要怎麼介紹你的家鄉呢？你可以先概述家鄉的歷史或文化背景，再從不同的時間點來觀看家鄉的變化，例如：早上、中午、晚上各有不同的景象。請以「我的家鄉」為題，把家鄉的美麗或特色寫出來。

1. 寫作第一步：確定地點

我的家鄉是 _____，它的地理位置：_____
它是否有別稱？ _____，若有，這個名稱的由來是 _____

2. 寫作第二步：取材與構思

「我的家鄉」就是要敘述或說明「家鄉」的特色，說出它哪裡「好」？有什麼吸引人的地方？有什麼特別的歷史或文化代表性？

⑴你可以利用聯想先完成下列表格，把所想到，跟「家鄉」有關的部分全都寫下來，再依照引導完成一篇文章。（下方的題目是幫助思考用的，所以題目很多元，有各種面向；小朋友在下筆寫文章之前，只要選擇當中的 3 ～ 5 個題目來進行深度描寫就可以了。）例如：

⑵家鄉的歷史發展或背景、相關的傳說有哪些？文獻上是怎麼記載的？

⑶家鄉有什麼與眾不同的文化習慣、風土民情或景觀特色？是聞名的小吃？風景名勝？或是純樸的小鄉村？（可以從季節、天象變化、動植物、山川、建築、景觀等，選擇最具特色的來寫。）

⑷家鄉有哪些靜態的景物？哪些動態的景物？

⑸家鄉因環境不同，有哪些不同的景觀風貌呈現？（如早晨、中午、黃昏、四季的不同）

⑹「我」在家鄉都做些什麼？玩什麼遊戲？

⑺觀察家鄉的景色，把它的形態、聲、光、色的畫面，盡量描寫出來。（可以結合轉化、譬喻修辭）

⑻「我」喜歡家鄉嗎？為什麼？

⑼我想對家鄉說的話。（可能是祝福、期盼、想像……）

3. 寫作第三步：擬定寫作大綱

參考上方的材料，選取你最有把握最有想法的內容，擬定寫作大綱，並依照大綱完成整篇的寫作。

「我的家鄉」寫作大綱		
第一段	開頭	
第二段	家鄉的特點 1	
第三段	家鄉的特點 2	
第四段	家鄉的古蹟或風貌	
第五段	我的感覺（我想說）	

六、寫作小偏方

寫作小提醒

對家鄉，要用心去「看」、去「聽」、去「讀」——所謂「讀」，是讀到心坎裡，要思考它對我的意義，別以為沉默的山、沉默的水、沉默的石頭不會說話，只要用心靈、用智慧去閱讀、傾聽家鄉的文化，家鄉會讓你的心靈成為飛翔的鳥。

寫作小寶庫

小寶庫裡提供一些成語俗諺或是名言佳句供寫作參考，你可以讀一讀，引用名言佳句，或是自己上網搜尋喔！

★所有故鄉都是從異鄉演變而來，故鄉是祖先流浪的最後一站。（王鼎鈞）

★天時地利人和。

★山重水複疑無路，柳暗花明又一村。

★千江有水千江月，萬里無雲萬里天。

★我見青山多嫵媚，料青山見我應如是。

★人間萬歲：天上有星，地上有花，人間有愛。（日本 小路實篤）

★真正的富裕，源自對自然的珍惜，對生活的知足，對美感的堅持。

七、寫作大觀園～佳作欣賞

我的家鄉

新北市修德國小 林蕙心

　　我的家鄉位在臺中市的大肚區，北邊蜿蜒著大肚山，南邊環繞著大肚溪，村裡地形高高低低，到處都有綠油油的水田、菜園和果園，縱貫線的公路及鐵路橫亙其間，又有高速公路的王田交流道，是個交通便利，民風淳樸的小農村。

　　爸媽因為工作的關係，將我和弟弟寄養在家鄉的祖父母家，所以從出生後到三歲這段時間，我們都生活在臺中市的大肚山腳下。天氣晴朗時，祖父會在清晨帶我們到附近的環保運動公園遊玩。這座公園本來是垃圾掩埋場，經過多年的復育，如今不僅成為綠意盎然的環保公園，同時還是一座自然生態教室。在春夏兩季，公園裡的蜜源植物總會吸引大批蝴蝶，我們在這裡可以觀察到蝴蝶的完整變態過程；從交尾、產卵、成蟲、結蛹到化蝶，令人讚嘆不已。

　　除此之外，鄰近大肚溪口的河堤沙洲，蘊涵豐富的底棲生物，是臺灣中部地區最大的水鳥棲息地，也是我和弟弟的天然鳥園。每年到了水鳥活躍的季節，我們總和無數愛鳥人士前往觀賞，許多難得一見的候鳥、留鳥，都可以在此發現牠們的蹤跡呢！

　　當然，大肚區最著名的文教區——磺溪書院也不能忘了介紹。它是一座三級古蹟，建築十分華麗，院內除了供奉文昌帝君之外，還展示了許多清代的詩文書畫、古籍及器物，每到假日，時常有許多遊客慕名前來！祖父總愛帶我們在書院的大埕聊天講古，讓我們領略文人雅士的藝術生活。

　　四歲以後，我和弟弟北上求學，只有假日才會返鄉探親，幸而家鄉的景物十年來沒有多大改變。我希望大肚能永遠保持它的純樸與活力，而我也永遠不會忘卻家鄉的美麗風光，與它所帶給我的成長回憶。

第十三回 / 空城計（改寫）

一、主題：空城計（改寫）

二、寫作教學亮點

　　「空城計」出自《三國演義》這本家喻戶曉的歷史小說。在羅貫中筆下，三國時代的人物鮮明生動。故事中的孔明足智多謀、博學多聞，成為輔佐劉備的最佳功臣。「空城計」就是孔明急中生智，全身而退的經典故事。

　　課本中的「空城計」是以故事的方式進行敘述，作者以第三人稱的觀點敘述空城計這個事件，所以直接說出孔明和司馬懿的名字，以旁述取代直述。要改寫空城計之前，要先知道改寫是什麼？改寫的要求又是什麼？

　　「改寫」是訓練寫作的重要形式，也是一種重要的寫作能力。所謂「改寫」，是改變原作形式或內容的寫作方法，仿照文本中現有的內容，加以練習、摹寫。所以，「改寫」通常以一篇現成作品為基礎，在不改變原作題材及中心思想下，按照寫作要求，將原作品改頭換面，重新造型設計，寫成新作品。它有很多種形式❹，這裡是設定為「改變人稱」形式的改寫，也就是要用第一人稱敘述，是要把自己當作孔明或司馬懿，選擇其中一個人物的觀點，把空城計的故事說出來。

　　改寫文章時，為了讓文句和內容更順暢、更流利，可以改變描述的方法，例如將敘述改為描寫，也可以在改寫中加上符合故事主人翁性格的神態或動作，這樣，能進一步學生豐富的想像能力。

---

❹ 改寫有以下幾種常見的形式：
(一)改變體裁：如詩歌改寫為白話散文。
(二)改變人稱：如第一人稱改為第三人稱。
(三)改變結構：如倒敘、插敘改為順敘。
(四)改變語言：如文言文改為白話文，並非原作翻譯，而是進一步擴展、深入再創造。
(五)綜合改寫：融合以上各類改寫，按寫作要求，靈活運用的改寫方式。

　　要將「空城計」的故事，以人物觀點改寫，首先要點出故事發生的時代背景和原因，這時要先選擇以孔明或是司馬懿當敘述者，以第一人稱口吻敘述事件發生的經過。若以孔明為第一人稱，可以在應對司馬懿大軍時，描述孔明「我」的內心，對於司馬懿看到空城的反應和做法，也能揣摩孔明「我」掌握大局的神情與對話。在敘述這個關鍵的事件畫面時，可以運用文章中原來的語詞和句子，寫出故事發生的情節與經過，突顯出人物的特性。最後，寫出故事的結果，也就是孔明「我」的空城計成功了，心情一定是如釋重負又滿足的。藉由改變人稱的改寫方式，讓人物特性躍然紙上。

三、教材連結（從教材看寫作）

　　課本中的「空城計」（康軒六上課文）是故事，寫孔明和司馬懿兩位歷史人物的心理戰。整幕戲圍繞著真真假假、虛虛實實打轉。文章中可以看出孔明如何運籌帷幄，而司馬懿在孔明設計的圈套中，舉棋不定，不想中計，最後還是中計了。

　　要將本課以主角人物的觀點改寫成故事，首先要了解這個主角人物的個性，才能抓住精髓。本故事真正的重點在突顯孔明的臨危不亂，沉著冷靜。起初聽到司馬懿率領十五萬大軍，近在咫尺，孔明亦像常人一般，非常驚訝、憂心。但他不愧是第一名相，不久即冷靜下來，先穩住局面，再想出妙招。後來司馬懿大軍兵臨城下，他內心或許波濤洶湧，但依然安坐於城樓上，悠閒焚香操琴，一副有恃無恐的樣子，反讓司馬懿進退失策，這就是孔明之所以為孔明的原因。所以，在以人物為觀點改寫本故事時，必須對選定的主角（孔明或司馬懿）的神情與個性多加著墨，其他士兵與百姓的對話、動作可以儘量省略。

　　本篇文章的要求是將「空城計」的故事改變敘述觀點進行改寫，即針對主角人物的特質做描述。改變敘述觀點需要了解故事的情節，掌握主角人物的特質，並根據這樣的特質，合理想像符合人物個性的觀點、動作、對話、語氣與喜怒哀樂的神態。

四、作文基本功練習：文章改寫

改寫的時候應注意意思的完整性並充分表達出原文的精神與意境，所以不只是依照表面上的文字加以改寫或翻譯而已，更要增加一些詞彙，讓前後句與前後文能連貫，但增加的詞彙卻不能改變原意，要保留原文的正確性。改寫不等於翻譯，是將故事以不同形式呈現，它有以下幾點原則：

1. 明確文章中心，擬訂合適的標題。例如：有的原文是記事的，要求改成寫人的，標題自然不沿用原文，要按照要求確定中心，按中心擬定標題。

2. 要注意改寫後的文章中心思想及人稱必須一致，語氣及風格要統一，敘述角度和立場必須不變。

3. 理解具體要求，確保依據要求進行寫作，也就是符合題目對改寫的要求。先明確看懂題目，再按要求寫作，不可過分自我發揮，另起爐灶。

4. 融入個人風格，展示獨特魅力。改寫是需要想像力的，應融入自己的寫作風格，避免千人一面，展示自己的語言和行文風格。

5. 若干改寫需要調整結構，在抓住原文的前提下，根據表達的需要，可將順敘改為倒敘、插敘，或倒敘改為順敘等。這種改寫，或刪或增，但必須注意前後的自然銜接和照應，不能脫節和錯位。

6. 形式改寫容易和白話翻譯混淆，必須明辨。將文言或詩歌改寫成白話散文、新詩或小說，要重新組織文章結構，是一種中心思想不變的大翻修，而不是只有翻譯而已。這樣在內容或形式上的創新，或許會比原文更有趣、更有新意。

五、寫作教學思路引導

小朋友，膾炙人口的「空城計」主要在敘述孔明臨危不亂，以冷靜與沉著的態度，解決了司馬懿兵臨城下的大批軍隊。這是孔明急中生智，把危機化為轉機，讓自己和將士們全身而退的經典故事。讀完「空城計」之後，你是否有很多想法和感觸呢？你是否非常佩服孔明遇到大事還能氣定神閒，俯

首操琴的沉穩態度？還是為他捏一把冷汗，緊張得六神無主？你是否為司馬懿感到遺憾，因為多忌猜疑，因為不夠勇敢，而錯失機會？

故事內容和結果是不會變的，但如果採用不同人物的角度，描述當時的場景、事件與心情轉折，便能創造出另一種文學的趣味，帶來更多驚喜。請你在不改變原作題材、主題與結局的情況下，設想自己是孔明或是司馬懿其中一位，以他的觀點，寫下「空城計」這段耳熟能詳的歷史故事，重新創造出另一種文學趣味。

1. 寫作第一步：理解故事背景

寫作前，要先了解故事的來龍去脈，故事發展的時空背景，這樣才能掌握住文章的精髓。你可以利用下方圖表完成整個故事的架構，並決定你要以誰（孔明或司馬懿）的觀點說話，再依照引導依序回答問題，將它組織成一篇故事類的文章。

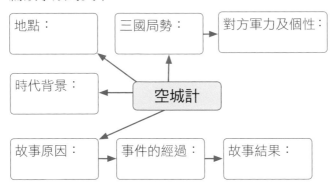

選定敘述人稱：「我」要以＿＿＿＿＿＿＿＿（孔明或司馬懿）的觀點說話。

2. 寫作第二步：取材與構思

(1)選擇敘述方式（順序？倒敘？）

(2)可簡單敘述一下三國此時的情境，「我」屬於哪一個陣營，局勢目前如何？對對方的軍力和人物個性（孔明或司馬懿）有多少了解？面對這麼可敬的對手，心情是如何？（例如以孔明的觀點：上回，大將馬謖失守街亭，我軍縣城內僅一班文官與兩千餘士兵，糧草也只剩一

半，局勢對我們非常不利，想必急性子的司馬懿也耐不住性子了吧！我不能慌張，得想想辦法才行。既然司馬懿如此多疑，肯定猜不到我軍勢力單薄，不如來個將計就計。「來人啊！把所有的旌旗都藏好，士兵原地不動，若有私自外出以及大聲喧嘩的人，立即斬首。每個城門之上派二十名士兵扮成百姓模樣灑水掃街，並敞開四個城門，我們好好迎接這位大將。」瞧百姓們慌張的樣子，我得來燃香彈琴，好好穩定一下軍心。）

(3)以「我」的觀點和口吻（孔明或司馬懿）敘述事件開頭，以說故事的方式來敘述。（例如以孔明的觀點：這一天，前哨非常著急的前來報告，他們終究是來了，那十五萬大軍已經在西邊十五里外，準備攻城……）

(4)以「我」的觀點和口吻（孔明或司馬懿）詳細描寫故事發生的地點和景物。（也可描述大軍攻城前，城內外的狀況。）簡單寫出「空城計」這故事發生的時代背景和原因。

(5)描寫「我」聽到消息的反應和部署、思考的策略。（運用故事中的詞句，寫出故事發生的經過，多描寫一些「我」的情緒轉折。例如孔明的觀點：我心裡是怎麼想的，我要如何化解危機或是不躁進以面臨險境的內心衝突思考過程，可以用內心獨白或自言自語加上肢體動作、神態表情的方式，突顯出人物的特性。）

(6)敘述「我」揣測對方看到城內城外的情景與反應，猜測他的想法和做法。（運用故事中的詞句，寫出故事發生的經過，突顯出人物的特性。）

(7)故事的結果。（空城計成功了嗎？司馬懿有退兵嗎？）

(8)「我」的心情與感受如何？是充滿自信還是感覺驚險，自己走了險招？還是悔恨自己一時大意，聰明反被聰明誤？也可以描寫士兵對「我」的佩服或慰問。

3. 寫作第三步：擬定寫作大綱

參考上方的材料，選取你最有把握最有想法的內容，擬定寫作大綱，並依照大綱完成整篇作文。

「空城計」寫作大綱		
第一段	時空背景	
第二段	（第一人稱）敘述事件原因	
第三段	（第一人稱）敘述事件經過	
第四段	（第一人稱）詳細描寫人物的反應和神情	
第五段	（第一人稱）敘述事件結果和心情	

六、寫作小偏方

寫作小提醒

這一篇故事類的文章和記敘文相似，主要須抓住人稱的個性，與其相對應的語氣、對話及喜怒哀樂，並輔以事件的原因、經過、結果，文章便能生動活潑。若還能加入適當的景物和場景的摹寫，可以帶領讀者置身其中，彷彿親眼目睹空城計的故事正在上演。

這篇文章需要以第一人稱來敘述，可以採用「順敘法」按照事件的原因、經過、結果來描寫故事；也可以採用「倒敘法」，先寫結果，再寫原因和經過。「空城計」改寫成故事時，對話就需減少，只加入畫龍點睛的幾句就好，否則變成對話堆積，反而失去故事的流暢感與張力。

寫作小寶庫

小寶庫裡提供一些成語俗諺或是名言佳句供寫作參考，你可以讀一讀，引用名言佳句，或是自己上網搜尋喔！

★神機妙算、足智多謀、故布疑陣、萬馬奔騰、大事不妙、沉著冷靜、真真

假假、足智多謀、虛虛實實、實實虛虛、假假真真、臨危不亂、以寡擊眾、運籌帷幄、兵來將擋，水來土掩、高談闊論、靈機一動、葫蘆裡賣的是什麼藥、胸中自有百萬雄兵、不是省油的燈、用兵竟然如此神速、其中必定有詐。

七、寫作大觀園～佳作欣賞

空城計（改寫）

新北市修德國小 林博堯

「報告將軍，軍隊已訓練完畢，只待將軍下令。」「好，全軍準備，全力出擊！」哼！這真是一個難得的好時機，孔明一定想不到我會乘勝追擊。諸葛亮啊諸葛亮！今日你與我司馬懿一決高下，我一定把你打得落花流水，讓你嘗嘗失敗的滋味。想到這裡，我的腦海中浮現孔明落寞悔恨的畫面，嘴角便不自覺的微笑起來。

「一、二、一、二……」士兵們個個精神飽滿，雄赳赳、氣昂昂，似乎勝利就在前方，我心中不自覺振奮起來，想必孔明看到我軍氣勢磅礡、萬馬奔騰，一定嚇得不知如何是好。走著走著，忽然看見先鋒快馬加鞭，以飛快的速度衝了過來，以急促的語速說：「報告將軍，前方城門大開，不見任何士兵、軍隊，只見幾名百姓在清掃街道。」聽到這則消息後，我心中覺得有異，馬上止住三軍，親自騎上快馬一探究竟。

當看到孔明坐在城門的樓臺上，若無其事的談著琴，四周鴉雀無聲，只有一陣柔和、優雅的琴聲，絲毫沒有半點慌張的感覺。頓時，我心中充滿莫名的不安，啊！不好，孔明定是想要騙我，才故意打開城門引我們入甕，等我們一攻城，大批伏兵就會衝出來包圍我們，狡猾如孔明，果然是兵不厭詐，但我哪會那麼容易上當呢？

「快！快撤退！前軍改為後軍，後軍改為前軍，朝北方山路撤退！」我以明確卻急促的聲音下令，深怕等伏兵出來就來不及了。這時，次子司

馬昭忽然問：「說不定孔明是沒有兵力，所以故布疑陣，父親為何輕易撤軍？」年輕人果然莽撞易騙。我說：「孔明一生行事謹慎，絕不輕易冒險，如果我軍進攻，必定中計讓他得逞，還是撤軍比較妥當。」

　　緊急撤軍的路上，我頻頻回頭，卻心存疑惑：為什麼孔明的軍隊沒有追上來？他沒發現我識破他的詭計，已經撤軍了嗎？正當我百思不得其解時，忽然聽見士兵來報：「報告將軍，剛才發現孔明的兵力都已經出城搬運糧草，城內的確沒剩多少兵力，現在孔明已經出城了⋯⋯」剎那間，彷彿晴天霹靂般，我驚訝得跌坐在地上，空城卻故布疑陣騙我，虛虛實實間讓我猜不透，我是真的中他的計了，原來這不是「引君入甕」，而是「空城計」啊！頓時，我不禁覺得又悔恨又佩服，既恨自己不該輕易退兵，又打從心底佩服孔明，利用這空城計，逃過一劫。

　　只是，再多的悔恨，也於事無補⋯⋯

貳・教學實務與設計篇

第十四回 談午休時間應不應該睡午覺

一、主題：談午休時間應不應該睡午覺

二、寫作教學亮點

「午休」，顧名思義，就是中午休息，也就是讓學生利用中午吃過飯後的時間休息，最好能小睡片刻，才有充沛的精神準備下午的課程。但是，很多學生並不喜歡午睡，覺得那是一件痛苦難熬的事。

「談午休時間應不應該睡午覺」這個題目屬於議論文，就是要針對題目提出個人的「論點」，陳述自己的意見，並以「論據」進行「論證」，以使人信服。

一篇完整的議論文，包含三個要素：論點、論據、論證。所謂「論點」，就是提出你的看法，但要注意雖然是「你」個人的想法，卻需要提出正確的論點，而不是似是而非的觀念。「論據」、「論證」就是提出有力的例子或事件來佐證你的論點，增強說服力。

所以，要寫「談午休時間應不應該睡午覺」這篇文章，首先必須提出你的論點，你贊不贊成午休睡午覺？並找出論據（理由、例子）來印證你的論點說服大家。如果以表格呈現段落架構，就如下方的表格：

文體結構	文章結構	內容
一	論點	提出問題
二	論據一	分析問題
三	論據二	
四	提出方法或具體建議	解決問題
五	重申論點	

這篇文章在寫第一段時，可以適當引用名言，以言例來讓文章增色加分。也可以讓學生事先蒐集資料，探討「午覺」是否對人們有助益？有哪些事例可以佐證？這樣才能言之有物，讓文章有條有理有文采，展現有議有論的充實亮點。

三、教材連結（從教材看寫作）

「談辯論」（康軒六上課文）是一篇議論文，文章主要表達出辯論是追求真理的助力。第一段就開門見山提出論點：「辯論」是尋求公斷、說服對方的好方法。第二、三段分別提出論據，以善辯的孟子和西方哲人蘇格拉底為例，印證辯論能引導思考，讓真理越辯越明。第四、五段再對辯論加以論證，認為辯論是一種解決糾紛、達成某種共識的溝通方式，並且提出辯論的具體方法和要點。第六段總結，前後呼應。

這樣的寫作方式就是按照——提出看法 ➡ 找出例子 ➡ 總結的方式。提出的例子也是以歷史上的中外名人（孟子、蘇格拉底）來當論據，不僅能充分說明論點，提出的論據也是大家公認的，使人相當信服。

也就是說，提出論點之後，需要論據來證明論點，而且最好要提出兩個以上的論據，才能有公信力。當然，最重要的是論據要能說明論點、支撐論點，不能說明論點的論據，內容再多、再精采也沒有價值。

四、作文基本功練習：議論三要素

所謂議論三要素是指：論點、論據、論證。想要寫好議論文，就要了解並善用這三要素，包括它們的定義和寫作方式。

論點 是指我們對這個議論題目的主張、立場及看法。每個人看事物的態度和角度都不同，因此自然會產生不同的論點。一般在第一段就會提出論點，因為這是文章的心臟所在，也是為開啟下一段做好準備。所以，第一段的「引言」，可以簡潔的以正反角度概述。以「合作」這個題目為例，第一段可以這麼寫：

> 俗話說得好：「團結力量大。」這表示團結合作可以發揮最大的效力。（正面的說法，引言＋自己的話）相反的，如果一個人自私自利，不肯真心的與他人合作，那麼將會導致事情失敗，一事無成。（反面的說法）所以，合作是團體進步的重要關鍵。（合：總結）　　　　　　　　（楊裕貿）

論據 是作者用來佐證論點的根據，提出事實或例子以支持他的論點。一般可分成兩種：如果提出歷史故事、名人或親身經驗等等的事實來協助說明論點，這就是「事實論據」；如果是舉名言佳句、哲學思想或俗諺來幫助說明，這就是「事理論據」。

論證 即運用論據證明論點的過程，也就是根據事實提出自己的見解。在提出論點與有力的論據之外，運用適當的方法作出嚴整的論證，增加文章的說服力。也就是說，論證是將「論點」和「論據」巧妙結合的方法。論證的方法有很多，我們可以透過舉例說明、反駁對方、歸納或演繹、對比或比喻等方式來闡述自己的見解。

五、寫作教學思路引導

小朋友，你午休都在做什麼呢？是安靜的在教室睡午覺，還是做自己的事？你認為在午休時間睡午覺好嗎？你贊成的原因是什麼？反對的原因又是什麼？

1. 寫作第一步：確立論點

⑴提出你的主張和看法：我認為午休時間（應該／不應該）睡午覺？

⑵有什麼名言佳句可以強化你的論點？

⑶按照下列的方式完成第一段：

名言佳句	
自己的話	就表示……
相反的話	相反的……
總合的話	所以，我認為……

2. 寫作第二步：取材與構思

議論文注重文章的組織與結構，提出主張或說明道理時，必須提出有力的證據，使人相信才能產生說服的力量。所以，你必須提出事實或例子以支持自己的看法論點。你可以依序述說以下幾點：

⑴你（贊成或反對）的理由是什麼？至少寫出兩點理由來。

(2)有哪些歷史故事、名人或親身經驗等的事實能正面協助說明你的論點？至少蒐集兩個例子。

(3)有哪些歷史故事、名人或親身經驗等的事實能反面協助說明你的論點？

(4)舉名言佳句或俗諺來幫助說明。

(5)提出具體作法（具體建議）。

(6)從上面的舉例，運用歸納或推理來說明，或用對比、比喻等方式再次闡述自己的見解。

(7)簡要的綜合說明，表達自己的見解。

3. 寫作第三步：擬定寫作大綱

參考上方的材料，按照順序擬定寫作大綱，並依照大綱完成整篇作文。

談午休時間應不應該睡午覺	
第一段 開頭（論點） 別人的話： 自己的話： 換句話說， 所以，	提出對午休的看法（觀點）
第二段 舉例（正例） 什麼人 ➡ 做什麼事 ➡ 有什麼結果	提出事實或例子支持自己的觀點
第三段 舉例（反例） 什麼人 ➡ 做什麼事 ➡ 有什麼結果	提出事實或例子支持自己的觀點
第四段 提出作法（若沒有作法可省略）	提出具體作法增加說服力
第五段 結尾	總結以上說明表達見解

六、寫作小偏方

寫作小提醒

在寫論據、論證的時候，可以利用表格讓自己的思慮清楚一點。例如：「談合作」這個題目，可以這麼做：

	合作的好處	例子
理由一	呈現最完美的表演，樂音才能和諧	廣播劇製作、音樂比賽
理由二	團結就是力量，才能獲得好成績	拔河比賽、大隊接力
理由三	節省時間，增加效率	做海報

當然，反論時也可以利用這樣的方式構思，寫出不合作的缺點和例子。有了事先蒐集的材料，真正下筆寫文章時就不會失序了。

寫作小寶庫

小寶庫裡提供一些成語俗諺或是名言佳句供寫作參考，你可以讀一讀，引用名言佳句，或是自己上網搜尋喔！

★疲憊不堪、神采奕奕、吹鬍子瞪眼、青青子衿、不勝枚舉、敏捷靈活、心不在焉、聚精會神、休息是為了走更遠的路。

★美國哈佛大學心理學研究中心研究有關人類睡眠效益，最後數據顯示，有午睡一小時的人，他們在下午的清醒度是早上九點的九成，證明午睡能讓員工腦袋靈活的一整天。

★許多古今中外的名人也都有睡午教的習慣，像是法國皇帝拿破崙、英國首相邱吉爾、發明家愛迪生、科學家愛因斯坦、美國總統甘迺迪、雷根、及柯林頓總統，都會在身心疲憊時小睡片刻，讓自己做事更有效率。

★醫學報告認為，趴睡會使手麻痺以及讓眼壓上升造成眼睛有高度危險，會得青光眼及高度近視，所以趴睡不但沒有幫助，反而有害，可是又沒有學校那麼有錢能讓每位學生都有床睡，所以我覺得不如不睡比較好。

七、寫作大觀園～佳作欣賞

談午休時間應不應該睡午覺

新北市麗林國小 簡毓萱

莎士比亞說過：「休息是滋養疲乏的精神保母。」這表示適度休息可以減輕疲勞，並且為日後補充體力；相反的，若不斷耗費精力，讓身體無法負荷，最後只會累垮自己。所以，我認為午休時間應該睡午覺。

我們班有一位品學兼優的「智多星」，每天午休鐘聲一響起，他就馬上放下手中所有雜事，拿出小枕頭，不到幾分鐘就進入沉沉的夢鄉，完全不受同學嘈雜的說話聲音干擾。整個下午，我看到他時，總是精力充沛的專心聽講，抄寫筆記的效率也比大家快速，讓他有多餘的時間回想老師剛才講述的重點，將那些內容真正吸收進腦袋裡。就因為這樣，從五年級開始，每次考試，他總是全班的第一名。

一到四年級時，在老師的要求下，我都會乖乖睡午覺，成績也都維持在前三名。但升上五年級後，老師沒有強制規定大家睡午覺，於是每天午休時間，我都和同學一起玩撲克牌、下象棋，造成下午精神不佳，頻頻打瞌睡，沒有辦法專心聽課，只能在放學回家後自己苦讀，導致名次一再滑落，期末成績單也慘不忍睹，可見睡午覺真的對學習有很大的影響。

有人說：休息是為了走更遠的路。也就是說，為了走得更長遠，人需要適度的休息，補充體力。美國哈佛大學心理學研究中心研究有關人類的睡眠效益，最後數據顯示，每天午睡一小時的人，他們在下午的清醒度是早上九點的九成，證明午睡能讓員工腦袋靈活一整天。所以，Google 公司都會讓員工睡午覺。不過，睡午覺可不能隨便，也是一門學問喔！吃完午飯後，不能立即睡午覺，應當要先靜態休息，過個十分鐘再睡，而且要選擇適合的地點，避免在喧譁的場合午睡，以免影響睡眠品質，若不得已，也可以自己準備耳塞，以達到最佳的睡眠狀態。

睡午覺不但可以讓自己精神百倍，也能提升工作、學習效率。從今天開始，我要趁著午休的空檔，小睡片刻，讓自己成為「最佳續航員」！

第十五回　看見臺灣的美麗與哀愁

一、主題：看見臺灣的美麗與哀愁

二、寫作教學亮點

　　「看見臺灣的美麗與哀愁」這個題目，從形式上來看屬於議論文的「雙軌題」；就內涵的要求而言，「美麗」和「哀愁」看似是對立的；而文章的題眼是「看見」，所以必須清楚描寫出「看見」臺灣哪些「美麗」的景色？卻又「看見」了臺灣哪些「哀愁」的傷痛？所以，這篇文章要寫得好，運用描寫和議論的表述方式是很重要的。

　　解讀「看見臺灣的美麗與哀愁」這個題目，要注意是「美麗」與「哀愁」兩者兼具，所以不能偏廢任何一個。「美麗」與「哀愁」並列，或是「美麗」與「哀愁」是一體兩面，相對的存在都可以。寫作時要分別對臺灣「美麗」的畫面和「哀愁」的景象進行深度描寫，並提出自己的看法與想法。所以，從敘述所見所聞中產生所思所感，進行議論與批判，這樣夾敘夾議的寫法是比較好的選擇。

　　因為主題有兩個——「美麗」與「哀愁」，所以構思時必須分別論述這兩種景象，詳細寫出「臺灣的美麗」與「臺灣的哀愁」。這兩個部分要區隔，以客觀的觀察與體驗為主軸，讓寫作思路條理清楚。所以，可以舉例說明印證：可以就一個地方寫出從美麗到衰敗的過程，同一個地點，讓「美麗」與「哀愁」並陳。例如：「遊客如織的清境農場有如小瑞士，幽靜而美麗，並聚集了全臺灣最有特色的民宿，從城堡、歐風、日式應有盡有，大家都想去住上一晚；但當從空中看著這片被過度開發的土地，滿目瘡痍，土地傷痕累累，實在很憂心豪雨若下在清境，水庫裡不會只有漂流木，還會有很多人的屍體。」也可以舉例寫幾處臺灣的迷人景色，另外寫出另幾處的景色卻如何的充滿哀愁與無奈。

　　寫這篇文章時，可以從自身的生活體驗出發，描述自己曾在臺灣看見、觀察哪些美麗動人的風景，也同時看見了哪些破壞與傷害；如果自己對生活

的體驗相對不豐富，那也可以透過《看見臺灣》這支影片，了解齊柏林從空中拍攝臺灣，帶我們所「看見」的內容；也可以透過網路閱讀相關資訊，為寫而讀，仔細觀察臺灣的變化，增加對臺灣的本土關懷，這樣文章的力道才能大大提升。

　　在描寫出事實景象與想法後，若能提出改善之道，提出方法，那將使文章更有說服力。文章有知識，還有見識，那麼這篇文章就會是讓人眼睛一亮的好作品了。

三、教材連結（從教材看寫作）

　　「從空中看臺灣」（康軒五下課文）是齊柏林拍攝《看見臺灣》這一部紀錄片的心情與感觸，他以「鳥」的角度，帶領觀眾飛到臺灣上空，看到美麗與醜陋並存的臺灣。

　　《看見臺灣》是從直升機上拍下臺灣的面貌，視覺震撼強大，導演齊柏林從事空中攝影二十多年，認為光是平面的影像，不足以讓觀眾真實感受到臺灣正在面臨的危機，同時他也覺得臺灣有更多地方是值得被記錄下來的。尤其 2009 年八八水災後，臺灣山林受到嚴重創傷，當時他自告奮勇，搭乘直升機飛進災區拍照，山林滿目瘡痍的畫面，讓他下定決心，決定自行拍攝電影，從高空記錄臺灣各處的地理景象。

　　「從空中看臺灣」寫出臺灣的確很「美」：山巒青青，縱谷深長，海浪拍打岸邊，稻浪翻滾，真的是「福爾摩沙」；但同時也因天災與人禍，出現了殘破的一面：檳榔樹破壞了水土保持，盜採砂石、廢水汙染、超抽地下水……讓人感到深深的哀愁。這篇文章有感動，有呼籲，有期許！

　　於是，透過「從空中看臺灣」這篇文章，我們可以自省：「是誰擾動了萬物的平衡，帶來了災難？」科技的進步帶來了方便，卻也帶來了破壞，長久以來不永續的消費模式，讓我們成為破壞環境的共犯。在進步文明與環保美麗之間，我們能如何取得平衡呢？

　　讀完這一課時，可以以「看見臺灣的美麗與哀愁」為題進行寫作，將你在課文中、影片中，或生活裡知道的有關臺灣的美景或是哀愁的部分，都詳細的描寫出來，說出自己的想法與建議。

四、作文基本功練習：歸納、演繹論證法

　　議論的目的，是自己提出的論點能讓人信服。所以，提出論點、找出論據、發揮論證的過程裡，要注意有沒有抓緊論證的思路，強調這三者之間的邏輯推理關係。我們常說「順藤摸瓜」，就是按照這個邏輯推理關係（藤），順勢得到結論（摘到這顆瓜）。用這種手法進行議論，成功的關鍵在於有沒有順著「藤」，也就是有沒有順著最好的邏輯推理思路，一步一步展開，讓人信服。

　　進行論證時，要根據所有的材料或事例提煉出正確的論點，清楚整理出一條清晰的思路，將想要表達的話語正確表達。可以運用下列兩種方式：

　歸納論證法　透過好幾個個別的事例，概括它們共同具有的特質，從而歸納出一個普遍規律的方法，就是由個別到一般的論證過程。所以，被歸納的個別事項，要具有一致性，否則，歸納論證就會失真，或造成前後矛盾現象。例如：

> 　　做任何事都要恰到好處，守著「中」的原則。演員演戲時，講究從容自然、不慍不火；歌手唱起歌來要情意真切，不卑不亢；廚師做菜要注意火候適中，不快不慢。這都告訴我們，「過」與「不及」，都不妥當。失眠睡不著是不及，睡覺睡得恰到好處，精神就好；睡得太多，則會頭昏腦脹。努力做事，成效很好，但認真過度，就會壓力過大，妨礙健康。所以無論做什麼事情，恰到好處，以「中」為原則就好。

　演繹論證法　根據已知的一般原理、規律來推知個別事例。以演繹法來進行論證，主要是要有理論根據，常會將不容推翻的論據置於

文章前面，所以推知的新論點必然成立。演繹推理要達到正確，首先論點必須正確，而且推理的過程要合乎邏輯規則。

例如：

> 你可曾注意過：滴水可以穿岩，小小的水滴竟然如此神奇，關鍵就在於水滴的持之有恆。在我們學習過程中，常有三天打魚、兩天晒網的經驗，結果往往功虧一簣，這是許多人的共同經驗。反觀古往今來成功的人物，都是立志苦學，持續不斷，才能完成了不起的成就。蘇秦以錐刺骨，發憤苦讀，終於佩帶六國相印；王羲之臨池練書法，長年不斷，終於成為書聖；林書豪奮力練習，終於加入 NBA，成為閃耀的球星。

五、寫作教學思路引導

齊柏林從空中拍臺灣，他以「鳥」的角度，帶領我們飛到臺灣上空，看到美麗與醜陋並存的臺灣。原來，站在平地看景象，很多事物和情況會被我們忽略；如果轉個角度，從高空俯瞰，便會看到很多細節。最初齊柏林的空拍作品，只拍攝臺灣美麗的一面，直到後來，齊柏林拍攝越多影片，他才慢慢發現，美麗的背後也許是對環境的傷害。例如幾何排列的美麗魚塭，可能是造成臺灣西部從嘉義到屏東地層下陷的凶手。「臺灣養殖業一年產值 300 億，為什麼有這麼多吃到飽的餐廳可以無限量供應蝦、魚？因為臺灣養殖技術好、產量多。」人們在大啖美食的同時，其實也默默加入了破壞環境的共犯結構。

「從空中看臺灣」，帶著我們從空中鳥瞰臺灣土地，看見她的美、她的傷痕、她的痛。請從生活經驗或所見所聞中，將你所觀察到以及感受到的臺灣，以「看見臺灣的美麗與哀愁」為題，完成文章。

1. 寫作第一步：破題

臺灣的確很美：大地的磅礴、自然的美好、大山的高聳、人們的純樸，都是臺灣最美的風情；但是，被破壞的大地、被汙染的河川、被摧殘的

高山、被斬首的青山、沒了綠顏的山林、哭泣的溪流、昏黑的天空，更是臺灣的哀愁。

你覺得臺灣的美在哪裡？臺灣的哀愁在哪裡？可以很簡單的用幾句話先總說，以開門見山法破題。例如：

> 臺灣很美，美在大地創造出來的風景，美在農民們辛苦耕耘後綻開的滿足神情，美在每個臺灣人親切的微笑；但是因為人們不斷的破壞與砍伐，予取予求的結果，致使臺灣美景漸漸消失，取而代之的，是無法抹去、深深的哀愁！　　　　　　　　　破題　　　　（修德國小　張芳榆）

2.寫作第二步：取材與構思

(1)不同角度的思考：這篇文章題目的要求是必須同時看見臺灣的「美麗」與「哀愁」，所以寫作時要兼顧兩種角度的取材。

(2)一個角度，兩個支持：有哪些例子或事件可以支持你的看法，至少要有2～3個例子或理由，才能讓文章更有說服力。

(3)你覺得臺灣哪裡很美麗？詳細把那些美景和特色寫出來。又有哪些現象讓你感到哀愁？分段清楚的敘述出來，並提出自己的看法。思考要寫哪些美景或現象時，也可以運用下列的聯想圖進行資料蒐集，協助取材與構思。

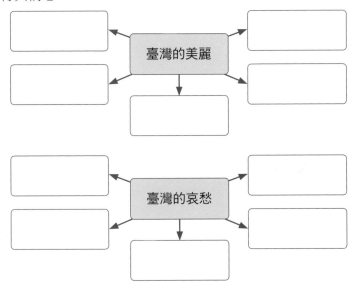

⑷提出例子的時候，可以以這樣的方式進行寫作。例如：我在哪裡看見臺灣的哪些美景（或遭破壞的景象）？運用這樣的方式進行舉例。

⑸舉例時，也可以運用誰？何地？事情經過？心情感受？事件結果、影響來進行舉例。例如：

	例子一	例子二	例子三
誰	臺南民眾		
何地	臺南市四鯤鯓海岸		
事情經過	去年整個四鯤鯓海岸線被蚵架、牡蠣養殖的漁業用保麗龍占據、覆蓋，形成一條長達一千五百公尺的「保麗龍海岸」，時間長達九個月，每年都重複發生，臺南市府迄今束手無策。		
心情感受	只能用慘來形容！		
事件結果、影響	讓人擔憂海岸線的環保與美化問題，但類似情形年復一年，相關單位迄今拿不出對策。		

⑹舉例時，也可以從同一個景點的變化寫起，寫出原本的美麗與變成殘敗的過程。例如：

●魚塭密布，形成的幾何構圖非常美麗，其實這卻是造成地層下陷的主要原因。

●貓空以前很美，小時候人們常在貓空山林間嬉戲，溪流乾淨，還能釣魚，但現在已經看不到這些了，到處是茶藝館，人車嘈雜，溪流人工化，失去大自然的原貌，貓空纜車更像隻大怪獸！「坐上去看得到什麼美景？」貓纜帶來人潮，但也讓貓空變得商業化，失去原本茶山的純樸氣息。

⑺如果你個人的生活體驗或經歷相對不豐富，也可以透過觀看《看見臺灣》這部紀錄片，或上網查閱相關主題，記錄下你的心得收穫，成為你的論據。

⑻提出作法：想一想，我們要如何保持臺灣的美麗？如何改善哀愁的問題？例如友善土地的例子：

> 洪箱和農民們成功阻止政府不當徵收灣寶鄉的農地；高學歷的賴青松則是回鄉推廣無毒農法耕作。他們都為臺灣土地帶來一份希望，願意這樣照顧土地、照顧我們吃的食物，我們真的要很感恩，並好好的學習！

⑼寫出結語：再一次總結與提出呼籲，或寫出心情與感受，例如：

> 看見臺灣的美麗與哀愁之後，會更疼惜臺灣。

3.寫作第三步：擬定寫作大綱

確定你的主題與選擇可發揮的材料後，擬定寫作大綱，並依照大綱完成整篇作文。

段落	大綱		內容
一	總說		
二	論據	例子一	
三		例子二	
四	作法		
五	結語		

六、寫作小偏方

寫作小提醒

　　透過齊柏林的「從空中看臺灣」，我們看見不同的視野。旅遊時，我們只看到眼前的美好，但藉由空拍，可以跳脫，以一個更全面性的視野看待事物。「看見臺灣的美麗與哀愁」這篇文章，臺灣的哀愁必然會寫到臺灣環境受到破壞與汙染，但也不必太悲觀消極。齊柏林拍攝了這樣的紀錄片，但他的態度是積極、正面的。他看到了臺灣因為經濟開發而日漸失去的自然美景，他能做的就是持續記錄臺灣，「**很多問題由來已久，無法簡單歸類成誰對或**

誰錯，因為那關係著許多人的生計。」他只是分享他看見的，希望給彼此一個反思、討論的空間，而不是全然的否定。所以，我們也應該要以這樣的思維去面對這個議題。

齊柏林眼中的臺灣：

一、全臺灣飛遍了，你覺得哪裡最美？

「沒有人的地方都很美！」齊柏林說，有人、有公路可達的地方，就會帶來環境破壞。「因為我是從攝影的角度看環境，所以覺得自然最美，人工化的東西不漂亮。」而臺灣 3000 公尺以上的大山，則是他眼中「絕美」的代表！齊柏林飛過中央山脈、雪山、玉山……每座山在他眼中都長得不一樣，山頭下雪的白和常年的綠，這兩種景色都讓他很著迷。臺灣山林更讓他驚豔的是，有時不用飛很高，像空拍棲蘭山，在飛行的過程中，還能聞到森林的味道，坐在機上就聞到陣陣檜木香。

二、美麗水岸，人工衝擊自然

近年如雨後春筍般出現的溫泉旅館也是一例。齊柏林表示，河流需要行水區，但現在許多溫泉飯店都蓋在「河岸第一排」，強調景觀好，颱風一來卻可能就此倒臥河中，「再堅固的鋼筋混凝土，也抵擋不住天然災害帶來的衝擊！」

觀光與環保似乎存在某種程度的矛盾，齊柏林指出，早年他空拍日月潭，想拍張湖面有船經過，產生陣陣漣漪的畫面，要等很久；現在遊客多了，遊艇在湖面上交織成網絡，「去年居然還拍到商家直接把垃圾往日月潭裡丟！」他搖頭直嘆息。

「臺灣西部海岸，平均每隔七公里就有一個水泥港口！」也讓他很感慨，尤其現在海洋資源枯竭，漁民捕不到魚，許多港口停泊船隻少，甚至有些港口淤積失去功能，但破壞的海岸線一去不復返。他說，臺灣的海岸線原本非

常美麗，但蓋了港口、堤防，放置了消波塊，讓臺灣變成一座水泥之島，非常可惜！

三、國土危脆 山林破裂受傷

「九二一大地震之前，我沒有拍過天然災害，但現在土石崩塌變成常態，遊客走的高山公路十分危險，你以為是上阿里山旅遊，其實是上山探險！」山的白與綠，原本讓齊柏林很著迷，但他發現九二一後，山林多了土黃色的傷口。齊柏林說，不只阿里山公路，蘇花公路、新中橫等高山公路，近年地質都很脆弱，逢雨必塌，不只殘破，對上山的遊客或住民都很危險。

高山農業和滿山遍野的檳榔樹，也掠奪了山林的土地，「我常驚嘆臺灣人有愚公移山的精神，把一整片山頭夷平種檳榔，這需要多大的力氣。」但這種「人定勝天」的精神，卻傷害了養育我們的臺灣，水土保持失衡，土石流失，沖積到水庫中，造成水庫淤積，縮短了水庫的使用年限，如此惡性循環。

四、友善土地，回報家園恩典

齊柏林固定採購陽明山八煙聚落的有機米，偶爾划海洋獨木舟或騎單車旅行。也許生態旅遊是臺灣觀光產業需思考發展的一條出路。

七、寫作大觀園～佳作欣賞

看見臺灣的美麗與哀愁

新北市修德國小 沈容襄

臺灣是美麗的，但也是哀愁的。臺灣的美，美在青翠的高山中，美在蜿蜒的小溪裡，美在純樸的人們心中；臺灣的哀愁，愁在政治的混亂中，愁在生態的浩劫中，愁在黑心的工廠裡。

我看見，臺灣那如同碧玉一般的青色山巒；我也看見，臺灣最美的景致——人情味。雖然，在如今這個社會中，有些無情無義、沒血沒淚的人，但那畢竟是少數，大部分的人，總是樂於幫助他人，關懷他人。在一次的

新聞畫面中,我看見一位老奶奶在過馬路途中,不小心絆了一下跌倒在地,爬不起來。這時,一旁的路人紛紛朝路中央圍了過來:有人立刻拿出手機叫救護車,有人用自己的傘替老奶奶遮陽,也有人上前關心她傷在哪兒,直到救護車趕到才各自離開。事後,那位老奶奶說她很感動,很高興有人在自己受傷時來關心自己,這讓她發現了臺灣濃厚的人情味,也感受了人間的溫情。

我看見,臺灣的生態紊亂,外來物種侵占本土動植物的生存空間;我看見,臺灣的政治複雜,電視上不時出現官員和議員在立法院互嗆的報導;我也看見,鄭捷因為小時候缺乏父母關愛,只好藉由線上殺戮遊戲來抒發情緒,引發了令人震驚的北捷殺人案;我還看見,黑心工廠擅自將未經任何處理的廢氣、廢水排放至空氣和小溪中,造成了難以解決的空氣汙染和水汙染。還有製造含有有毒物質的食品,那些黑心工廠的作業人員,將連自己都不敢使用的奶粉和油,全賣給毫不知情的倒楣消費者。這些「創造」出大量PM2.5和毒食品的大公司為了利益,將自己的良知深鎖在牢籠之中,擲入了萬丈深淵。因此,他們讓自己塑造了「只要可以謀取暴利,做什麼都可以」的心態。這,實在是臺灣最可怕的哀愁。

如果要讓臺灣成為美麗無限,哀愁微乎其微的美麗寶島,必須全民一起努力才行。近年來,環保意識抬頭,許多推行做環保的口號屢見不鮮。這些口號向民眾宣導隨手關燈、關水、拔插頭、短距離以自行車代步,長距離搭乘大眾運輸工具……等節能減碳的方式,這些,都是可以從生活中做起愛臺灣的方式。為了使臺灣重回原本的美麗,我們應該從「心」做起,找回每個人心中的良知,共同回到有愛與和平的美麗臺灣。

臺灣很美,但也很哀愁。不過,我相信:只要我們從現在開始,多做一些對臺灣有益的事,並減少對她的破壞,未來的某一天,我們便能看見:臺灣更美了!因為,臺灣已不再哀愁。

貳

教學實務與設計篇

第十六回 ／ 我從同學身上學到的事

一、主題：我從同學身上學到的事

二、寫作教學亮點

「我從同學身上學到的事」這個題目，要從「我」出發，重點聚焦定在「從同學身上」和「事」上面，要把「學到」的內涵，做具體的表述與深入的反省，這樣文章才能表達得完整，才能精準的寫到關鍵重點。

這篇文章要寫得出色有亮點，要從兩個方向來思考：一個是發生的事件，而且對象要是同學，不能是親人或是朋友，要敘述這個事件的經過。除了敘事之外，還要寫出「我」對這件事情的感受或想法，才真正有「學到」。如果是以感受為主，那麼寫作的重點要放在抒情；若是以想法為主，方向就放在論說。當然若兩者兼顧，分別表述，也是很好的方式。

從同學身上所「學到的事」，可以是正面的「見賢思齊」，例如感恩、自信、誠實、負責、親切……也可以是負面的「見不賢內自省」，例如驕傲、浮躁、投機取巧、因循苟且……但所學到的事應該都是正面的意義。事件可以發生在校內或校外，可以是簡單的也可以是複雜的。如果從過往回憶中找「事」來寫，這樣寫起來會比較真實、自然、順手。記敘「事件」要精準，要明快，要豐富、有起伏變化。由於事件的對象是同學，所以，人物的適度刻劃是必要的，這樣可以幫助事件具體鮮明。

而事件發生後，會產生「我」的感受或想法。「感受」，可以分成感動或感慨的情緒反應，以「情感」上的震盪起伏為主要的思考方向，抒發情感要真切，以人性的共同經驗為基礎，比較容易感動人；「想法」，大致就以道理上有正向價值的領悟，或者引以為戒的警惕為主，以論說的方式來建立自己的思維，焦點要突出，不要分散主題或浮泛空談。

三、教材連結（從教材看寫作）

學習，並不侷限於教室和紙本，走進大自然，觀星、聽風、賞雲……都

會讓人有很豐碩的收穫。學習、閱讀都是為了生活，為了讓生命更豐贍，我們更要閱讀人、閱讀生活。也就是說，學習是隨處隨地都可以做到的事；學習的教材俯拾皆是，所謂「好鳥枝頭亦朋友，落花水面皆文章」就是此意。

「山是一所學校」（康軒六上課文）便是要大家向大自然學習生命的智慧，把身體交給大自然，讓自己張開所有的感官，用心去感受。「盡信書，不如無書。」、「讀萬卷書，行萬里路。」所有的知識都需要經過體驗，才會成為生命的精華智慧。文中操場就是寬廣的平原，把空白的天空當教室，由飛鳥帶我們翱翔，熟悉山林的美。即使會遇到狂風暴雨，也能學習草的謙虛、石的堅忍、山的志節。我們從大自然裡，學習到生命的廣闊與美好。

我們可以學習的事和對象很多，只要用心傾聽、用眼觀察，將會發現每一個人都是我們學習的對象。尤其是和我們朝夕相處的同學，每個人都有他的優點和特質，都是值得我們學習的。欣賞別人的優點，補足自己的缺點，這樣的學習才是有實質效益的。仔細觀察一下，你可以從同學身上學到什麼事呢？

讀完這一課時，我們可以好好思考，生活處處皆學問，生活中能讓我們學習的對象和事件真的太多了，尤其我們身邊的同學，更是我們可以學習的典範！所以，以「我從同學身上學到的事」這個題目進行寫作，將你從同學身上學到的事都寫出來，說出自己的收穫與反思。

四、作文基本功練習：描寫的方式

如果按描寫的角度分，可以分成「直接描寫」、「間接描寫」；如果按描寫的疏密程度分，可以分成「白描」、「細描」。

直接描寫 指對描寫對象進行正面描寫，例如對事物的形貌、心理、語言、行動直接描繪，讓人直接感受，這是最常見、最基本的描寫手法。

間接描寫 也叫側面描寫，指用周圍的人或是物來烘托，突出所要描寫的對象，也就是透過描寫別人對他的印象、看法，去呈現事物的特點。常用的方式有烘托、對照、譬喻等。

白描 指用簡練的筆墨文字寫出具體的形象，不加任何烘托渲染。

細描 又稱工筆，指抓住描寫對象的特徵做細緻入微的描寫。

五、寫作教學思路引導

小朋友，在我們求學的過程中，一定遇到過許多同學。每個同學都有各自的特點，從他們身上，我們可以學到一些事，因而影響自己的想法或行為。請以「我從同學身上學到的事」為題，寫出你的經驗、感受或想法。

1. 寫作第一步：確立事件

你遇過或聽過同學發生哪些事件？不管是正面的、負面的，都可以把它先寫下來，再選擇其中一個最有感覺或最能發揮的事件作為你的主題。

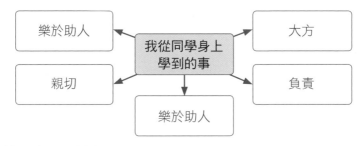

2. 寫作第二步：取材與構思

寫這篇文章時，你可以善用「六何法」（6W）來進行寫作。你可以利用下面的聯想圖完成構思和選材，最後再將它組織成一篇完整的文章。

你可以依序敘述以下幾點，完成文章的布局：

(1)事情的主角是誰？發生在什麼時候？什麼地方？

(2)同學發生了什麼事情？

(3)事情是如何發生的？敘述事情發生的原因。

(4)敘述這件事情的經過。（有什麼樣的問題或衝突？）

(5)事情最後的結果如何？

(6)事情發生後，你或其他人的反應如何？你的看法或感受是什麼？

(7)如果是你，你會怎麼做？或提出哪些建議？

(8)從這件事情，你學到什麼？

3. 寫作第三步：擬定寫作大綱

確定你的主題與選擇可發揮的材料後，擬定寫作大綱，並依照大綱完成整篇的寫作。

「我從同學身上學到的事」寫作大綱	
第一段	背景和原因 （何時？是誰？何地？何事？）
第二段	經過
第三段	結果
第四段	我學到的事
第五段	感受或想法

六、寫作小偏方

寫作小提醒

人是有感情的動物，蘊藏在我們內心的，除了喜、怒、哀、樂、愛、惡、欲等七情外，還有興奮、失望、寂寞、憂愁等情感的存在。我們在日常生活中一定會被許多事情打動，我們將心裡感觸到的，運用生動的文詞寫出來，就是抒情。

其實不管是記敘、議論、描寫等表述方式，都免不了帶有感情的成分，

因為文章必須抒發情感才能扣人心弦。感情本身既抽象又多變化，難以捉摸，很難用文詞表達，必須透過社會上的千百情態，和自然界的萬象景物來引發。因此，對事物的觀察要敏銳，對事理的體驗要深刻。通常可以引發感情的途徑，不外乎人、物、景、事、時……等，所以可以藉各種事物來帶入情感。

寫作小寶庫

小寶庫裡提供一些成語俗諺或是名言佳句供寫作參考，你可以讀一讀，引用名言佳句，或是自己上網搜尋喔！

★品學兼優、神采飛揚、古道熱腸、謙沖自牧、膽小如鼠、探頭探腦、東張西望、膽戰心驚、汗流浹背、大名鼎鼎、汗如雨下、臨機應變、三思而行、驚慌失措、施比受更有福。

★滿招損，謙受益。（尚書）

★每一個人都是自己命運的建築師。（芬蘭　沙拉斯特）

★無論哪一件事，只要從頭到尾徹底做成功，便是大事。（孫文）

★助人的雙手比祈禱的雙手更神聖。（美　英格索爾）

七、寫作大觀園～佳作欣賞

我從同學身上學到的事

臺北市玉成國小 劉禹彤

我的同學——林廷宇，有著大方、親切、負責、古道熱腸的特質。有一次校外教學去林家花園，她自告奮勇，幫大家做了又大又圓且內餡豐富的飯糰，還帶了一大瓶沖泡好的濃湯。我們這組的人都很期待中午的到來，想趕快好好品嘗她為大家準備的美食。

終於，令人期待的午餐時刻來臨了！她開心的拿出親手做的愛心飯糰和濃湯，我們則以感謝的心，一口一口細細品嘗。沒想到別人辛苦做的東西吃起來特別好吃，特別開心，也特別有活力！我們都很感謝她的付出，

讓我們能飽餐一頓。當時我心想，如果下次有機會，我也要做我拿手的點心給同學們吃。

孫越先生有句廣告名言：「好東西要和好朋友分享。」分享是讓別人快樂，也是讓自己快樂的良藥。看到廷宇樂於助人，而且大方、慷慨的個性，讓我不禁反省，為什麼我總是小氣、自私呢？為什麼我總是為自己的利益著想，很少為他人著想呢？從這次校外教學的經驗，我決定向廷宇學習，要如何大方、親切、負責、樂於助人。我可以先從平常做起，比如：分享餅乾給同學吃、去幫助需要幫助的人、陪伴受傷的同學去保健室……等等，如果我能做到，體會施比受更有福的道理，那應該就成功了。

我很幸運能夠結交像廷宇這樣的朋友，當我生氣時，我的心有如烈火一樣燃燒，我的朋友會幫我澆熄它；當我傷心時，我的心有如拼圖一樣散落，我的朋友會幫我拼回它；而在我快樂時，我的心有如精靈一般活躍，我的朋友會陪伴它。能擁有廷宇這樣的朋友，讓我有機會學習做個大方、親切、負責、樂於助人的人，我要大聲說：謝謝妳，林廷宇！

第十七回 ／ ○○ 遊記

一、主題：○○ 遊記

二、寫作教學亮點

　　遊記就是記述旅遊行程中所聞所見或經歷的事物。所謂「遊」就是瞧、登、走的體驗；「記」則要描寫景物特點，抒發自己的情感。所以，遊記是把旅行中的所見所聞、經歷和感受寫成的文章。

　　寫遊記並不是要你寫一張行程表，一一說明你去了哪些地方。要找出當地的特色，譬如臺南，它的特色就在「古」，就在「歷史」。這篇遊記要寫得好，最好是以第一人稱（我）來敘寫。以「我」的角度和口吻來進行敘述，寫出「我」的所見所聞所感，可以讓人感到親切真實。如果用第二人稱（你）、第三人稱（他）來寫，雖然可以不受限制的表現任何人的內心世界，但會變得客觀有距離，總覺得有「隔靴搔癢」之感。

　　寫遊記的另一個重點，是要同時掌握敘述兼描寫的功夫。敘述的手法可以利用敘述六要素（人物、事件、時間、地點、原因、結果）讓文章表達得更細膩而深刻。在旅遊的時光中，我們所看到的、聽到的、觀察到的、經歷的事物，一定是多元而五彩繽紛的。想把遊記的景點寫得栩栩如生，出神入化，讓人如同在文章中與你共同遊歷一般，這就需要運用描寫與觀察的功夫。

　　在選材方面，首先要找個令「你」印象深刻的旅遊，不管是家庭旅遊或是和朋友共同出遊，抑或班上的旅遊，都可以成為這篇文章的題材，先決條件就是「你」要對這段旅遊有感受，這樣文章才不至於淪為流水帳的紀錄。在布局方面，寫這篇遊記可以依時間順序描述深刻的活動，抓住主要事件好好的描寫敘述，把難忘的地方詳細寫下來。你也可以事先蒐集這趟旅遊景點的相關資料，找出當地的特色或特殊的人文風情，這樣的文章才能更有亮點。

三、教材連結（從教材看寫作）

　　「走進原始雨林」這一課（康軒六下課文），在徐仁修的帶領之下，我們來到了婆羅洲原始雨林探險，見識到當地特殊的景象，包括各種蟲獸和雷雨。作者善用感官，摹寫生動，雨林景象在他的筆下栩栩如生，也讓我們期待進一步了解這個神祕的世界，發現更多驚奇。這篇遊記除了讓我們擴展學習視野外，也提供另外一種對生命與環境的思考方向。

　　「神祕的城堡」（康軒六下課文）則將充滿童話色彩的城堡介紹得很清楚，從防禦的目的演變成權勢、力量及財富的象徵、寄託夢想的建築。城堡擁有生命力，也見證世界的歷史過程。作者運用不同手法引領，寫出旅遊時的見聞，讓讀者了解歷史古蹟，跟著進行一次理性與感性的旅遊。

　　閱讀這樣的文章，可以學習遊記多元的寫法，寫作時可以敘述描寫，也可以透過說明的角度來記錄所見所聞。所以，讀完這些文章後，可以練習「OO遊記」的題目，將文章所學習到的寫景文句或技巧，都運用在遊記的寫作中。

四、作文基本功練習：培養審題的功夫

　　「審題」就是仔細分析題目的含意，充分了解題目的要求。所以「題」，屬「頁」部，跟人的頭部有關，本意是指額頭，而「目」則是眼睛。所以，「題目」本是指人的額頭和眼睛，也就是人最重要、最明顯的部分。

　　寫作時，如果沒有審題就下筆，容易犯離題的毛病；如果審題出錯了，寫出來的作品就會不合要求。審題先要充分了解題目中每個詞的含義，然後找出題目要求的題材範圍。例如：「郊遊記趣」和「旅遊記趣」的含義並不相同，因為「郊遊」的地點限於郊外，「旅遊」的地點卻可以是任何城市或任何地方。如果寫「郊遊記趣」時寫到了出國觀光的「旅遊記趣」，就文不對題了。

　　審題時，要看清題目中是否在時間、地點、人物、事件、數量等方面做出規定或限制，例如：「校園內一件有趣的事」，就規定了地點在「校園」，

事件是「趣事」，數量是「一件」，時間雖然沒有明說，但意思是指過去已經發生的事。如果沒把題目要求看清楚，也會文不對題。

　　另外，我們在寫作前，可以配合題目要求，選擇適當的文章體材。先看看題目中有沒有表示文體的關鍵詞語。「記」通常表示寫的是記敘文——記一個人、記一個物、記一個景、記一件事。例如「OO 遊記」、「記一件難忘的事」等等。如果寫作題目提及了敘述六要素，尤其是時間、地點、人物、事件等，通常也以記敘文為最佳表達方式。例如：「我們這一班」、「班上的風雲人物」、「考試前後」「我的學校」、「校園一隅」等。

五、寫作教學思路引導

　　小朋友，你一定去過什麼地方旅遊吧？可能是和家人出遊，也可能是和老師、同學去校外教學，抑或是和親戚朋友出外踏青。這當中，哪一段旅遊最讓你難忘？途中發生了什麼事情？關於這個地方，你知道或聽過哪些故事或傳說呢？有沒有特別的歷史背景、自然景觀或人文環境？請以「OO 遊記」為題，把你的所見所聞寫出來，讓大家跟著你的文章，分享這一趟難忘的旅遊。

1. 寫作第一步：旅遊的地點和緣由

　　我旅遊的地方是：_____。我和誰（哪些人）一起出遊？_____。
　　這次出遊的原因：_____。選擇這個景點的緣由是_____。

2. 寫作第二步：取材與構思

　　遊記雖然是偏向敘事的文章，以事件作為主線，但遊記的主角就是「風景」和「人」，是記錄「人」在這一段「風景」旅行過程中發生的事，所以必須點明空間和時間。寫這篇文章時，可以善用「敘述六要素」來寫作，你可以先完成下面表格，依照引導完成一篇文章。（下方的題目是幫助思考用的，所以題目很多元，有各種面向；小朋友在下筆寫文章之前，只要選擇當中的 3 ～ 5 個題目來進行深度描寫就可以了。）

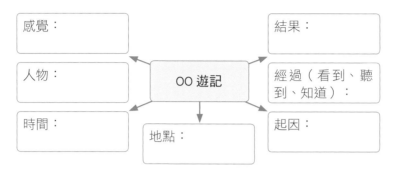

(1)簡介旅遊地點：它的地理位置在哪裡？我們是如何前往的？（搭車、
　　開車、騎車、坐船……）

(2)簡介旅遊地點，它的特色是什麼？（包含歷史、地方特色、自然、人
　　文、風情……）

(3)在沿途發生了哪些事情？是好笑的？令人生氣的？還是難忘的？

(4)詳述旅遊的所見、所聞、所思、所想，所經歷體驗的特別事物。（我
　　首先看到……接著再看到……最後又看到……我體驗到……）

(5)當地有什麼歷史故事或特殊傳說？還是特殊的活動、奇風異俗？

(6)運用感官（視覺、聽覺、嗅覺、味覺、觸覺等）摹寫景物。

(7)我的感覺是什麼？

3. 寫作第三步：擬定寫作大綱

　　參考上方的材料，選取你印象深刻，最想詳細描寫的內容，擬定寫作大
　　綱，並依照大綱完成整篇作文。

「OO 遊記」寫作大綱	
第一段	旅遊的原因	
第二段	簡介地點（特色、傳說）	
第三段	見聞體驗	
第四段	發生的事	
第五段	感覺	

六、寫作小偏方

寫作小提醒

寫遊記時，可以有兩種方式：

1. 按照時間的順序寫：走到哪裡寫到哪裡，不同的時間，看到的景物會有不同的特點。

2. 按照空間的順序寫：先看到什麼（遠方或近處），接著看到什麼（定點或移動），再看到什麼（全景或特寫）。

不管按照哪個方式寫，一定要有次序有條理，才不會讓文章看起來雜亂無章。

思考時，我們往往會想到很多材料，但不能每一樣都寫進去，要選擇我們最有感受的那些題材來寫，這樣寫出來的文章才會真實。當然，還可以拿出當時所拍攝的照片，既能協助寫作，也能再次回味那旅程！

寫作小寶庫

小寶庫裡提供一些成語或是名言佳句供寫作參考，你可以讀一讀，引用名言佳句，或是自己上網搜尋喔！

★尋幽訪勝、雲霧繚繞、福地洞天、宛轉歌聲、鳥語花香、鳥囀蟲吟、氣象萬千，花花世界、一沙一世界，一花一天堂，一葉一如來、天公不作美。

★落霞與孤鶩齊飛，秋水共長天一色。（王勃〈滕王閣序〉）

★時常置身於大自然的人，不但可以品嘗到自然界的美妙，獲得精神上的愉悅，更能調適自我，讓人的一生更多彩多姿。

★四周是一棵棵筆直、高可參天的大樹，濃密的樹冠層層擋住滲入的陽光。

★白色的山巒如同鑽石一般鑲嵌在靛藍色的天空中。

★環繞的群山似乎都在燃燒，秋天的樹木閃爍著各種繽紛色彩。

★石礫般粗大的雨珠在樹林上頭傾盆而下。閃電隨之而來，爆裂的雷聲在四周迴盪，震人心弦。

七、寫作大觀園～佳作欣賞

太魯閣遊記

新北市修德國小　林劭禹

哪裡有臺灣最高壯的山巒？哪裡有臺灣最湛藍的流水？哪裡又有臺灣最深邃的峽谷？告訴你吧！太魯閣就是這樣的一個好地方。去年暑假，太陽不斷用金黃色的箭，射出一波波熱浪，我們全家人一致決定背起行囊，快樂的迎向東臺灣。

「太魯閣」其實是臺灣原住民太魯閣族的語言，意思是「偉大的山脈」。長久以來，立霧溪水就像堅韌的雕刻刀，不斷向下侵蝕，切開了厚度超過一千公尺的大理石層，刻鑿出垂直將近九十度完美的 U 型峽谷。走在狹窄的步道上，兩旁都是高聳入雲的峭壁、斷崖，連綿曲折的山洞、壺穴和大理岩層，大家看了無不讚嘆大自然所施展的鬼斧神工。

太魯閣國家公園有許多建設，都是幾十年前，不少士兵在缺乏現代化工具的狀況下，單憑雙手一錘一鑿開挖出來的，有了這些通行步道，我們才能看到太魯閣最美麗的風光。走在燕子口，總有成群的燕子盤旋飛翔，嘰嘰喳喳好不熱鬧；步入九曲洞中，山風呼呼作響，配合溪水轟隆奔流，好像演奏著雄壯的進行曲。有這麼多令人驚豔的美景，難怪太魯閣被票選為「臺灣旅遊必看」的景點。

太魯閣還有一個有趣的地方叫「落帽」，因為那裡的峽谷風光要抬頭才看得到，結果一抬頭，帽子不小心就掉了，因此被稱為「落帽」。我們走到那個地方時，真的看到有些遊客「落帽」，好像在跟這片山林致敬一樣，真是個奇妙的經歷！

三天兩夜的太魯閣之旅很快就結束了，但我永難忘懷太魯閣的岩石、綠樹、以及鳥聲和水聲。假如可能的話，我希望大家能更溫柔的觀看、聆聽，讓太魯閣的雄偉壯闊，永遠留在世人的心版上。

貳・教學實務與設計篇

第十八回 ／ 比讀書更重要的事

一、主題：比讀書更重要的事

二、寫作教學亮點

　　高年級的學生，認知心理發展雖然已經從具體思維過渡到抽象思維的概念，但要他們提出自己的議論，其實還是有難度的。「比讀書更重要的事」這個題目可以寫成說明文，也可以寫成議論文。然而，若是以說明文的角度去寫，可能只能談到皮毛，搔不到真正癢處；所以，若能以夾敘夾議的方式來論述，當然會比較有說服力。若以記敘文的方式書寫，然後點出真正的主題，這也是可以的。不過，這樣的方式寫作功力要夠高，否則很難寫得出色。

　　教學生下筆之前，要先審題。這個題目的審題，要抓住兩個關鍵詞：第一是「讀書」，第二是「更」重要的事，兩者之間並不矛盾。要特別注意的是題目並非說讀書不重要，而是說在日常生活中，讀書未必是最重要的，應該有些什麼是比讀書「更」重要的事。例如健康、孝順、禮貌、品德、知足、感恩……若文章把讀書寫成非常不重要，那就是犯了審題失當的毛病了。

　　論說的要點便是要以理服人。而以理服人的方法，要不就是直指重心，挑明了講；要不就是含蓄委婉，點到為止。以「比讀書更重要的事」這個題目而言，直接破題能讓文章重點直接跳出，所以開門見山便可明白說出「什麼是比讀書更重要的事」；接著論述所秉持的原因或理由是什麼，若有相關輔證的資料或例子當然更好。

三、教材連結（從教材看寫作）

　　「神奇的藍絲帶」（康軒六上課文）是敘述美國婦女海莉思用藍絲帶傳遞愛與溫暖的故事。當將藍絲帶贈予別人的時候，同時需要表達對他的讚美與感謝。最感人的是一位中學生將藍絲帶送給諮商師，諮商師再把藍絲帶送給不苟言笑的老闆，嚴肅的老闆送給了心靈受創的兒子，讓孩子第一次感受

到嚴厲父親的外貌底下，其實也有一顆關愛自己的心。

　　「神奇的藍絲帶」這一課，正是在告訴我們：真正的「讀書」，不是只把文本的知識讀完，也不應只是「嘴上談兵」而已。真正的「讀書」，應重在融會貫通後的實踐。一個懂得愛的人，會像藍絲帶一樣，傳遞著感恩的火花；一個懂得愛的人，會仔細觀察生活周遭的細微處，感恩生命的美麗與溫馨。所以，我們要把愛傳出去，讓世界更美好。從具體行動中發現，原來，生活中有許多「比讀書更重要的事」，等待我們去發現，去感動，去珍惜，去實踐。

　　本課的寫作結構，是以「總一分」的方式呈現，將一個故事周密清楚的介紹。這樣的寫作方式會使所舉的例子詳實而深刻。當然，也可以分述好幾個例子，讓所要辯證的思維更具代表性；不過，若採用分述多例的方式，每個例子只能擷取重點敘述，無法周全。寫作者可以自己選擇採用哪一種方式，來讓自己的論點表達完整。

　　讀完這一課，我們知道讀書固然很重要，但生活中有很多事情是比讀書更重要，也是不能等、不能錯過的事。所以，我們就以「比讀書更重要的事」為題，寫一篇文章，釐清我們的思緒與想法。

四、作文基本功練習：文章開頭

　　「比讀書更重要的事」屬於論說型的題目。而論說的目的就是要以理服人，因此，論說類型文章的開頭，可以透過層層的推理、解說，闡述自己的理由。所以，這個題目的開頭，可以使用「破題法」，直指核心。

　　<u>破題法</u>　　這是把題目當做開頭來下筆的寫作方式，一開始就把題旨點明，直接揭露文章的中心，為後繼的反覆辯證鋪路。由於挑明了說，所以寫來理充詞沛，氣勢磅礡，容易留下深刻的印象，也有人稱為「開門見山法」或「直起法」。例如：

> 　　有人說：健康是 1，知識、財富、學歷、身分……都各代表一個 0。讀書雖然是打開知識寶庫大門的鑰匙，但是，沒有健康的身心，縱使滿腹經綸、學富五車，擁有再多的財富與尊榮，沒有前面的 1——健康，也還是 0 罷了。所以，我認為，比讀書更重要的事，便是擁有健康的身心。

五、寫作教學思路引導

　　小朋友，讀書是很重要的，因為讀書不但是獲取知識最快的捷徑，也能讓人生更豐富。可是，讀書是為了生活，所以，一定有許多事情是比讀書更重要的。

1.寫作第一步：確立論點

　　文章一開頭，你可以決定立即點出全文的重心——（　　）是比讀書更重要的事。在思考的時候，可以利用下面的聯想圖，將所想到的材料都先寫下來，之後再選擇比較喜歡的主題。

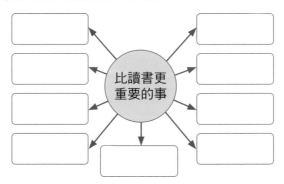

2.寫作第二步：取材與構思

　　寫這篇文章可以善用演繹法與歸納法，讓文章合情合理。例如以「維持身心健康」為主題，你可以先說明健康的重要，再列舉一些例子或理由來驗證；或者把一些例子或理由歸納起來，建構出「健康」是很重要的。你可以依序述說以下幾點：

⑴為什麼健康比讀書更重要？

⑵健康的人是否能讓讀書、學習更愉快？更有效益？

(3)一個角度，兩個支持：有哪些例子或理由可以支持你的想法，至少要有兩個例子或理由，才能讓文章更有說服力。

例子（理由）一：＿＿＿＿＿＿＿＿＿＿＿＿＿＿＿＿＿＿＿

例子（理由）二：＿＿＿＿＿＿＿＿＿＿＿＿＿＿＿＿＿＿＿

(4)如果沒有健康，會對你的人生造成什麼樣的影響？

(5)提出作法：你會如何維持你自己的健康呢？

(6)統整你的看法和想法，再次重申健康的確比讀書更重要。（總結）

3. 寫作第三步：擬定寫作大綱

確定你的主題後，參考下方的議論文寫作方式，擬定寫作大綱，並依照大綱完成整篇的寫作。

段落	大綱	內容		文章結構
一	破題（論點）			提出問題
二	論據一	理由一：		分析問題
		反例：		
		正例：		
三	論據二	理由二：		
		反例：		
		正例：		
四	提出做法			解決問題
五	結論	重申論點		

六、寫作小偏方

寫作小提醒

寫作時，前後的論點和論述都要一致，而且，要把題目真正的意思讀懂。「比讀書更重要的事」，如果主題設定是「健康」，那接下來就要扣住「健康」這個主題好好發揮，舉 些「健康」比「讀書」重要的例子。例如身體健康的工人，勝過奄奄一息的博士。千萬不能寫成「健康」和「讀書」並重，

更不能寫成只要會讀書就能賺大錢，能賺大錢就能買藥找回健康，那反而變成「讀書」比「健康」重要了。這就犯了審題失當、文不對題的毛病。

同樣的，「比讀書更重要的事」並非暗指讀書不重要。而是說讀書雖然是獲取知識的途徑，卻不是唯一的人生標的。不同的價值觀，會產生不同的結果。所以，小朋友可別曲解了題目的本意喔！

- 一個角度，兩個支持：如果只專論一個主題，必須提出兩個以上的理由或例子，這樣才有說服力。
- 不同角度的思考：如果選擇多個主題並列敘述，每個主題可以各自成段，建議以不超過三個為原則。

寫作小寶庫

小寶庫裡提供一些成語俗諺或是名言佳句供寫作參考，你可以讀一讀，引用名言佳句，或是自己上網搜尋喔！

★滿招損，謙受益。（尚書）

★業精於勤，荒於嬉。（韓愈）

★行有餘力，則以學文。（孔子）

★滴水能穿石不是靠力，而是因為它不舍晝夜。

★知識被付諸實行後，才會變成力量。

★時間能善用，人生更主動。

★良言一句三冬暖，惡語傷人六月寒。

★誰若想在困阨時得到援助，就應在平日待人以寬。（薩迪）

★對人不尊敬，首先就對自己不尊敬。（愛默生）

★財富並非永遠的朋友，但朋友卻是永遠的財富。

★生活裡最重要的是有禮貌，它比最高的智慧，比一切學識都重要。

★一個人的禮貌，就是一面照出他的肖像的鏡子。（歌德）

★禮貌使有禮貌的人喜悅，也使那些受到人家禮貌相待的人們喜悅。（孟德斯鳩）

★喪失了財富，可以說沒喪失什麼；喪失了健康，等於喪失了某種東西；但當喪失品德時，就一切都喪失了。

★君子泰而不驕，小人驕而不泰。（孔子）

★品格能決定人生，它比天資更重要。（弗・桑德斯）

七、寫作大觀園～佳作欣賞

比讀書更重要的事

新北市 麗林國小　張嘉芮

答案卷滑落到桌腳旁，你可曾想瞥一眼？聽著同學拿著滿分考卷歡呼，你是否曾經覬覦？當你撥開利益私慾的蒙蔽，迎向陽光時，世界是不是變得天寬地闊？原來，還有比讀書更重要的事──誠實。

「人而無信，不知其可也。」人若不誠實，即使知識淵博，也填補不了品德的缺陷；如果真誠待人、不欺瞞，就能抬頭挺胸立足社會。

讀者文摘曾在全球進行「誠實度大調查」，他們在各地刻意遺留手機，測試有多少手機能歸還失主。結果顯示，手機歸還率高達百分之六十八。誠實和貧富有關聯嗎？匈牙利一位露宿街頭的遊民，在火車站撿到高級手機時，並未將它占為己有！他覺得誠實是人生中絕不能失去的東西。由此可見，誠實與否未必與貧富畫上等號。

還記得上次發數學考卷的情況。「嘉芮，一百分！」在如雷的掌聲中，我拿回考卷。發現老師改錯了一題時，我幾乎可以聽見心臟狂亂的跳動聲。時間彷彿在空氣中凍結，我的腦袋也嗡嗡作響。「沒關係，改錯是老師的疏失，不是妳的錯！」充滿誘惑的話語悄悄閃過。「學生要誠實，不應得的分數就不該多拿。」要不要主動告訴老師？我一咬牙，鼓起勇氣向老師承認。看著被畫掉的一百分，雖然忍不住流下眼淚，但我知道自己的決定是對的──讀書很重要，一百分很誘人，不過，我更喜歡這種踏實又心安的感覺。

在我的人生天秤上，誠實的分量比讀書還重。面對良心與利益，在善惡中抉擇，也許令人煎熬，但只要冷靜分析，察覺自己想法的偏差，坦然面對問題並勇敢朝正確跨出一步──那就戰勝自己心中的小惡魔了！

誠實，無法用法典來教，只有在和內心對話時，它才會現身。做個誠實的人，讓我們學會對自己負責，也讓我們在求學讀書的過程，掌握正確的方向，不致迷失。我認為，誠實遠比讀書重要多了！

第十九回 / 一次真心的道歉

一、主題：一次真心的道歉

二、寫作教學亮點

「一次真心的道歉」屬於記敘文中敘事的文章。題目的範圍是「一次道歉」，所以就不能寫成很多次。即使想道歉的事件很多，也只能選擇一次事件來寫，要不然就離題了。另外，「真心」是這個題目的重點，所以，一定要選擇真心向人道歉的事件。

敘事的記敘文最需要掌握的基本元素是敘述六要素：時間、人物、地點、原因、經過、結果。它和寫人的記敘文有些許不同。敘事的記敘文側重在表現事件的意義；寫人的記敘文側重在表現人物的性格。

這篇文章如果主題選得正確，素材選得恰當，就已經先馳得點，剩下的只是細節描寫的方式了。這個事件是如何發生的原因，需要稍微敘述一下，當然，文章的重點是在敘述事情的經過。這個事件造成什麼樣的衝擊或影響，主角反省的內在過程以及採取什麼樣的行動，而事件的結果又是如何，給你的感受或是從這個事件所學習到的經驗或真理，也是書寫時要發揮的重點。這篇文章想要表現出色，抒情的感受是很重要的。真心的懺悔與表達歉意，才能表達出深刻的情感。所以，自己曾經經歷的事件當然是首選，這樣就能自然而生動具體，情真意切，令人感同身受了。

三、教材連結（從教材看寫作）

「跑道」（康軒六上課文）一課中，政彬在接力賽時，差點因為個人因素而拖累班級比賽的榮譽。慶幸的是，他能理解老師及同學用心良苦，並悟出團結力量大的道理，全力以赴，贏得比賽。最後，他察覺自己自負錯誤的心態，即使沒有開口說道歉，但是用最真誠的行動來表達自己的歉意，彌補錯誤，這樣的反省與改過比任何語言都更有誠意。

　　犯錯道歉，是每個人都明白的，可是發現自己的錯誤而感到歉疚的真心懺悔，卻是很少人能做到的。能面對自己的錯誤就是勇敢，就是一種值得鼓勵的行為。真心的道歉並不是息事寧人，並非敷衍了事，而是認真反思自己的行為，並願意為自己的錯誤負責，所做出的勇敢舉動。

　　我們可以從這篇文章中學到，遇到事情要勇於面對，犯錯要真心致歉，這樣比較能化解危機和問題！所以，讀完這一課，可以以「一次真心的道歉」為題，敘述當時的事件和內心的情緒。

四、作文基本功練習：形容詞和比喻

　　美麗的世界由於人事物的形狀、聲色、性質或動作等等，千變萬化。所以，在適當的人物、事件、動作、行為、表情之前，加上形容詞，能使句子更有魔力。描述一件事物時，善用形容詞，才能使文章生動活潑、豐富有趣。形容詞可以讓原來句子的人或事物，表達得更加生動。例如：

> 毛毛蟲變成蝴蝶。

　　我們加上形容詞後，會變成：

> 醜陋的毛毛蟲變成美麗的蝴蝶。

　　這樣的句子是不是更吸引人呢？

　　在寫作的時候，我們往往也會用一個具體的東西，來形容另一個事物，這就是「比喻」。想運用「比喻」法，要先找出兩者之間的相似處，例如：

> 火紅的太陽像媽媽熱情的臉頰。

　　便是將太陽和媽媽臉頰的相似點找出來：紅紅的、熱情的，都能給我很多的溫暖與照顧，都是我生命的泉源。這樣句子是不是好像加了魔法，變得又生動，又活潑呢？

　　下面這些句子，也都是加上形容詞和比喻變生動、變形象，讓表達更有

貳·教學實務與設計篇

美感的實例。我們可以讀一讀，當作寫作的參考，或是按照這樣的方式仿寫，進行寫作，讓文章變漂亮。

形容詞	名詞	比喻
心急如焚的	妹妹	像熱鍋上的螞蟻，一刻也停不下來。
苦悶的	心情	就像梅雨季節的天氣一樣，陰晴不定。
愁眉不展的	爸爸	心中像潮水一樣翻滾，躺在床上怎麼也睡不著。
混亂的	思緒	像剪裁錯亂的膠捲，不停在我腦海中播放影像。
生氣的	老師	像蓄勢待發的火山，隨時準備噴發。

五、寫作教學思路引導

小朋友，你是否曾經犯錯？犯錯以後，是怎麼面對事情的？是真誠的開口道歉？還是惱羞成怒的掩飾錯誤？抑或是像鴕鳥一樣，躲起來不願面對？勇於面對自己的錯誤，懂得省思與改過是一種勇者的行為。若能以實際行動表達自己的歉意，更是值得嘉許。請回想自己類似的生活經驗，根據下面的提示，以「一次真心的道歉」為題，完成一篇作文。

1.寫作第一步：確立事件

你遇過哪些需要道歉的時刻？把想到的、知道的都先寫下來，再選擇其中一個最有感覺或最有把握的事件成為你的主題。

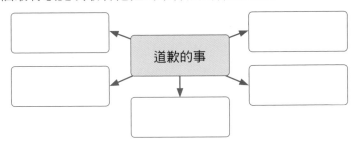

2.寫作第二步：取材與構思

寫這篇文章時，你可以善用「六何法」（6W）來寫作或構思或利用下面的聯想圖完成構思和選材，最後再將它組織成一篇完整的文章。

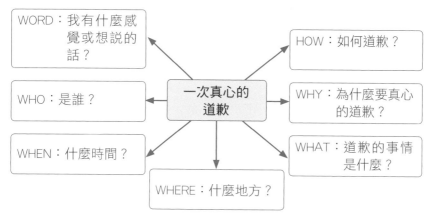

你可以依序敘述以下幾點，完成文章的布局：

(1)事情發生在什麼時候？什麼地方？有哪些人物？

(2)事情是如何發生的？敘述事情發生的原因。

(3)詳細敘述這件事情的經過。（主要人物是誰？有什麼問題或衝突？）

(4)事情發生後，你或其他人的反應是什麼？心情怎麼樣？

(5)你如何道歉？怎麼解決問題？對方的反應是什麼？

(6)事情的結果怎麼樣？

(7)你對這件事情有什麼感受或想法？從這件事情中是否學到任何收穫或
　　省思。

3. 寫作第三步：擬定寫作大綱

確定你的主題與選擇可發揮的材料後，擬定寫作大綱，並依照大綱完成
整篇的寫作。

段落	大綱	內容
一	開頭（是誰？何時？何地？原因）	
二	經過	
三	解決的方法	
四	結果	
五	感受	

六、寫作小偏方

寫作小提醒

　　想豐富文章的內容，可以多用成語，這樣可以讓你的文章增色不少。譬如：在事件經過的描寫上，你可以使用：大吃一驚、驚慌失措、怒不可遏、惱羞成怒……等成語來形容自己的心情。明白了自己的錯誤以後，你可以用歉疚萬分、自慚形穢等詞語來形容自己，最後，也別忘了要書寫自己真實反省的內容喔！

寫作小寶庫

　　小寶庫裡提供一些成語俗諺或是名言佳句供寫作參考，你可以讀一讀，引用名言佳句，或是自己上網搜尋喔！

★對於過去所犯的錯誤，最好的道歉是在將來做正確的事。（神學家　泰倫‧愛德華茲）

★先道歉的，都是最勇敢的；先原諒的，都是最堅強的；先忘記的，都是最快樂的。

★知錯能改的速度越快，成功的速度也越快。

★原諒是金，道歉是銀。

★懂得道歉的人，才是一個真正負責任的人。

七、寫作大觀園～佳作欣賞

　　　　一次真心的道歉

　　　　　　　　　　　　　　　　　新北市修德國小　吳怡霈

　　每每想起我和妹妹那次激烈的「冷戰」，我總是不禁笑了出來，感覺自己真是既幼稚又勇敢：幼稚的是我們為了一點兒連雞毛蒜皮都稱不上的事吵架，勇敢的是我鼓起勇氣，真心誠意的向妹妹說「對不起」，終於化解了我們尷尬的場面。

那是一個夏日的午後，我和妹妹說好一起玩遊戲。我想玩捉迷藏，妹妹想玩圍棋。我們一言不合，誰也不讓誰，就吵了起來。爭吵聲越來越大，把媽媽引來了，我正要把事情大致說一遍時，只見妹妹的臉上瞬間爬滿淚水，委屈的模樣，讓媽媽立刻走過去抱住她。妹妹抽抽噎噎的說我很蠻橫，每次都強迫她要聽我的……

我看她一副可憐兮兮的模樣，擔心媽媽要站在她那邊了。情急之下，我開始大吼，大罵她只會裝可憐，裝模作樣博取同情，我最討厭這樣做作虛偽的人了……接著，怒不可遏的我，把她的圍棋都摔在地上，轉頭走進房間。

往後的那幾天，我都把她當隱形人，我們陷入「冷戰」，彼此都不說話。但是，我會「不小心」的碰觸到她，「不小心」把她的東西碰撞在地上。其實我內心很難過，因為我們一向很親密、無話不談，突然間不能說話，還要假裝冷漠，心裡像有一顆大石頭壓著一樣，好難受。然而，我就是拉不下臉來跟她說話。

第七天晚上，媽媽進房跟我說話，她問我：「姐妹的感情和面子，什麼比較重要？」我頓時覺得好慚愧，我怎麼會跟自己的妹妹這樣吃醋？媽媽說：「先道歉的人，是最勇敢的！」是的，「懂得道歉的人，才是一個真正負責任的人。」於是我鼓起勇氣，到妹妹房間找她。我對她說：「對不起！我不應該說那些話傷害妳，後來還惱羞成怒，為了面子不跟妳說話，我不該這樣對待妳，我們姐妹的感情比什麼都重要，請妳原諒我！」妹妹聽著，立刻哭起來，說她也有不對的地方，但是不知道該怎麼開口。我們兩個又哭又笑，抱在一起。

媽媽很高興，她說我能真心道歉，勇於認錯，她感到很榮耀！真心致歉之後，我心上壓著的大石頭突然不見了，感覺好輕鬆、好愉悅。對於過去所犯的錯誤，最好的道歉是在將來做正確的事。我告訴妹妹，我們以後絕不要再冷戰了，我會好好愛她，我們永遠都是好姐妹！

第二十回　寫給二十年後的自己

○一、主題：寫給二十年後的自己

○二、寫作教學亮點

　　這封穿梭時空的信，重點不在書信的格式形式，而是在於對自己未來的期許與回顧過往成長的點滴。時間，是一去不復返的，當開始驚嘆時光飛逝時，想回首已經來不及，回顧時也會有感慨了！如果可以善用時光膠囊，將未來的夢想與期許事先記錄收藏，讓現在的我和未來的我對話，把對未來的期許書寫下來，當日後打開這時光膠囊時，想必一定很有趣吧！

　　籃壇新飛人張宗憲，英文名字叫 JET，現年二十出頭的他，把闖進 NBA 當成他最大的目標。前一陣子，他就寫了封信給二十年後的自己。信中問二十年後的老 J 是否還記得那場影響自己一輩子的比賽——NCAA 冠軍賽，個人曾經獲得了幾分？現在的老 JET 還可以像以前一樣跳起來灌籃嗎？另外，號稱天才選手的戴資穎，她也寫了一封信給未來的自己，信中她希望能勇闖 2016 年奧運，再寫羽球傳奇。還有，以《翻滾吧！男孩》這部電影而聲明大噪的導演林育賢，當時因為看到六歲的小恩哭著練體操卻不放棄，苦撐帶來感動，小恩曾說：「你知道嗎？我在這裡學會一個後空翻，比在教室考一百分還高興。」林育賢聽了非常感動，於是拍了這部片，記錄這些孩子為喜歡的事情努力的過程。近日他用時空膠囊寫信給二十年後的小恩，問他：「二十年過去了，你還有繼續練體操嗎？你還有繼續為令你開心的事情而努力翻滾嗎？」

　　寫信給二十年後的自己，是對以後有期許，談的是未來，充滿了希望與憧憬；如果要寫信給 20 年後的自己，「你」會寫什麼呢？「多啦 A 夢」的卡通裡，打開書桌抽屜，大雄就可以乘著時光機去尋找未來的自己，看看自己長什麼模樣？是不是一樣貪玩、好吃懶做？如果有一天，你在抽屜裡發現一封二十年前寫給自己的信，一定令人感觸良多吧！如果過去的自己可以跟未來的自己搭上線，感覺一定很奇妙呢！

三、教材連結（從教材看寫作）

「童年・夏日・棉花糖」（康軒六下課文）這一課，是作者敘述關於夏日棉花糖的童年記憶。回憶往事，一切是那麼有趣而令人懷念。作者記得夏日賣棉花糖的老人帶給他們這群孩童很多歡樂，讓生活充滿天真的諧趣。在優美的文字中，我們可以感受作者浪漫又幸福的童年。

小時候，我們期待快快長大，能夠像大人一樣自由出入，隨心所欲做自己想做的事，以為「長大」是一件很值得快樂的好事。而當年歲漸長，成為青年，或是等到壯年，在生活上經歷一些現實後，我們卻恨不得回復童年無憂無慮的快樂時光。無邪的天真，稚嫩的臉蛋，或許才能享受真正純粹的快樂吧！

看完這一課，不妨讓孩子寫一封穿越時空的信，想像自己的未來，建構生命的藍圖。這封穿梭時光的信，可以讓自己與未來對話，寫下對未來的夢想與期許，假設自己已經過了二十年，檢視這二十年成長的軌跡，歲月的變化，充滿了趣味的想像力。對一個小學高年級的孩子來講，經過二十年，屆時已是三十多歲的國家棟梁，那時再回首童年的一切，應該有很多的想法與感觸吧！

四、作文基本功練習：想像

寫文章需要想像的功夫，所謂「想像」，就是利用已經知道的事實或觀念做基礎，推想出新觀念的能力。這裡的「想像」，是指一種寫作方法，希望學生能透過各種途徑，充分發揮聯想，增進語文的表達能力。也就是說：作者乘著想像的翅膀，根據累積的生活經驗和知識，透過文字的描述，在腦海裡創造出自己從來沒有接觸過的新的事物或新的形象。「寫給二十年後的自己」這封穿梭時空的信，就需要運用想像的方式才能完成。運用想像的方式，可以有下列幾種：

1. 虛擬想像法：運用假設想像的手法，來豐富文章的內涵，增強文章的創造性。如：「如果我能飛」這個題目，以虛擬來開展豐富的想像，飛到

世界各地，圓一個暑假的夢：

> 我願意像鵬鳥一樣自由的翔翔：飛向日本，親嘗北海道的白雪；飛向美國，暢遊迪士尼；飛向⋯⋯安排我快樂的暑假。

2. 推測想像法：根據已有的材料或線索，對事物的原因、發展過程和結果，進行合情合理的推測想像，來發展文章的故事情節。

3. 發展想像法：根據原材料所提供的線索、範圍，透過合理的想像，延續情節的發展，構成完整合理的故事。

五、寫作教學思路引導

小朋友，每天早上，「時間銀行」總會為你在帳戶裡自動存入 86,400 秒，可是每天的帳戶餘額都不能結轉到明天，一到午夜，銀行就會把你當日未用盡的款項全數刪除；當然，也不能提前預支片刻。所以，我們要好好珍惜當下才是。

你對未來有什麼期許或想法？你曾經想過，二十年之後的自己，會是個怎樣的人嗎？在哪裡上班？過著什麼樣的日子？請以「寫給二十年後的自己」為題，把自己的夢想和願望都寫出來。

1. 寫作第一步：問候與稱呼

親愛的：＿＿＿＿＿＿＿（寫上自己的名字或代號）

問候語：＿＿＿＿＿＿＿（例如：你現在過得幸福嗎？是不是很忙呢？）

2. 寫作第二步：取材與構思

小朋友，要給二十年後的自己寫信，時間和空間上是否有些混亂？這時，你就得發揮想像力，把自己想像成一個導演，安排自己二十年後的模樣。二十年後，除了工作之外，你的家庭會是什麼樣子的呢？會生幾個小孩？會怎樣教育孩子？你的學歷如何？有可能在哪裡讀書或上班？從事什麼研究？是個怎樣的人（價值觀）？你的休閒生活如何？⋯⋯用這些畫面組合成二十年後的你。

⑴你可以利用想像先完成下列表格，把想到跟「二十年後的自己」有關
的部分全都寫下來，依序回答問題後再完成一篇文章。（下方的題目
是幫助思考用的，所以題目很多元，有各種面向；小朋友在下筆寫文
章之前，只要選擇當中的 3 ～ 5 個題目來進行深度描寫就可以了。）

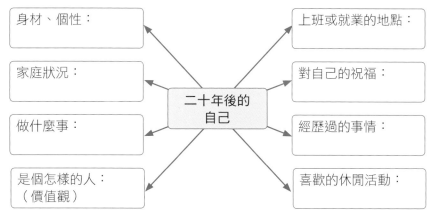

身材、個性：

家庭狀況：

做什麼事：

是個怎樣的人：
（價值觀）

二十年後的
自己

上班或就業的地點：

對自己的祝福：

經歷過的事情：

喜歡的休閒活動：

⑵二十年後的自己，身材如何？穿什麼樣風格的衣服？外貌與個性有什
麼改變呢？

⑶介紹二十年後自己的家庭狀況。（簡介家人、結婚沒？有小孩嗎？）

⑷二十年後，「我」的生活過得快樂嗎？有什麼煩惱嗎？說出原因。

⑸會在哪裡從事什麼樣的工作（期望）？和童年的夢想一樣嗎？

⑹「我」經過什麼樣的計畫和努力才到達這個位置？有什麼心情？

⑺「我」喜歡或關心哪些事？（從事哪些休閒活動、和哪些人一起？）

⑻想念以前的什麼事物？一直記得以前的哪些人或事？

⑼對這二十年來的表現滿意嗎？「我」想對自己說什麼？（祝福、勉勵、
警惕）

3. 寫作第三步：擬定寫作大綱

參考上方的材料，選取你最有把握、最有想法的內容，擬定寫作大綱，
並依照大綱完成整篇的寫作。

「寫給二十年後的自己」寫作大綱		
第一段	稱謂與問候	
第二段	想像身材與個性的轉變（家庭生活）	
第三段	想像職業與生活狀況	
第四段	關於我的一切（瞻望未來、回首以前）	
第五段	我的感覺（我想說）	

六、寫作小偏方

寫作小提醒

　　在寫作之前，可以先問自己一些題目，來幫助選材與構思。如果只是寫你二十年後的工作，可能一下子就寫完了。所以你可以先想想：自己的夢想是什麼？對未來有哪些期望？要如何做才能完成這些夢想？

　　文章開頭時，可以透過事、物、人、景來對照出這二十年前後的對比，例如「睹物思情」，透過一些事物或景來觸發某種感情，讓文章自然而然流露出情感，也帶出二十年時空的差異。這樣的寫法，會讓記敘的文字帶有抒情的筆調，文章會比較優美生動。

寫作小寶庫

　　小寶庫裡提供一些成語俗諺或是名言佳句供寫作參考，你可以讀一讀，引用名言佳句，或是自己上網搜尋喔！

　　★心寬體胖、甘拜下風、深居簡出、養尊處優、安步當車。

　　★人不可貌相，海水不可斗量。

　　★人要活得快樂，不能被悲傷打敗。

　　★生命是一篇小說，不在長，而在好。（羅馬 辛尼加）

　　★生活中的主要意義不是你做什麼，而是你為別人做什麼。（英 勃朗瓊）

　　★真正的富裕，源自對自然的珍惜，對生活的知足，對美感的堅持。

　　★我們無法做大事，但我們能以大愛做小事。（德蕾莎修女）

★我就像是準備征服一座高山的登山者，現在才來到登山口，挑戰才要開始。

七、寫作大觀園～佳作欣賞

　　　　　寫給二十年後的自己

　　　　　　　　　　　　　　　　新北市修德國小　劉芳妤

親愛的芳妤：

　　妳好！我是二十年前的妳。妳現在過得幸福嗎？是不是很忙呢？

　　二十年後的妳，是不是變得更加成熟了？妳已不再是以前那個天真無知的小女孩了。還記得以前的妳，總是因為一些雞毛蒜皮的小事情而發脾氣嗎？只要一遇到不如意的事情，妳就開始鬧脾氣，連最權威的老師和最嚴格的媽媽都拿妳沒辦法呢！幸好，經過媽媽不斷的調教之後，妳終於不再是以前那個脾氣暴躁的女孩了。另一方面，妳也從瘦小的女孩，變成了頎長的小姐。最令我替妳感到高興的是，以前總是愁眉苦臉的妳，變得笑容洋溢，妳的個性終於變得開朗樂觀啦！

　　記得二十年前的妳，總是幻想自己能飛嗎？妳總是幻想自己在宇宙中彈鋼琴，卻只是紙上談兵罷了。因為妳整天沉迷在書香世界中，這和妳小時候的夢想一點關係也沒有呀！現在的妳，有著一份好工作——為大家演奏悅耳動聽的歌曲，每一個音符都是妳的真感情，所有的喜怒哀樂，所有的笑聲淚水，都化成音樂，傳達到每個人心裡。

　　「婚姻」也是很重要的！妳下半輩子的幸福都掌握在另一半的手裡呀！看到妳現在的婚姻幸福美滿，我感到安心不少。有了小孩之後，妳才了解媽媽以前有多辛苦。祝福妳和妳的另一半幸福快樂、白頭偕老！

　　要繼續完成更多有意義的事情呀！或許，看到這封信時妳會笑我，笑我天真無知，笑我不了解事情並沒有這麼簡單，笑我不知道這個社會有多複雜。但是，我希望妳記得二十年前的妳是多麼的天真可愛，記得二十年前的妳是多麼的用功讀書，使現在的妳過得這麼幸福自在！

　　繼續加油喔！

　　　　　　　　　　　　　　　　　　　二十年前的妳敬上

[参]
教學實錄篇

我這樣教語文

語文教學，人人各有心得；觀課評課，人人各有看法。只是，觀課容易，做課難；評課容易，教課難。我常常聽到很多人觀完課後，臺面上、臺面下各有品評：

這個課應該這樣比較好……

這個課做了……少了……

這個課上得真好，但我學不來……

只是，如果換成自己上場，又會是什麼模樣？又會想從課堂上，讓人看出哪些教學思想？

課上得好，是哪裡好？可以具體知道嗎？

教師的專長是教課，但如何才是好課？如何才能讓課漸漸好起來？品課評課之餘，我們還可以做些什麼更有建設性的教學激盪？

於是，我想把公開課的教學現場做成實錄，試著藉此省視我的教學與思考。這幾年我經常應邀參加兩岸三地的同課異教，這幾篇實錄，除了是我在大陸教學的實錄外，也收錄大陸老師到臺灣在我班上跟崗的觀課筆記。

這幾篇實錄，大都是公開課的教學歷程，一堂課40分鐘，是以寫作導向為思考進行的閱讀教學，希望不僅帶孩子讀出內容，也讀出寫法。

我個人建議，看課或看實錄之前先自讀課文，不先翻看實錄，問問自己：這一堂課，若是我來執教，我會：

1. 教什麼？（寫下自己的教學目標）

2. 怎麼教？（設計哪些教學內容或活動讓孩子怎麼學）

懷著疑問或是自己的設計去看教學或是讀實錄，比較自己和他人的異同，才會讓自己教學與看課的眼光更進步！

讓教學實錄在眾人眼前掀開是需要勇氣的，畢竟要承受諸多各種不同的眼光與壓力，心情非常忐忑。所以，我鼓勵我自己，懷著整理自己教學足跡的心情，分享自己的教學設計，期待與大家共同學習！

親愛的，請以自己也是教學者、設計者的眼光，走進這個實錄吧！

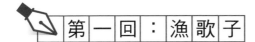

參·教學實錄篇

第一回：漁歌子

教材課文

〈漁歌子〉　張志和

西塞山前白鷺飛，桃花流水鱖魚肥。

青箬笠，綠蓑衣，斜風細雨不須歸。

教學實錄

▼板塊一：導入學習

師 同學們，這是初春三月的臺灣，美不美？臺灣的人美，風景也很美。今天，我們來走進一篇詩詞〈漁歌子〉，也是描寫春天的。學習之前，我們來檢查一下預學單。（生打開預學單）

師 讀書一定要有方法。我們在讀任何書之前，都可以用KWL來思考。K，就是What do I know？我知道什麼？W，是What do I want to learn？我想學習什麼？L，就是What have I learned？，我學到了什麼？

師 K：我對古詩詞已經了解了多少；W：關於古詩詞，我想要學習什麼呢；L：我學會了什麼。

（將學生分組：每對同桌按左右座次分組，按縱向分為「左」組、「右」組）

《漁歌子》自主學習單　　　班級_____　　姓名_____

同學們，預習是一種良好的學習習慣。如果你能在學習每篇課文之前，都做到認真的預習課文，相信你在課堂上的收穫會更大！請你按照下面的預習提示走進《漁歌子》。

一、學習方法：關於古詩詞，打開課本之前我已經知道些什麼？我想要學些什麼？讀完課文之後，我學會了些什麼？

K：What do I know？（我已經知道些什麼？）	W：What do I want to learn？（我想要學些什麼？）	L：What have I learned？（我學會了些什麼？）

二、讀讀《漁歌子》和《江雪》；要求：讀準字音，讀通句子，做到正確、流利。

三、課文中哪些字詞是你不認識的？把它標示記號。你會用什麼方法知道它們的意思？

四、搜集資料：通過課外書或網路搜集資料，了解《漁歌子》的相關內容。

師「左」邊同學對右邊同學說，關於古詩詞，我學到了什麼；「右」邊同學對左邊同學說，關於古詩詞，我想學些什麼。

（同桌互相說一說）

師 來，說說你聽到了什麼；你跟同桌同學學到了什麼。

生 我的同桌同學知道了這古詩詞的作者是張志和，〈漁歌子〉是詞牌名。

生 他說他知道張志和喜歡釣魚。

師 你說說，你的同桌同學想學些什麼？

生 他想知道張志和是在什麼心情下寫出這首詞的。

生 他想知道漁翁為什麼不想回家，只喜愛釣魚。

師 這個問題提得很好，想想漁翁為什麼不想回家？（學生思考）

師 你們提的問題待我們上完課後，或許都會自己有答案。

▼版塊二：辨識詩與詞，字詞解碼

師 四年級上冊我們學過古詩〈送孟浩然之廣陵〉，四下我們學習〈漁歌子〉，誰能告訴我，這兩篇作品，在形式上有什麼不同？

（出示：〈送孟浩然之廣陵〉李白

　故人西辭黃鶴樓，

　煙花三月下揚州。

　孤帆遠影碧空盡，

　唯見長江天際流。）

生 一首是詩；一首是詞，有詞牌名。

師 這兩首詩詞在形式上有什麼不同？「長相」——有什麼不同？

生 第一首是詩，每行都是七個字；第二首的第三句——左三個字，右三個字，這是詞。

師 你怎麼知道的？

生 預習。

師 左邊的是詩。四行，每行是七個字，叫做「七言絕句」；右邊的是詞。這

兩首，是不是長得很像？只有第三句不同。第一首，七七七七，共二十八個字；第二首，七七三三七，共二十七個字。如果我把第二首第三句加一個字——青箬笠「和」綠蓑衣，它也變成了詩。詩和詞是不是很像？詞是詩發展的結果，所以詞還有一個名字——詩餘，就是這樣來的。

（出示：〈關於詞〉

　　詞每行的字數不一樣，所以又稱「長短句」。

　　詞並不是每個句子可以隨意長、隨意短，是有規律的。

　　詞本來是為配樂而寫的歌詞（樂譜），所以同一個詞牌都有固定的格
　　式。每一首詞都有固定的調子，每個調子都有固定的句子，每個句子
　　都有固定的字數。）

師 自己默讀，關於詞，你讀到了什麼？

生 我知道了詞每行的字數不一樣；並不是隨意長隨意短，它是有規律的；詞是為配樂而寫的，所以同一個詞牌都有固定的格式，每一首都有固定的調子。

師 非常好。掌聲！

（學生鼓掌）

師 詞為什麼叫長短句？因為句子有長有短。是不是想要多長，就能多長？

生 不是。

師 對，它是有固定格式的。你們讀過詞嗎？〈漁歌子〉是詞牌，格式是七七三三七。這首詞的題目正好跟漁夫有關係，後人寫的〈漁歌子〉未必與漁夫有關，可格式還是七七三三七。〈漁歌子〉的「子」就是「曲」的意思，所以〈漁歌子〉又叫〈漁歌曲〉。詞牌相當於樂譜，按譜填詞，所以作詞叫填詞。現在寫歌詞還是常用這樣的格式，如，「不怕風，不怕雨，我們立志要長大。」

（老師哼唱，學生陶醉）

註：臺灣是稱：一首詩、一闋詞、一支曲；大陸是稱一首詩、一首詞（也稱一曲詞、一闋詞）。

師 大家一起讀，這闋詞每一句的最後一個字——

生 飛，肥，衣，歸。

師 發現了嗎，詞是有押韻的。飛，肥，歸，押ㄟ韻。老師來之前，在家裡用琴彈了這曲調，唱著〈漁歌子〉，錄下來，想不想聽？

生 想。

（播放錄音，生靜聽，陶醉）

師 我們修德國小的學生還有兒童搖滾版，來，聽一聽。

（播放兒童搖滾版〈漁歌子〉，現場師生合唱）

師 不錯，唱得很好。

師 剛才聽的時候，有沒有發現讀音有什麼不同？

生 白bo

生 綠lu

生 斜xia

師 聽得很清楚，很好。在古時，這樣的讀音是便於押韻用的。

師 在預習時，你有不懂的字、詞語或句子嗎？如果你對這個字或詞語不理解，會選擇用什麼辦法解決？

生 「箬笠」、「蓑衣」這些詞我不會，我是透過查字典的方式來解決的。

（師轉問另一位學生）

師 請告訴大家，你解決了什麼問題。

生 「西塞山」在今浙江省湖州市的西面；「鱖魚」是一種淡水魚，味道鮮美；「箬笠」是用竹篾編織的斗笠；「蓑衣」是用草或棕製成的防雨用具。

師 你怎麼知道的？

生 〈漁歌子〉的下方就有注釋。

師 太棒了，懂得讀書的方法，給他掌聲！

（學生鼓掌）

師 打開課本，我們可以發現，剛才那位同學查字典解決的問題答案其實就在書上。所以，我們若有問題可以看書，看圖片，看注釋，不用立即查字典。

（出示圖片——鱖魚，蓑衣，箬笠）

師 鱖魚長什麼樣子？

生 鱖魚，黃色，有斑點。

師 箬笠是什麼？你是怎麼知道的？

生 箬笠是箬草做的，它跟竹子長得很像，因為「箬笠」兩字都有竹字頭。

師 對，我們之前學過識字，含有竹字頭的字多半和什麼有關係？

生 竹子。

生 「蓑衣」是用草或棕製成的防雨用具，所以是草字頭。

師 古詩詞當中的字、詞很有意思，如果我們不懂，可以把不懂的地方都做上記號，透過查字典、討論、看圖、看部首、對照注解的方式學習，讀書是要有方法的。

▼板塊三：懂詞、品詞：形成畫面

師 讀詞，首先要讀正確，音讀準確。一起來讀詞。

（學生自由讀〈漁歌子〉）

師 你們雖然把詞讀正確了，但還沒有讀出詞人的感覺。不過，沒關係，先理解內容再讀。所有的詩、詞、文章，都要讀出作家的所見，所聞，所思，所感。

師 好的詞就像一幅畫，這闋詞裡面寫了哪些景物，用你的筆在詞中把它圈出來。

（學生拿筆圈出詞中所寫景物）

師 詞人在遠處看見了——（西塞山，白鷺），詞人在水中看見了——（桃花，流水，鱖魚），詞人自己也在畫面中，他穿著——（青箬笠，綠蓑衣），他身處的環境是——（斜風、細雨）。

（根據學生回答，出示〈漁歌子〉，圈出這些詞）

師 作者寫了幾種景物？

生 九種景物——西塞山、白鷺、桃花、流水、鱖魚、青箬笠、綠蓑衣、斜風、細雨。

（根據學生回答，按詞中的順序出示相關圖片）

師 如果黑板是一幅畫，這九種景物應該怎麼畫？舉例，作者首先看到西塞山，西塞山在上面還是下面？

生 上面。

（師在黑板上面畫山，寫上西塞山）

師 白鷺呢，在哪裡？

生 在山邊。

師 好，就在山邊寫上兩個字——白鷺。

師 會了嗎？好，找四位同學出來，分別寫出四句中各自包含的景物，其他同學自己寫在學習單上。

（四位同學上臺，在黑板上寫出各句所包含景物）

（臺下同學在學習單上畫一畫、寫一寫）

（師巡視，並指導臺下學生由遠及近寫出九種景物）

師 我們一起來看看臺上同學畫的、寫的對不對？

師 （手指黑板）西塞山、白鷺、桃花、流水、鱖魚。

師 請問，「青箬笠」會不會在「綠蓑衣」下面？

生 不會。

師 旁邊是斜風、細雨，畫的對不對？

生 對。

（黑板呈現一幅〈漁歌子〉美景圖）

師 這是一幅怎樣的畫？

（出示插圖）

生 這是一幅風景畫，我看到作者，還有斜風、細雨。

師 所畫的內容是嘈雜，還是寧靜？

生 寧靜。

師 給你什麼樣的感覺？

生 舒服。

生 幽靜。

師 我們現在再來讀詩詞，讀出剛剛那種寧靜、舒服、幽靜的感覺。詩詞，是作者想要表達內心想法的作品，他的很多情感都是透過景物表達出來的。

（學生二讀）

師 這闋詞色彩明麗，你從字面上找到了哪些顏色？

生 白、青、綠。

師 還有哪些顏色藏在了字裡行間，但你一讀就能想像出那景色的顏色呢？

生 桃花的粉色。

生 鱖魚是黃色的。

生 還有，細雨。

師 細雨什麼色？

生 藍色。

師 你們這裡的雨是藍色的？

（學生大笑）

生 白色，透明的。

師 你剛才說的，藍色的水應該是——

生 海水。

師 對，很好。比如，綠色的水可能是——

生 湖水。

生 天空是藍色的。

生 西塞山是黃色的。

師 喔，是黃色，還是綠色的？

生 山上的土是黃色的，樹是綠色的。

師 白的、綠的、紅的、黃的，這些顏色給你什麼感覺？

生 很冷。

師 （疑惑，引導）什麼時候會給你冷的感覺？

生 下雪的時候。

師 雪是什麼顏色？

生 白。

師 所以，這裡白的、綠的、紅的、黃的，五顏六色。春天來了，給你什麼感
覺？

（老師做春風拂面動作）

生 明亮，清新，溫暖。

師 還會有冷的感覺嗎？

生 沒有了。

師 平常我們看到的畫面大都是靜止不動的，可是這幅畫卻非常獨特——有些
是靜止的，有些是會動的。哪些是靜的，哪些是動的？

生 白鷺、鱖魚、斜風、細雨、流水是動的；西塞山、桃花、箬笠、蓑衣是靜
的。

師 剛才同學說，西塞山、桃花、箬笠、蓑衣是靜的。有沒有同學有不同的看
法？

生 我認為桃花是會動的。桃花的花瓣掉到湖面上，它是會動的。

師 他認為，風吹動桃花，花瓣掉到湖面上，這是動的。你是這樣認為的嗎？

生 我也認為桃花是動的，風一吹，桃花會搖動。

生 我認為箬笠、蓑衣是動的，因為漁夫在釣魚，漁夫一動，箬笠、蓑衣也動
了起來。

生 我覺得西塞山是動的。山上有樹，風一吹，山上的樹木就動起來了。

師 想像你的座位是山，你就是樹，風一吹，動起來。

（全體學生身軀扭動，做風吹樹動的動作，開心的笑聲傳開來）

師 非常好，把掌聲送給他。

（學生鼓掌）

師 所以說，西塞山是靜的還是動的？

生 有靜有動。

師 這闋詞動靜結合。西塞山本來是靜的，風一吹，山上樹木動起來就變成——動的了；桃花本是不動的，可是隨風一吹——花瓣落到湖面上又是動的；箬笠、蓑衣是不動的，可是——隨著漁翁的活動，又是動的。所以，這闋詞的特點是——動靜結合。說得真好！把掌聲送給他。

（學生鼓掌）

師 讀這闋詞，你聽到哪些聲音呢？

生 嘩啦啦的流水聲。

師 「嘩啦啦」是大流水的聲音。那麼，小流水呢？

生 淅瀝淅瀝。

師 涓涓的流水聲。

生 還有，斜風的聲音。

師 斜風是什麼聲音？

生 呼呼——

師 那應該是北風在颳。

（學生笑）

生 白鷺的叫聲。

生 鱖魚跳起來拍打水面的聲音。

師 是的，很好。你眼前出現了一幅怎樣的畫面，請你用自己的話，講給大家聽。

生 我看到高大的西塞山，周圍有許多白鷺悠閒的飛著。岸邊有粉紅色的桃花，河裡有肥美的鱖魚。一位漁翁穿著綠色蓑衣，戴著青色箬笠，在慢慢的垂釣。旁邊斜風細雨，景色很美！

師 太美了，把掌聲送給他！

（學生鼓掌）

師 讓我們把自己當作張志和，帶大家走進這美景，再來讀這闋詞。

（學生齊誦，三讀）

▼板塊四：讀出取材，豐滿畫面

師 請問關於這闋詞，你有沒有什麼問題？讀書貴在能質疑。

師 我先來發問好了。這闋詞寫的是什麼季節？你怎麼知道的？

生 春天，因為有桃花。

師 春天的西塞山前應該有梨花、李花、杏花，為什麼作者偏偏要寫桃花？

生 桃花是粉色的，在春天更和諧。

生 桃花比較明顯，一看就能看到。

師 其實，作者是想表達一種心情。我剛剛說過，作者透過詞想表達所見、所
　聞、所思、所感。如：李白——「桃花流水杳然去，別有天地非人間」。

（出示：〈山中答問〉李白

　　問余何事棲碧山，

　　笑而不答心自閒。

　　桃花流水杳然去

　　別有天地非人間。）

師 桃花隨著流水悠悠向遠方流去，這裡是別有洞天的，不是凡塵世界所能比
　擬的。有桃花流水的地方，不是人間，是神仙住的地方，這就是——

生 仙境。

師 桃花流水代表的也就是——

生 世外桃源。

師 換句話講，在張志和的眼裡，西塞山代表的是——

生 世外桃源。

師 既然是世外桃源，他想要回到人間去嗎？

生 不想。

師 為什麼西塞山前白鷺飛，而不是燕子飛，麻雀飛？

（學生笑）

師 作者想表達一種什麼心情？白鷺給你一種什麼感覺？

生 悠閒、潔白無瑕。

師 為什麼寫斜風細雨不須歸？歸，是指回家嗎？

（學生思考）

師 西塞山這一邊是仙境，那另一邊就是現實人間。現實人間是什麼呢？滾滾紅塵啊！

（學生笑）

師 世外桃源的仙境沒有爭鬥，沒有喧鬧，如果你是張志和，你想不想回到人間？

生 不想。

師 作者的所思所感，藏在了這闋詞的哪幾個字裡？

生 不須歸。

師 很好。現在，帶著這樣的感情，再次品讀這闋詞。

（學生讀〈漁歌子〉）

師 不須歸，讀慢一點，才能表現張志和的陶醉仙境，不是急促匆忙的樣子。

（學生再讀〈漁歌子〉）

師 張志和16歲就成名了，他的名字是皇上賜的，希望他心志平和。〈漁歌子〉就是寫張志和在西塞山享受世外桃源的生活，他的哥哥張松齡，怕弟弟不回家，擔心他住在太湖畔不回來，於是寫了一闋詞勸他回家。

（出示：〈和答弟志和漁父歌〉張松齡

樂是風波釣是閑，

草堂松徑已勝攀。

太湖水，洞庭山，

狂風浪起且須還。）

師 哥哥想對張志和說：我知道對你而言，垂釣只是一種休閒，其實你喜歡的是自然山水。太湖的水，洞庭的山都是美景，但是狂風吹起大浪的時候，你就應該回家了。但，張志和想不想回去？

生 不想。

師 所以他寫下——

生 西塞山前白鷺飛，桃花流水鱖魚肥。青箬笠，綠蓑衣，斜風細雨不須歸。

師 現在，老師當哥哥，你們是張志和。我們來對讀。
弟弟啊！「太湖水，洞庭山，狂風浪起且須還。」

生 青箬笠，綠蓑衣，斜風細雨不須歸。

師 狂風浪起且須還。

生 斜風細雨不須歸！

師 且須還！

生 不須歸！

師 且須還！且須還！且須還！

生 （急切，齊聲）不須歸！不須歸！不須歸！

師 （笑）讀得太快了，應該是：不須歸，不一須一歸，不—— 須——歸——，才能表達他悠閒與世無爭的心境。
（學生跟讀）

師 看來張志和是真的不想回去了，於是，他的另一個哥哥就在太湖邊給張志和蓋了一間茅草屋，讓他可以安心住在這裡。

師 說一個小祕密：張志和喜歡垂釣，但是，他釣魚卻與眾不同——魚鉤上從來不設誘餌！這是為什麼呢？你想，他還能釣得到魚嗎？他想釣的，是魚嗎？

生 不是。

師 （走到一名學生身邊）請問，張志和先生，你想釣的是什麼？

生 我想釣一份悠閒。

生 我想釣一個風景。

生 我想釣一種心情。

生 我想釣快樂與自在。

師 是啊！所謂「醉翁之意不在酒，在乎山水之間」。而張志和是：漁翁之意不在——

生 魚。

師 在乎——

生 自己的心情。

師 從此以後，張志和打開窗子，映入眼簾的是什麼景色？

生 西塞山前白鷺飛，桃花流水鱖魚肥。青箬笠——

師 喔，他看得見自己嗎？所以，應該只有前兩句。打開門，走出去看見什麼樣的景色？

生 西塞山前白鷺飛，桃花流水鱖魚肥。

師 從此，張志和過上了什麼樣的日子呢？

生 青箬笠，綠蓑衣，斜風細雨不須歸。

師 好的詩詞是一幅畫，也是一首歌。我們一起來唱一唱〈漁歌子〉。

（播放〈漁歌子〉錄音，學生跟唱）

▼**板塊五：拓展閱讀**

師 假如你來到浙江湖州，你一定會看哪座山？

生 西塞山。

師 來到西塞山，你一定會想起一個人？

生 張志和。

師 想到張志和，你一定會情不自禁的想吟誦一首詞：〈漁歌子〉。漁歌子甚至流傳到日本，當時日本天皇、皇親國戚、學者名流紛紛仿效漁歌子，從此日本一些喜愛中國詩歌的人也開始學著填詞。連蘇東坡、徐俯都學習這闋詞——

（出示：〈浣溪沙・西塞山邊白鷺飛〉蘇軾

　　西塞山邊白鷺飛。

　　散花洲外片帆微。

　　桃花流水鱖魚肥。

　　自庇一身青箬笠，

　　相隨到處綠蓑衣。

　　斜風細雨不須歸。

　　〈鷓鴣天〉徐俯

　　西塞山前白鷺飛，

　　桃花流水鱖魚肥。

　　朝廷若覓元真子，

　　晴在長江理釣絲。）

師 這些詞的前一句都是——

生 西塞山邊白鷺飛。

師 今天這堂課，你們學到了什麼？今天還沒跟老師說過話的舉手。

生 我學到了張志和透過這闕詞，表達了輕鬆的心情。

師 對，作家的心情可以透過景物描寫出來。

生 張志和寫這闕詞充滿了悠閒自在的感覺。

生 「不須歸」寫出了作者不想回到人間。

師 （微笑）他想留在世外桃源——西塞山。

生 我知道了詩意和字義，感覺到了作者很悠閒，也知道遇到不會的字詞可以怎麼學習。

師 說得很好。〈漁歌子〉還有四首，這是其中的一首。有興趣的同學可以找來讀一讀，學一學。

師 感謝四年級三班同學的陪伴。下課。

（文字整理：育紅小學 朱衛娟老師）

教學活動設計　漁歌子

陳麗雲　老師

教學年級　四年級

教材簡說

　　〈漁歌子〉的作者是唐代的張志和。張志和既是詩人，又是畫家，因此他筆下是一片畫意詩情。這闋詞首先著墨於寫景，先寫出遠處的西塞山景及覓食的白鷺，再帶出桃花綻放及飄落湖面，魚兒在水面落花間優游的景象；接著寫出在斜風細雨間，四周似真似幻如山水畫一般的美景；最後結論出知足常樂的漁夫在美景的感染上，閒適自在的興致。這闋詞色彩明麗，動靜結合，意境優美，用詞活潑，情趣盎然，生動的表現了漁夫悠閒自在的生活情趣。

教學目標

1. 通過閱讀方法學習生字、新詞，正確讀寫詞語。
2. 正確、有感情的朗讀，展開想像，進而熟讀成誦。
3. 體會詞的內容，體會作者的思想情感。
4. 培養閱讀古詩詞的興趣，學習拓展閱讀。

教學準備

學生 讀課文，完成「自主學習單」。

教師 收集相關圖片，詞人簡介。

教學過程

1.導入新課〈漁歌子〉，理解詩、詞之別

2.字詞解碼

　●你有不懂的字詞或句子嗎？

● 是不是每個字都不懂？

● 如果你對這個字或詞不理解，會選擇什麼辦法解決？

（初讀：讀通順，粗知大意。）

3.懂詞、品詞，形成畫面

⑴圈一圈，找景物，寫一寫，形成畫面。

（再讀：字詞理解，瞭解詞境。）

⑵讀出取材，豐滿畫面。

〈山中問答〉李白

問余何意棲碧山，笑而不答心自閑。

桃花流水窅然去，別有天地非人間。

⑶領悟詩情，感情朗讀。

〈和答弟志和漁父歌〉張松齡

樂是風波釣是閑，草堂松徑已勝攀。

太湖水，洞庭山，狂風浪起且須還。

（三讀：體會詞情，交流感受。）

（四讀：品味語言，熟讀成誦。）

拓展閱讀

1.延伸閱讀

2.比較閱讀

比較兩種漁夫形象：〈漁歌子〉、〈江雪〉。

麗雲的話 ·····

　　在第一次上〈漁歌子〉的公開課裡，因為時間和孩子年紀較小的關係，沒有進行〈漁歌子〉、〈江雪〉的比較閱讀；第二次於四川的中學公開課裡，我就進行了兩首詩詞的比較：這兩首詩詞都是文學史上描寫漁夫垂釣的名作。同樣是漁父，這兩個「漁父」的心情，有什麼不同呢？

我請學生找出〈江雪〉的每一句中，能夠表達心情的字（絕、滅、孤、獨），呈現出什麼顏色？給人什麼樣的感覺？接著補充柳宗元的生平：

柳宗元（773年 —— 819年11月28日），字子厚，唐代河東郡（今山西省永濟市）人，唐代著名文學家、思想家，唐宋八大家之一。

唐順宗永貞元年，柳宗元參加了王叔文為首的政治革新運動。由於保守勢力與宦官的聯合反攻，致使革新失敗。因此，柳宗元被貶官到有「南荒」之稱的永州。他在任所名為司馬，實際上是毫無實權而受地方官員監視的「罪犯」。官署裡沒有他的住處，不得不在和尚廟——龍興寺的西廂裡安身。柳宗元自從被貶到永州之後，精神上受到很大的刺激和壓抑，他就借描寫山水景物，借歌詠隱居在山水之間的漁翁，來寄託自己清高而孤傲的情感，抒發自己在政治上失意的鬱悶苦惱。於是，他懷著幽憤的心情，寫下了這首令人傳頌的名詩。

讓學生透過比較，感受「優美恬靜和諧」、「清冷孤寂高寒」兩幅畫面的對比；「逍遙自由快活」、「孤苦堅毅卓絕」兩種人生的差異。具體感知道家漁父（養生求真，逍遙快活）的「得意」與儒家漁父（擔當使命，改良社會）的「失意」，這兩種迥然不同的心境。一切景語皆情語，因心情不同，所感悟的自然山水與釣魚之趣，自是不同。

教師在進行這些課程時，可以視學生狀況決定比較閱讀的深度，例如對高年級的孩子可以進行深入探究，對中年級學生或許只提初淺的比較或是只做到延伸閱讀即可。教學是活的，教師可以自行斟酌取捨與擴展。

第二回：飛向藍天的恐龍

教材課文

飛向藍天的恐龍

人教版四下

說到恐龍，人們往往想到凶猛的霸王龍或者笨重、遲鈍的馬門溪龍；談起鳥類，我們頭腦中自然會浮現輕靈的鴿子或者五彩斑斕的孔雀。二者似乎毫不相干，但近年來發現的大量化石顯示：在中生代時期，恐龍的一支經過漫長的演化，最終變成了凌空翱翔的鳥兒。

早在 19 世紀，英國學者赫胥黎就注意到恐龍和鳥類在骨骼結構上有許多相似之處。在研究了大量恐龍和鳥類化石之後，科學家們提出，鳥類不僅和恐龍有親緣關係，而且很可能就是一種小型恐龍的後裔。根據這一假說，一些與鳥類親緣關係較近的恐龍應該長有羽毛，但相關化石一直沒有被找到。20 世紀末期，我國科學家在遼寧西部首次發現了保存有羽毛印痕的恐龍化石，頓時使全世界的研究者欣喜若狂。遼西的發現向世人展示了恐龍長羽毛的證據，給這幅古生物學家們描繪的畫卷塗上了「點睛」之筆。

恐龍是如何飛向藍天的呢？讓我們穿越時空隧道，訪問中生代的地球，看看這一演化過程吧！

地球上的第一種恐龍大約出現在兩億三千萬年前，它和狗一般大小，兩條後腿粗壯有力，能夠支撐起整個身體。數千萬年後，它的後代繁衍成一個形態各異的龐大家族：有些恐龍像它們的祖先一樣兩足奔跑，有些恐龍則用四足行走；有些恐龍身長幾十米，重達數十噸，有些恐龍則身材小巧，體重不足幾公斤；有些恐龍凶猛異常，是茹毛飲血的食肉動物，有些恐龍則溫順可愛，以植物為食。其中，一些獵食性恐龍的身體逐漸變小，長得也越來越像鳥類：骨骼中空，身體輕盈；腦顱膨大，行動敏捷；前肢越來越長，能像鳥翼一樣拍打；它們的體表長出了美麗的羽毛，不再披著鱗片或鱗甲。它們中的一些種類可能為了躲避敵害或尋找食物而轉移到樹上生存。這些樹棲的恐龍在樹木之間跳躍、降落，慢慢具備了滑翔能力，

並最終能夠主動飛行。不過，有些科學家認為，飛行並非始於樹棲生活過程。他們推測，一種生活在地面上的帶羽毛恐龍，在奔跑過程中學會了飛翔。不管怎樣，有一點毋庸置疑：原本不會飛的恐龍最終變成了天之驕子──鳥類，它們飛向了藍天，從此開闢了一個嶄新的生活天地。

億萬年前，一種帶羽毛的恐龍脫離同類，飛向藍天，演化出今天的鳥類大家族。科學家們希望能夠重現這一歷史進程。隨著越來越多精美化石的發現，他們離這一願望的實現已越來越近了。

教學實錄

▼板塊一：導入新課──關於恐龍

師 你們看過恐龍嗎？

生 看過。

師 你們親自跟恐龍見過面、握過手的請舉手。

（一個學生舉手）

師 你真的跟恐龍握過手？

生 機器的恐龍。（學生笑）

師 機器的恐龍？我們聽話要聽清楚，我是問：誰真的親眼看過恐龍，而且和恐龍握過手的請舉手？完全沒有啊！那你們聽過恐龍嗎？

生 聽過。

師 沒有看過恐龍，卻聽過恐龍，也認識恐龍，對不對？

生 對。

師 你們是怎麼知道的？

生 在書上查的，或電視上看到的。

師 很好，閱讀可以讓我們看到不同的世界，所以，閱讀是很重要的。你們喜歡恐龍嗎？

生 喜歡。

師 那你們喜歡我嗎？

生 喜歡。

師 你們比較喜歡恐龍還是比較喜歡我？

生 都喜歡。

師 那我會哭喔，意思是我和恐龍是同等級的。

（學生大笑）

師 你們都喜歡恐龍，你們喜歡卡通的恐龍，還是真實的恐龍？

（出示不同恐龍的圖片，一個是Q版圖片，一個是寫實版圖片。）

師 喜歡真實恐龍的請舉手。（學生舉手）

師 喜歡可愛的恐龍請舉手。（學生舉手）

師 只有一位啊？那裡還有一位，很好。我的兒子也很喜歡恐龍。我想在進入恐龍的文章之前，得先好好了解它們。我在準備資料的時候，突然想起來，我的雙胞胎兒子從小就愛玩恐龍，你們看，這是老師雙胞胎兒子玩恐龍的相片！

（出示雙胞胎兒子照片）

生 哇！

師 哇？是感嘆他們長得像恐龍嗎？

（學生笑）

師 這是我家的雙胞胎寶貝，他們從小就喜歡恐龍。我們全家出遊時，他們都會帶著恐龍一起去玩。你們發現我在哪裡了嗎？

（有同學指老奶奶）

師 那個不是喔！（學生大笑）

師 我兒子很喜歡恐龍，小兒子拿著黑黑的、會咬人的霸王龍；大兒子拿的是腕龍和雷龍。他們小時候，我們為他們組了一個遊戲間，裡面大大小小什麼恐龍都有。這個照片已經二十年了。瞧！好多恐龍啊！他們很喜歡恐龍，連去海邊玩都帶著。其實，很多小朋友都喜歡恐龍。

師 今天，我們要學習的，就是和恐龍有關的文章。你們預習了是不是？那在讀這篇文章之前，你對恐龍有什麼了解？

生 我知道恐龍生活的年代，恐龍的種類和恐龍如何滅絕。

師 你知道恐龍如何滅絕？可以告訴我嗎？

生 科學家們猜測是洪水、火山爆發，還有一顆小隕石撞擊地球造成的。

師 你講的是科學家猜測的？還是確定的？

生 猜測。

師 所以你認為那是事實還是推論？

生 推論。

師 非常好，請坐，謝謝。因為現代有沒有人知道恐龍怎麼滅絕的？

生 沒有。

師 所以他講的非常準確，我們說一件事情的時候，語言一定要準確。「我知道恐龍是怎麼滅絕的，因為火山爆發。」這句話準確嗎？

生 不準確。

師 為什麼？確定了沒有？

生 沒有。

師 我們今天讀的這篇文章就跟這個很有關係：說明一件事物，不能亂說，要明確客觀。這位同學知道很多的知識，包括恐龍生存的年代和可能滅絕的原因。老師幫你加了兩個字，哪兩個字？

（等待學生回答）

師 **生** 可能。

師 對，「可能」，因為沒有確定，這是人們的推測。還有沒有同學可以告訴我，他對恐龍有哪些其他的理解呢？（環顧四周）這樣好了，你們平常會不會兩個兩個一組的說話？

生 不會。

師 不會？好，我們臺灣流行兩個兩個一組說話，所以等一下，這一排的你們叫一號，你們叫二號，這樣會嗎？

（學生快速點頭）

師 我們要學會表達，兩個人面對面，我們要請一號同學對二號同學說說，你在讀這篇文章之前，就已經知道恐龍的哪些事情。（指向螢幕）（K：What do I know？）再請二號同學對一號同學說說，你想要學些什麼？（W：What do I want to learn？）現在兩個人面對面，開始。

（老師先指導一號同學對二號同學說，然後同桌面對面一起交流）

師 接下來，我想請同學分享一下你聽到的。聽清楚我的語言喔，不是說你發表的，而是你聽到同學跟你說什麼，因為傾聽是學習上很重要的能力，聽完要把它記下來。

生 他說知道恐龍有肉食性、草食性和雜食性，知道恐龍已經滅絕，知道恐龍是爬蟲類。

生 他想知道恐龍怎樣飛向藍天，恐龍怎麼變成鳥類，恐龍有哪幾種種類。

師 他講了三件事情，你都記得下來，你很會傾聽，這點很好。給他掌聲！

（全場鼓掌）

▼板塊二：標題解碼

師 恐龍，給你什麼感覺？

生 凶猛。

師 現在，請打開課文，從第一段找一找，有哪些詞語在描寫恐龍？

生 凶猛、笨重、遲鈍。

師 凶猛、笨重、遲鈍，你覺得這些詞適用在這些恐龍身上嗎？

生 適用。

師 （出示藍天圖片）看到藍天，你想到什麼，藍天有什麼？

生 鳥。

師 那麼，鳥給你什麼樣的感覺呢？

生 漂亮。

師 漂亮。課文怎麼說它的？

生 五彩斑斕、輕靈。

師 你們發現了恐龍是凶猛、笨重、遲鈍的；鳥則是輕靈的。但這兩個詞是相對的，完全不一樣，那麼，為什麼題目叫做「飛向藍天的恐龍」？

（出示題目「飛向藍天的恐龍」。）

生 因為恐龍經過漫長的演化，最終變成了鳥類。

師 你把書讀得很透徹，很棒！那麼，「因為恐龍經過漫長的演化，最終變成了鳥類。」這句話，有沒有需要修正的地方？

生 恐龍經過漫長的演化最終變成了鳥類。

師 這句話跟剛剛有什麼不一樣？（全班沉默）

比較一下我現在說的話，它們相同嗎？

四年四班的同學們經過課堂教學，都學會了恐龍如何飛向天空。

四年四班的兩位同學經過課堂教學，學會了恐龍如何飛向天空。

請問這兩句話一樣嗎？（全班沉默）

我再舉個簡單一點的例子：

四年四班的同學沒有寫功課。

四年四班的一個同學沒有寫功課。

這兩句話一樣嗎？

生 （齊聲）不一樣。

生 我知道了，剛剛說的恐龍只是指一種種類，不是全部。

師 你要不要幫忙修改、補充他講的話？

生 恐龍中的「一種」掠食性種類經過漫長的演化，最終變成了凌空翱翔的鳥類。

師 天哪！你都沒有看文章就能說出來？告訴我，你讀過幾次課文？

生 四、五次吧！

（學生笑）

師 啊！如果每一位孩子事前預習都像你一樣用功，老師每天上課一定都很開

心。你要不跟著我到臺灣上課啊？

（學生笑）

師 真優秀，一篇文章讀四、五次，老師也是讀這麼多次而已，謝謝你。所以他把剛才那句話，修正成「其中的一個種類」。要記住：說話要說明確，說清楚，尤其說明類的作品，更是要用語嚴謹準確。

▼板塊三：理解新詞

師 我們讀過了課文，老師稍微把詞語分類，一起讀這些詞語。

（出示詞語幻燈片：凶猛異常、笨重、跳躍、五彩斑斕、茹毛飲血、敏捷、滑翔、粗壯有力、溫順可愛、凌空翱翔、身材小巧）

（學生齊讀）

師 有哪個詞是你不會的？都會嗎？那我有問題，請問什麼是五彩斑斕？這麼難的詞，誰會呢？

（學生踴躍舉手）

生 就是什麼顏色都有。

師 你是怎麼知道的？

生 五彩就是有五種色彩，斑斕就是他們之間什麼顏色都有。

師 所以你是從哪些字知道「五彩斑斕」是什麼顏色都有的？

生 五彩。

師 我們要學習讀書的方法，不見得每個難詞都要查字詞典，查字典是最後的方式。我們遇到个會的字詞，先想想能不能用自我學習的方式解決。「五彩斑斕」，同學是從字面上解釋，五彩，五種顏色，很多顏色。你也可以從文章中找一找，「五彩斑斕」是形容什麼的？

生 是形容孔雀的。

師 完整的把那個短語念出來。

生 五彩斑斕的孔雀。

師 所以你認為「五彩斑斕」是什麼意思？

生 從五彩知道是很多很多的顏色。

生 孔雀的羽毛有很多種顏色。

師 是的，這也是一種方式。五彩斑斕的孔雀，孔雀有很多種顏色，很漂亮對不對？所以我們也可以學習用這樣上下文推論的方式認識詞語。

師 讀文章，尤其是詞語的部分，要學會分類，分類可以讓我們把詞語更好的運用到寫作上。再來，我們來看看，「凶猛異常」是描寫什麼的？

生 性格。

師 笨重？

生 體格。

師 跳躍？

生 動作。

師 五彩斑斕？

生 外形。

師 茹毛飲血？

生 性格。

師 是嗎？我們再來看文章，「茹毛飲血」是性格嗎？

生 （小聲的說）習性。

師 習性？來，我們看看，「茹毛飲血」在哪裡？應該是文章的第四段，有沒有誰可以告訴我什麼是「茹毛飲血」？我們想了解它的意思。

生 就是連毛帶血的吃了。

師 （驚訝）連毛帶血的吃啦！所以吃東西它是個什麼樣的詞？

生 動作。

師 什麼樣的動物會「茹毛飲血」，連毛帶血的吃東西？

生 食肉動物。

師 食肉動物，你是嗎？（學生笑）

師 你食肉嗎？那你會「茹毛飲血」嗎？

生 不會。

師 所以是食肉動物都會「茹毛飲血」嗎？如果不是，哪些動物才會？

生 凶猛異常的動物。

師 哪些動物？舉例告訴我。

生 恐龍、獅子、老虎。

師 獅子、老虎、獵豹……牠們捕獵物的時候就是這樣咬住牠們的脖子，吃動
　物的肉。（指著其中一位學生）你要說什麼？

生 原住民之前沒有火，所以就用木棍插在肉上，連毛帶血的吃掉。

師 你書讀得很多，真的是個小博士！是的，所有的動物一開始都是這樣的。
　之前的人也是這樣的，現在的獅子、獵豹也是如此啊！所以「茹毛飲血」
　應該是形容──

生 動作。

師 滑翔？

生 動作。

師 粗壯有力？

生 外形。

師 溫順可愛？

生 性格。

師 凌空翱翔？

生 動作。

師 身材小巧？

生 外形。

師 很好，我們把這些詞稍微分類一下，就可以知道我們在描寫動物的時候，
　可以用哪些詞語來形容動物的外表、性格跟動作了！

▼板塊四：重點深究

師 我們來看看恐龍跟鳥，你最初看到時會覺得這兩個有什麼相關嗎？（沒有。）所以課文是這樣形容的：看起來——

生 毫不相干。

師 前面還有兩個字喔！

生 似乎。

師 「毫不相干」、「似乎毫不相干」，差異在哪裡？

生 好像毫不相干。

師 似乎毫不相干後面接的是什麼？從文章找一找。「但」，有個「但」字出來，前後文就是——

生 轉折。

師 前面說似乎毫不相干，但他們是有關係的，什麼關係？

生 恐龍的一支經過漫長的演化，最終變成了凌空翱翔的鳥兒。

師 是的，看起來似乎毫不相干，但事實上很有關係。「恐龍的一支經過漫長的演化，最終變成了凌空翱翔的鳥兒。」和「恐龍經過漫長的演化，最終變成了凌空翱翔的鳥兒。」這兩句話有沒有一樣呢？

生 沒有不一樣。

師 你覺得這兩句話的意思是一樣的，是嗎？那老師剛舉過例子，「四年四班的同學沒有寫作業」、「四年四班的一個同學沒有寫作業」，所以你認為這兩句話一樣嗎？

生 不一樣。

師 你再讀一讀剛才那兩句話，有一樣嗎？

生 不一樣。

師 哪裡不一樣？

生 「恐龍的一支經過漫長的演化」說得更精確一點。

師 你認為它說得更精確一點，因為「恐龍的一支」能代表所有的恐龍嗎？

生 不代表。

師 恐龍經過演化代表的是——

生 所有的恐龍。

師 我們可以把一支省略嗎？

生 不可以。因為「一支」代表部分的恐龍，沒有一支，就代表所有的恐龍了。

師 所以我們在寫說明事物文章的時候，語言要非常精準——

生 嚴謹。

師 對，嚴謹。我們剛剛說恐龍滅絕的原因，確定知道滅絕的原因嗎？

生 不一定。

師 對，我們只是推測可能的原因。所以寫說明類文章，很重要的一點是：用詞要——

生 （齊聲）嚴謹。

師 恐龍會變成鳥是科學家們猜測的，恐龍和鳥的外形如此不同，鳥的特性是有——

生 有翅膀。

（老師笑）

師 鳥最大的特性就是有翅膀，有羽毛。所以，如果恐龍要變成鳥，中間一定要有證據，你覺得這個證據是什麼？

生 恐龍和鳥類在骨骼結構上有許多相似之處。

師 要證明恐龍變成鳥飛向天空，一定要找到一個證據：長著毛的恐龍。找到證據才可以說這樣的推論。我們寫說明類文章的時候，就像科學家、考古學家做實驗一樣，有多少證據才能說多少話。

師 我們在第二段找到兩個證據，從19世紀英國學者的發現一直到20世紀科學家找到了化石。一個人的文章寫得好，他的介紹一定要有順序。從19世紀到20世紀，掌握了一個時間軸。19世紀有什麼發現？

生 英國學者赫胥黎發現了恐龍和鳥類在骨骼結構上有許多相似之處。

師 赫胥黎在實驗室裡一直研究，有一天他去餐廳，喝著紅酒、正在吃烤雞大餐的時候，突然發現眼前的雞變成了一隻恐龍，為什麼？

生 因為烤雞跟他研究的恐龍很像，骨骼都一樣。

師 你看，科學家熱愛研究，明明是烤雞卻看成恐龍，發現兩者長得很像，所以他提出推測：雞、鳥，會不會跟恐龍有關係？於是他做研究，推測鳥不僅跟恐龍有親緣關係，而且可能就是小型恐龍的後裔。這個論點是確定的嗎？

生 不確定，只是「可能」。

師 所以課本用兩個字形容這一可能，就是——「假說」。科學家講話非常嚴謹，課本雖然提出這個假說，可是有沒有證據？

生 沒有。

師 能不能向世界人宣告？

生 不能。

師 所以20世紀在遼寧西部發現了保存有羽毛痕跡的恐龍化石（出示圖片），這個化石被找到了，就是長著羽毛的恐龍化石被找到了。「**全世界的科學家欣喜若狂**」，讀到這裡，你有沒有覺得很奇怪？是中國科學家發現的，跟全世界的科學家有什麼關係？

生 因為中國的科學家發現了，外國的科學家之前推論「恐龍的一支經過漫長的演化，最終變成了凌空翱翔的鳥兒。」這樣就有證據了。

師 是的，你真的很會推論。全世界研究恐龍的科學家一直苦無證據，而今被中國科學家發現了。這個發現向世人展示了恐龍長羽毛的證據，給這些科學家們描繪的畫卷塗上了「點睛」之筆。在你們的課本裡面，「點睛」被打上問號，發現了沒有？為什麼？這個「點睛」讓你想到哪個詞？哪個成語？

生 畫龍點睛。

師 什麼叫「點睛」？點上眼睛他就活了起來，所以是最關鍵、最重要的那個部分。為什麼發現這個化石是全世界很關鍵的部分，你有沒有想過？

生 因為他們之前發現骨骼大致相同，但就是找不到恐龍長羽毛的證據。

師 所以遼西的發現是很關鍵的，它一被發現，全世界的科學家都很振奮，他們終於找到證據，真的有很多長著羽毛的恐龍化石。

師 接著，我們一起來讀一讀第三段。

（學生齊讀第三段）

師 你們看，第一段是寫想法，第二段是寫證據，第三段這麼寫，它有什麼作用呢？

生 起到了承上啟下的作用。

師 承上啟下。哇！他講得很好，可以承接上面，開啟下面，我認為這段在這篇文章有過渡的作用，是要開啟最重要的第四段，所以你發現沒有？寫文章是要有連接的，用過渡段開啟下文。

▼板塊五：讀出寫法

1.讀懂文章，排出順序

師 第四段是這篇文章裡面最難的部分，你們發現了沒有，文章總共有幾個自然段？

生 五個。

師 最長的篇幅在哪裡？

生 第四段。

師 這一段，好難讀啊！於是，老師讀的時候就想，有什麼方式可以幫助我讀懂文章呢？遇到又長又難的文章時，可以適當的排順序，幫助自己理解。所以你們讀文章時，如果可以把它想像成一幅圖，然後記在腦海裡，這樣會比較簡單。現在，讀完第四段，將老師給你的四張圖片，小組討論後按照爻字的內容排出順序。

（四人一組排順序、選派一人在黑板上張貼組內排順序的結果）

師 我想知道你們為什麼這麼排，誰來告訴我？

生 （指著第1張圖片）腿粗壯有力，能夠支撐起整個身體，所以應該是這幅。第二個說有的用四足行走（指向第3張圖片），有的體表長出了美麗的羽毛（學生指向第2張圖片），然後最終飛向了藍天（學生指向第4張圖片）。

師 我們掌聲鼓勵一下！我很好奇有沒有人的排法跟他一樣，但是理由不同？

生 這個（指第1幅圖）是兩足奔跑，這個是繁衍成龐大的家族（第3幅圖）。

師 「兩足奔跑」跟「繁衍成龐大家族」是同一家族，知道嗎？把課本再找出來。課本是怎麼說的？課本說繁衍的大家族裡面有兩足奔跑的，有四足行走的。讀課文找一找真正精確的語言。第一代恐龍你為什麼選1？是哪個詞、哪個句子讓你知道它是1的？

生 兩條後腿粗壯有力，能夠支撐起整個身體。

師 好，謝謝你。你要說什麼？

生 我跟他們的不一樣。

師 你來排排看。勇於有自己的想法，勇於表達，非常好！

生 第一個理由是有些恐龍像它們的祖先一樣兩足奔跑，第二個是骨骼中空、身體輕盈、腦顱膨大、行動敏捷，所以是第三幅圖。

師 「骨骼中空、身體輕盈、腦顱膨大、行動敏捷」是龐大家族裡，其中的一些獵食性恐龍吧？它和「兩足奔跑」是同時代的恐龍嗎？

生 我看錯了。

師 謝謝，不過他勇於表達自己的見解是很好的，我們給他掌聲。第一代恐龍你們覺得是1，是因為課文中的哪一句話？

生 （齊讀）地球上的第一種恐龍大約出現在兩億三千萬年前，它和狗一般大小，兩條後腿粗壯有力，能夠支撐起整個身體。

師 這是第一代恐龍，接下來為什麼選3？

生 因為繁衍成龐大的家族。

師 有沒有發現家族後面用了個標點符號？什麼標點符號？

生 冒號。

師 冒號是做什麼用的？

生 解釋說明。

師 所以我發現有的同學冒號沒有看清楚：有些兩足奔跑，有些四足行走。「有些」是並列，第3幅圖：有的兩足，有的四足，有的高大，有的輕盈小巧，是在同一形態各異的家族裡面，所以同學也可以從標點符號的使用來讀懂文章。接下來長出了羽毛2，最終飛向了天空4。我們的順序排出來了（出示排順序的幻燈片），恐龍慢慢變成型態各異的家族，有的長出羽毛，最終飛向了藍天。

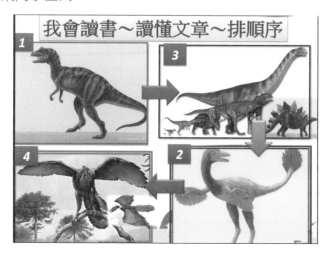

2.讀出內容與寫法

師 這篇文章是怎麼寫的呢？

「和狗一般大小，兩條後腿粗壯有力。」是寫外形，你發現了沒有。這樣你就更容易看懂文章了。剛剛有很多同學說兩足奔走，四足行走這兩個是一起介紹的，所以「有些恐龍像它們的祖先一樣用兩足奔跑，有些恐龍則用四足行走。」是描寫恐龍的——

生 行走方式。

師 有的動物會游泳，有的會跳，這是——

生 動作。

師 有的這麼大，有的這麼小，有的這麼重，有的這麼輕，這是——

生 身材大小。

師 用什麼樣的詞彙可以形容一個人的高矮胖瘦，這個叫做——

生 外形。

師 溫順可愛、凶猛異常是——

生 性格。

師 這裡「有的吃肉，有的吃素」——

生 食性。

師 所以描寫動物可以從哪些方面來寫？

生 動作、外形、個性、食性。

師 文章這五段裡面，哪一部分描寫恐龍描寫得最清楚，最詳細，最具體？

生 第四自然段。

師 第四自然段，寫了哪一類恐龍？為什麼不寫霸王龍，為什麼不寫劍龍？

生 長著羽毛的恐龍。

生 飛向藍天的恐龍。

師 為什麼要這麼寫呢？有什麼用意呢？為何聚焦在那一類的恐龍？

生 因為這才是文章的重點。

生 因為文章主題是飛向藍天的恐龍，所以詳細寫它的演變史。

師 是的，所以寫文章的時候，主要想表達的才詳細寫，寫作要清楚聚焦重點。

▼板塊六：總結與延伸閱讀

師 這是遼西找到的恐龍化石，有中華龍鳥，有中國鳥龍，這些都證明了恐龍真的有羽毛，真的有翅膀，這是恐龍飛向藍天的證據。你們有興趣的話，可以去看看〈與龍共舞〉的影片，裡面有個研究恐龍的科學家叫徐星，他到美國跟很多科學家共同發表了相關的論文。

師 這篇文章一開始說：恐龍看起來似乎和鳥類毫不相干，但是科學家提出一個假說──鳥類是某一種恐龍的後裔，可是這麼說沒有證據，說服人家一定要提出證據：於是課文介紹了第一代恐龍、第二代恐龍，形態各異的恐龍。接下來獵食性的恐龍長出羽毛，最後飛向了藍天。

師 讀完這篇文章，你要問自己，你覺得鳥真的是恐龍的後裔嗎？相信的人請舉手。

（大部分學生舉手）

師 請放下，不相信鳥是恐龍後裔的請舉手。

（一個學生慢慢的舉手）

師 這篇文章很成功啊！只有一個人不太相信。

師 讓我這樣問好了：有一點相信，有一點不相信的請舉手。

（學生零星的忽舉而忽不舉）

師 我們要勇於質疑。作家文章寫得很好，但我要問：這是真的嗎？如果你有興趣的話，你可以好好研究一下，或許以後，我們其中的一位同學就變成研究恐龍的專家了呢！

師 這篇文章的寫作，主要是採用哪一種表達方式？是敘述、說明、描寫還是抒情？

生 （齊聲）說明。

師 說明文的重點是什麼？

生 嚴謹。

生 準確。

師 這是一篇描寫動物的說明文。讀完文章，如果我們要寫動物，可以從哪些方面寫起呢？

生 動作、外形、性格、食性。

師 課文花了很長時間寫演化的過程。讀完這篇文章，你對恐龍是不是有更深的理解了呢？

生 是的。

師 也許這會讓你看到不同的科學世界。

師 課堂結束前，（出示臺灣學校的幻燈片）老師歡迎你們到我的學校來。這是老師的學校，你發現這些字不太一樣，對不對？這是繁體字，很美的文字。老師來自很溫暖的臺灣，歡迎你們來臺灣找老師玩，謝謝你們！

（會場鼓掌響起）

（文字整理：育才小學 劉國霞主任）

教學活動設計 ／ 飛向藍天的恐龍

陳麗雲　老師

教學年級　四年級

教材內容　「飛向藍天的恐龍」是人教版四上冊第八組第 31 課。

教材分析

　　「飛向藍天的恐龍」是一篇科普文章，主要向人們介紹了科學家根據研究發現問題，提出的一種假說：鳥類很可能是一種小型恐龍的後裔。證實假想的探索過程，同時開啟了一扇探索古生物的科學之門。語言準確生動，內容層層深入，環環相扣。

教學目標

1.能正確讀出詞語，能比較流暢的讀一些複雜的長句。
2.體會說明類文章用詞嚴謹準備的特點。
3.理解文章內容，讀懂文章說明恐龍演化進而飛向藍天的過程，學習懂得閱讀的方法。（從讀懂到懂讀）

教學準備

學生 熟讀課文，完成「自主學習單」，收集恐龍的資料。
教師 收集恐龍圖片，影片〈與龍共舞〉。

教學過程

1.導入新課：關於恐龍

　　K：What do I know？（我已經知道些什麼？）

　　W：What do I want to learn？（我想要學些什麼？）

　　L：What have I learned？（我學會了些什麼？）

2.標題解碼：「飛向藍天的恐龍」。

3.讀課文，在具體語境中讀準新詞、理解新詞。

4.重點深究：聚焦「演化」段落，進一步明確恐龍演化過程，並感受表達的嚴謹準確。

　　(1)為恐龍圖片排順序。

　　(2)讀出內容與寫法。

　　(3)綜合整理解說恐龍演化過程。

5.回顧全文。

第三回：大熊貓觀賞記、國寶——大熊貓

教材課文

大熊貓觀賞記

香港朗文版四上課文

今天，我跟爸爸媽媽到海洋公園玩。我非常喜歡大熊貓，所以一到海洋公園便拉著爸爸媽媽直奔大熊貓的住所——大熊貓園。

經過半小時的等候，我們終於進入大熊貓園。我最先看到大熊貓樂樂，牠好動貪玩，一會兒在地上不停的翻跟頭，一會兒又爬到樹榦上玩耍，活像個又胖又頑皮的小孩，有趣極了！

住在樂樂隔壁的是雌性大熊貓盈盈。我最初覺得盈盈的樣子幾乎跟樂樂一樣，後來仔細觀察，才發覺牠臉上的黑眼圈比樂樂的長。牠一直低著頭，好像在思索什麼似的。突然，盈盈抬起頭，一雙烏黑發亮的眼睛緊盯著我。我雀躍歡呼：「媽媽，您看，盈盈在看著我呢！」話音未落，盈盈卻像被嚇著似的，突然轉身回屋裡去了。爸爸告訴我，盈盈比較文靜、害羞，警惕性很強，一聽到較大的響聲就會走避。我聽了十分懊悔。

接著，我們又來到大熊貓安安和佳佳的住處。佳佳正躺在地上，肚子朝天，時而舉起手，時而抬起腳，時而轉動身子，時而用前爪輕拍肚子，睡姿十分有趣。安安則盤著腿，把石頭當成椅背，倚著石頭舒舒服服的坐著。牠用前爪抓起竹子往嘴裡送，然後大口大口的咀嚼。嘴裡的竹子還沒吃完，牠又拿起地上的竹子往嘴裡送，吃飽了，又大口大口的喝水解渴。牠那副饞嘴的模樣，真惹人發笑。

離開大熊貓園時，我依依不捨的回頭張望，期盼能與這四隻可愛的動物再次會面。

國寶——大熊貓

香港朗文版四上課文

　　自從大熊貓安安、佳佳、盈盈、樂樂定居香港以後，大熊貓成了香港市民的「貴賓」。因為大熊貓是我國特有的珍稀動物，也是世界上最負盛名的瀕危動物。

　　大熊貓體態豐盈，四肢粗壯，尾巴短禿，毛色奇特，頭和身軀乳白色，而四肢和肩部黑色，頭上有一對黑耳朵，還有兩個黑眼眶，很像戴著一副墨鏡。大熊貓長相可愛，性情溫馴，給人諧趣、活潑的印象。

　　大熊貓如今在我國分佈地域十分狹窄，僅見於四川、甘肅、陝西等一些海拔二千米以上的高山。那裡人煙稀少，山坡上覆蓋著茂密的原始森林，林間泉水豐富，竹類叢生。這樣的環境最適合大熊貓過著隱居的生活。

　　大熊貓喜歡吃竹子，可是竹子的營養成分不多，所以一頭成年的大熊貓每天最少要吃十五至二十公斤竹子。

　　大熊貓的活動範圍與季節關係很大。冬、春兩季，牠們多生活在海拔三千米以下、積雪較少的山谷地帶；夏、秋兩季，則多在海拔三千米以上的地帶活動。天氣炎熱時，為了降低體溫，大熊貓會到小溪、小河旁大量喝水，喝得「醉」倒不能走動，以至於有「熊貓醉水」的說法。

　　別看大熊貓笨重肥大，可爬起樹來卻挺高明。大熊貓爬樹不但可以逃避敵害，還可以享受陽光、嬉戲玩耍、求偶婚配。

　　大熊貓的繁殖力很低，一般每胎產一子。剛誕生的熊貓小得像隻小老鼠，體重僅相當於母體重量的千分之一，因此不易成活。由於大熊貓繁殖艱難，存活不易，所以如今我國野生的大熊貓屈指可數，估計只有一千五百隻左右。

　　大熊貓是中國國寶，已列為一級保護動物。我國已建立了十三個以保護大熊貓為主的自然保護區，採取了一系列保護措施，以拯救這一瀕危物種，促使大熊貓子孫繁衍，家族興旺。

教學實錄

▼板塊一：導入新課，標題解碼。

師 孩子們，咱們開始上課。知道我從哪裡來嗎？

生 臺灣。

師 你去過嗎？

生 去過。

師 你去過臺灣的哪裡？什麼時候去的？

生 去年暑假。

師 下次再去臺灣，你可以來找我。老師來自臺灣，在修德國小教書。今天我們來玩一玩有趣的一堂課。上課之前，我們先來挑戰一下，猜個謎語。誰來告訴我，謎底是什麼？——身體胖嘟嘟，眼圈黑烏烏。我才說了兩句，你就猜出來了，是什麼？

生 熊貓。

師 你是怎麼知道的呢？

生 因為熊貓的眼圈就是黑烏烏的，而且熊貓的體重好像有兩百多公斤吧！

師 你覺得我像嗎？看清楚。

生 眼圈黑。

師 那你的意思是我的身體也胖嘟嘟的嗎？

　　（學生笑）

生 沒有。

師 終身只愛竹葉香，害羞反而名聲揚。你們猜是什麼？

生 （齊聲）熊貓。

師 有沒有不同的答案？沒有了嗎？除了剛才這位同學說的，熊貓胖嘟嘟，眼圈是黑色的之外。還有什麼線索？

生 熊貓愛吃竹子。

師 從這些文字對外形、個性、食性的描寫，可以知道主角是大熊貓。你們喜歡大熊貓嗎？

生 喜歡。

師 跟我一樣，我也好喜歡大熊貓。2008年，中國送給臺灣一對大熊貓，男的叫團團，女的叫圓圓。牠們被送到臺北，因為之前不太熟悉，團團就對圓圓說：「圓圓，你的黑眼圈怎麼那麼大，是不是常常不睡覺啊？」圓圓說：「你不懂，這是現在非常流行的熊貓妝。因為女生愛美嘛！」於是，團團就愛上了圓圓。牠們結了婚，經過五年的努力有了愛的結晶──生了我們的「圓仔」。你知道嗎？小熊貓剛剛出生的時候，是這樣的──（出示剛剛出生的小熊貓相片）牠是什麼顏色？

生 粉紅色。

師 對，剛出生的小熊貓就是這樣粉粉嫩嫩的粉紅色。圓仔剛出生僅183公克，身長15.5公分。過了兩個月，圓仔就長成了近4000公克，46公分這麼大。（出示兩個月大的小熊貓相片）想不想看看圓仔平常的生活？我們來看影片，圓仔在臺灣過著幸福快樂的日子。（播放影片）

師 圓仔在臺灣剛剛出生的時候，我們為牠舉行了取名投票的活動，剛剛大家聽到的「圓仔」得票最高。下次去臺灣，記得去動物園看我們的「圓仔」，想不想和「圓仔」見面？

生 想。

師 那好，請你閉上眼睛，我把「圓仔」請出來。當我喊「1、2、3」的時候，你才可以睜開眼睛，不可以偷看喔！

師 （師拿出毛絨熊貓玩偶）1、2、3，請看──

（學生大笑）

師 它真的是「圓仔」喔，老師特地去木柵動物園買的。「圓仔」就長這樣，可不可愛？木柵動物園有一個熊貓玩具展覽館，大大小小的圓仔都擺在那兒。我特地帶了很多玩具要送給你們，很期待是吧？那你們有沒有看過大熊貓？

生 看過。

師 在哪裡看過？

生 電視上。

師 好，一開始呢，老師想讓你們先了解大熊貓。等一會兒老師播放影片，如果你會唱歌，就大聲的唱。唱的聲音夠大，就可以把「圓仔」帶回家。等一會兒，老師還會問你知道了哪些大熊貓相關的知識，所以一定要認真看喔！

（播放影片，影片歌詞：

　　叫貓不是貓

　　眼被黑圈包

　　它只愛吃　竹子葉

　　珍貴又稀少

　　它是大熊貓

　　黑白的外套

　　它只愛吃竹子葉

　　每天吃飽飽

　　胖胖的可愛大熊貓

　　它絕對不會喵喵叫

　　它可是珍貴的國寶

　　受保護的大熊貓

　　它絕對不會喵喵叫

　　肥肥的肚子愛撒嬌

　　溫馴的乖寶寶）

師 現在誰來告訴我，你從這首歌中知道了什麼知識，或者得到了哪些資訊？

生 大熊貓愛吃竹子。

師 你愛吃什麼？

生 我愛吃乾糧。

師 你愛吃乾糧，大熊貓愛吃竹子，我愛吃牛排。這是在講大熊貓的什麼？

生 特點。

師 哪方面的特點？吃的？穿的？用的？

生 吃的穿的用的。（學生笑）

師 吃竹子是哪方面的特點？

生 吃的。

師 第一個發言的孩子最勇敢，老師把可愛的熊貓玩具送給他。接下來，有誰能回答，大熊貓除了愛吃竹子之外，還有什麼特點？

生 牠很溫順。

師 溫順是牠哪方面的特點？

生 性格。

師 那你的性格是什麼樣的？是溫柔、活潑，還是凶惡的？

生 都有。

師 除了性情、愛吃竹子的食性，還有什麼特點？

生 牠的肚子很圓，而且非常胖。

師 這是形容牠的什麼？

生 牠的外貌。

師 還有什麼？

生 牠是國寶，愛吃竹子葉，珍貴又稀少。

師 珍貴又稀少的是竹子葉還是大熊貓？

生 大熊貓。

師 掌聲送給他，謝謝！

（學生鼓掌）

「大熊貓觀賞記」自主學習單　　班級＿＿＿＿　姓名＿＿＿＿

　　同學們，預習是一種良好的學習習慣。如果你能在學習每篇課文之前，都做到認真的預習課文，相信你在課堂上的收穫會更大！請你按照下面的預習提示走進「大熊貓觀賞記」。

一、讀前熱身：看看標題，哪個詞語可以讓你知道文章的表達方法？

二、讀讀課文：要求：讀準字音，讀通句子，做到正確、流利。

三、認寫字詞：

　1.課文中哪些字詞是你不認識的？把它標示記號。你會用什麼方法知道它們的意思？

　2.上面加點的字，你用什麼方法知道它的字義？

　　　　思索　　盯著　　讚揚　　解寫

四、理解內容：

　1.根據下面提供的疑問詞，自擬一些可以在課文中找到答案的問題。

　　什麼？　誰？　哪裡？　為什麼？　怎樣？

　問題一：＿＿＿＿＿＿＿＿＿＿＿＿＿＿

　問題二：＿＿＿＿＿＿＿＿＿＿＿＿＿＿

　問題三：＿＿＿＿＿＿＿＿＿＿＿＿＿＿

　2.用自己的話寫寫課文主要講了什麼？

　＿＿＿＿＿＿＿＿＿＿＿＿＿＿＿＿＿＿

五、讀出寫法：思考文章是怎麼寫這篇觀賞記的？

「國寶——大熊貓」自主學習單　　班級＿＿＿＿　姓名＿＿＿＿

　　請你按照下面的預習提示走進「國寶——大熊貓」。

一、讀前熱身：標題中的破折號表示什麼意思？

二、讀讀課文：要求：讀準字音，讀通句子，做到正確、流利。

三、認寫字詞：

　1.試著借助學過的閱讀技巧，猜測下列詞語的意思。

　　　珍稀　　盛名　　逃避　　存活

　2.下面的詞語，哪些是用來形容大熊貓的外型？哪些是形容大熊貓的性格？用不同符號標示出來。

　豐盈　粗壯　奇特　溫馴　諧趣　活潑　笨重　肥大

四、理解內容：

　1.讀完課文後，和你在「讀前熱身」猜測的內容有一樣嗎？

　2.用自己的話寫寫課文主要講了什麼？

　＿＿＿＿＿＿＿＿＿＿＿＿＿＿＿＿＿＿

五、讀出寫法：思考文章是怎麼寫的？從哪些方面寫大熊貓？

六、搜集資料：通過課外書或網路搜集資料，瞭解大熊貓的相關內容。

師 接下來，我們就來讀一讀和大熊貓有關的課文，第一篇課是——

生 「大熊貓觀賞記」。

師 前幾天你們的老師已經把你們的預習單發給我了，麗雲老師也看過你們的預習單了。「大熊貓觀賞記」，標題就這六個字，你猜猜看，文章可能在說什麼？

生 看到大熊貓……

師 誰去看大熊貓？

生 遊客。

生 遊客看到大熊貓之後，把看到的記下來。

師 你怎麼知道的？

生 因為標題是「大熊貓觀賞記」。

▼板塊二：字詞解碼

師 看到標題，就能預測文章可能要說什麼，這是一種非常好的讀書方法。課文我們預習過了，我要看看你是怎麼讀書的。拿出你的預習單，很多人說，遇到不會的字詞，我就查字詞典。可是查字詞典是最後一招。這幾個字你是怎麼知道意思的？有沒有人可以告訴我？你怎麼知道「思」這個字的意思？

生 我是自己想出來的。

師 好，那麼你是怎麼想出「思」的意思的呢？

生 用腦袋想。

師 用哪裡想？例如思考、思念、思想，都跟哪裡有關係？你看看字的寫法，覺得跟哪個部分有關係？

生 心。

師 所以「思」可以從哪裡認識它的意思？

生 心字底。

師 心是它的部首。所以，我們遇到不會的生字，可以從部首知道這個字大概

的意思。再看「盯」這個字，請你們現在盯著我——你用什麼盯著我？

生 眼睛。

師 你是怎麼知道的？為什麼知道用眼睛盯著我？

生 因為「盯」是目字旁。

師 非常好，因為它是目字旁。那請你再猜，什麼叫「渴」？

生 「渴」就是很需要水。

生 渴了就是口很乾，需要水。

師 對，讀書要有方法。我發現你們預習單寫的識字方法都是：上網查、查字典、問爸爸媽媽。下次遇到不認識的字，可以先看看部首，很可能你自己就可以知道它的意思，不需要查字典了！第二篇大家也預習過了，那麼誰知道「珍稀」是什麼意思？

生 「珍」是珍貴，「稀」是稀少，「珍稀」應該是又珍貴又稀少。

師 你好棒啊！你把「珍稀」變成了四個字。掌聲送給他。

　　（學生鼓掌）

師 遇到不會的詞，可以幫它拆字、擴展，這是另一種讀書方式。還有誰有不同的學習方式？

生 「珍稀」就是很愛護一個東西，不捨得用。

師 為什麼這麼說呢？

生 「稀」代表很少。

師 這個東西很少，所以捨不得用。「珍稀」這個詞，你剛剛說你認識哪個字？

生 稀。

師 「稀」是什麼意思？

生 稀少。

師 謝謝。剛剛這位同學認識「珍稀」中的「稀」字，從「稀」這個字去學語詞。

師 本來我不認識「珍稀」這個詞，但我認得其中的——「稀」，這個字就稱
為「熟字」。我們可以運用這個「熟字」去理解新詞。

師 接下來誰能告訴我什麼是「逃避」？

生 逃避就是逃走的意思。

師 你認識哪個字？

生 逃。

生 「逃避」，「逃」是「逃走」的意思，「避」是「躲避」，「逃避」就是
逃走躲避的意思。

師 非常好，謝謝。剛才兩位同學理解詞語的方式不一樣：第一位同學用了熟
字，第二位同學將新詞拆字、擴展。非常好，這就是學會讀書的方法。接
下來，你們預習的時候，一定還會遇到不理解的詞語，老師希望你們用老
師教你的方式學習，還可以運用「讀讀上下文」的方法理解詞語含義。能
學會老師教你的方式，擁有自學的能力，那是最好的。

師 接下來請和同學交流交流，你在家預習的時候有哪些詞語不理解，是用什
麼方式解決的？老師給你們一分鐘交流。開始。

（老師將2～3名學生分為一組進行交流，老師巡堂指導）

（計時器倒數10秒，時間到了，學生停止交流）

師 老師剛才看到兩位同學用了很多方式理解不認識的詞語。（師走向那兩位
同學）請你們和大家分享，你不會哪個詞語，你是用什麼方式學習它的。

生 樹椏。

師 等一下回答的時候，要說清楚這個詞語在課文的第幾自然段，第幾行。

生 第二段第三行的「樹椏」，因為「椏」是木字旁，所以是「樹枝」的意
思。

師 這位同學不理解「樹椏」的「椏」，但是看到「椏」是木字旁，所以猜測
是樹的枝幹。非常好！謝謝他！掌聲送給他！

（學生鼓掌）

生 第三自然段的最後一個詞：懊悔。懊悔的意思是「心裡很內疚」，我是通過部首豎心旁猜到的。

師 掌聲送給他！這就是學會讀書的方式，我們回去以後，都可以用這種方式讀書。

（學生鼓掌）

▼板塊三：提問練習

師 讀書要會自己問問題。現在請你說說預學單問了哪些問題。（老師指定一位同學）請你跟大家交流一下，你問的問題是什麼？

生 佳佳是怎樣做動作的？

師 有沒有人可以回答他？（請一位舉手的同學走到前臺）老師不希望你用說的，希望你用動作來表示。（老師給走上前臺的學生帶上熊貓頭套，臺下學生笑）我們一起念文中描寫佳佳動作的詞語，請前面的這位同學表演。讓我們通過動作，記憶佳佳的行為。

生 （齊讀）**佳佳正躺在地上，肚子朝天，時而舉起手，時而抬起腳，時而轉動身子，時而用前爪輕拍肚子，睡姿十分有趣。**

（臺前的同學在老師指導下，做出相應的動作）

師 掌聲送給他。謝謝我們的「佳佳」，老師要拿一個小熊貓送給你。

（師指定另一位同學問問題，並叫出他的名字）

生 哪裡表現出樂樂的性格？

師 這個問題非常有層次。老師為什麼讓你們問問題？因為會問問題很重要。誰來告訴我這個問題的答案？

生 牠好動貪玩，一會兒在地上不停的翻跟頭，一會兒又爬到樹椏上玩耍，活像個又胖又頑皮的小孩，有趣極了！

師 讀完這句，你覺得樂樂有什麼個性？

生 特別調皮。

師 透過樂樂的動作猜測出樂樂的性格，非常好！

（師指定第三個同學問問題，並叫出他的名字）

生 作者叫什麼？

師 誰能回答同學的這個問題？

生 小孩。

師 小孩叫什麼名字？

生 不知道。

師 有沒有人能從文中找到答案？

生 作者是「我」。

師 「我」是誰？你們知道作者「我」的名字嗎？不知道！所以，這個問題問出來的時候，可能沒有人知道答案，也無法從文章找到或推理出答案。這個問題就不是好問題，值得修正。會自己問問題才會讀書，問問題可以慢慢學習，讓自己懂得統整、歸納。

師 還有一位同學問的問題是：「熊貓是什麼？」

生 動物，國寶……

師 問問題是學習時很重要的一種方法，老師希望你們學會問問題。熊貓是什麼？是動物，是國寶……答案有很多種可能。當你問出來的時候，同學不知道你要的答案是什麼，那這個問題就問得相對沒意義了。所以，我們可以這樣問：這四隻熊貓住在哪裡？熊貓是哪一類的動物？熊貓為何是國寶？這樣的問題才具體清晰。

師 接下來，我會出示四張圖，請你們告訴我，牠是哪一隻熊貓。

（出示第一隻熊貓圖片）

生 （齊答）樂樂。

師 你從哪裡看出牠是樂樂的？

（指定一位學生回答）

生 文中寫牠「一會兒又爬到樹椏上玩耍。」

師 沒錯，文章裡爬到樹椏上的就是樂樂。（出示第二隻熊貓圖片）這是誰？

生（齊答）佳佳。

師你是從哪裡知道的？

（指定一位學生回答）

生看出牠是「四腳朝天」。

師從「四腳朝天」看出這是佳佳，很好！（出示第三隻熊貓圖片）這個呢？

生（齊答）安安。

生「嘴裡的竹子還沒吃完，牠又拿起地上的竹子往嘴裡送。」圖片上的熊貓拿著竹子，所以是安安。

師（出示第四隻熊貓圖片）這個是誰？

生（齊答）盈盈。

師你們是怎麼知道的？

生（齊答）就剩一個盈盈了。

師很好！你是從文章哪裡看出來的？

（指定一位學生回答）

生牠很文靜。

師書中是怎麼寫牠的動作的？

生……

（其他的學生紛紛舉手）

師（示意其他同學放下小手）你在文中找一找，是怎麼描寫盈盈的？

生後來仔細觀察，才發覺牠臉上的黑眼圈比樂樂的長。

師還有沒有？

生牠一直低著頭，好像在思索什麼似的。

師所以，這幅圖裡，大熊貓像盈盈一直低著頭。謝謝，你很勇敢，非常好！

▼板塊四：讀懂內容

師大家根據文章中的描述，小組討論這四隻大熊貓的個性。每隻大熊貓具有什麼個性，要從文章找到支持的理由。因為時間有限，支持的理由，你不

用寫在任務單上，但要在文章中畫出來。小組討論，互相協助，老師只給你們三分鐘的時間喔！好，計時開始……

（各小組學生開始討論，教師巡視）

師（邊巡視邊說）每隻熊貓的性格可以用多個不同的形容詞來描述。

（學生討論，師將四隻大熊貓圖片貼在黑板上）

師 時間到了！我剛才觀察你們討論的結果，發現你們越來越會討論了！有沒有哪組要先來分享樂樂的個性？機會讓給今天還沒和我說過話的組別，請舉手。（停兩秒）好，你們這組先分享，你們覺得樂樂有什麼樣的個性？

生 貪玩、好動、頑皮、活潑。

師 從文中哪裡知道的？

生 第二自然段，「樂樂好動頑皮，一會兒在地上不停的翻跟頭，一會兒又爬到樹椏上玩耍，活像個又胖又頑皮的小孩，有趣極了。」

師 你們是不是同意呢？

生 同意。

師 盈盈呢？有沒有哪個組要來分享？還有哪個組沒有跟我說過話？（停兩秒）好，你們這組。

生 害羞、文靜、警惕性比較強。

師 在哪裡可以知道？

生「話音未落，盈盈像被嚇到似的，突然轉身回屋裡去了。」這裡告訴我盈盈害羞、文靜、警惕性很強，一聽到大聲說話的聲音，就躲避起來了。

師 所以你覺得盈盈是很害羞、文靜的，用你自己的話怎麼形容呢？

生 膽小。

師 非常好！佳佳呢？哪組告訴我？好，這組。

生 有趣、可愛。

師 哪裡可以知道的？

生 第四自然段，「佳佳正躺在地上，肚子朝天，時而舉起手，時而抬起腳，

時而轉動身子，時而用前爪輕拍脖子，睡姿十分有趣。」

師 最後一個安安有什麼個性呢？還有誰沒有跟我說過話？或者你們組派出一個不常說話的。（停兩秒）好，你來吧！

生 安安有點貪嘴，好吃。

師 從哪裡知道的？

生 從第四自然段，「吃飽了，又大口大口的喝水解渴。牠那副饞嘴的模樣，真惹人發笑。」

師 真是愛吃啊！是吧？

▼板塊五：讀出寫法。（敘述六要素）

師 作者是按什麼方式來參觀大熊貓園的？

生 遊園的方式。

師 作者喜歡大熊貓嗎？

生 喜歡。

師 你從哪裡知道的？

生 依依不捨。

師 哦，依依不捨代表捨不得離開。還有什麼地方可以得知他很喜歡熊貓？

生 我非常喜歡大熊貓，所以一到海洋公園便拉著爸爸直奔大熊貓的住所。

師 因為「我」很喜歡大熊貓，所以立即就往那邊跑去。那這篇文章是怎麼寫參觀記的？

（教師出示表格，學生齊說～敘述六要素）

師 什麼時間？

生 今天。

師 地點？

生 海洋公園。

師 人物？

生 爸爸、媽媽、我。

師 為什麼會去？

生 因為我喜歡大熊貓。

師 所以作者用了很長的篇幅寫看到四隻大熊貓。第一隻寫了誰？

生 樂樂。

師 文章如何描寫牠？

生 （齊說）貪玩、好動。

師 第二隻——（指定一位學生回答）

生 盈盈。牠很文靜、膽小。

師 第三隻是佳佳，牠很——

生 有趣。

師 有趣是形容牠的什麼動作？

生 睡覺。

師 那就叫做——睡姿。安安呢？

生 貪吃。

師 貪吃是吃相。最後的心情是——

生 （齊說）依依不捨。

師 所以一件事情要講清楚：什麼時間？什麼人？在什麼地方？事情的原因、經過、結果，這就是敘述六要素。哪六要素？再來一次：時間、地點、人物，事情的起因、經過、結果。所以「大熊貓觀賞記」是用哪個表達技巧來寫的呢？

生 敘述。

師 你是怎麼知道的？

生 因為這篇文章裡有敘述六要素：時間、地點、人物，又有事情的起因、經過、結果。

生 看課名是「大熊貓觀賞記」的「記」就可以知道是「記錄」的意思。

生 從最後表達了自己的心情感受，可以看出來。

師 「文貴有我」，寫記敘文要有「我」在裡面。所以我們可以從文章中敘述六要素、標題、作者的心情感受，知道這是一篇記敘文。

▼板塊六：導入新課「國寶——大熊貓」，理解課題。

師 題目是「國寶——大熊貓」，你發現中間有個破折號。有沒有人能告訴我，破折號起什麼作用？

生 解釋說明。

師 說明了什麼？

生 說明了大熊貓很珍貴。

生 大熊貓是國寶。

師 國寶代表了牠很稀有，大熊貓是說明的重點。讀一讀，「熊貓醉水」在哪裡？誰來告訴我它是什麼意思？

生 大熊貓喝小溪裡的水，喝得醉倒了，不能走動。

師 這是牠的生活方式，也可以叫做生活習性。但是，我在上課前特地查過，不是每隻大熊貓都醉水的，當大熊貓生病的時候，走路很慢，呼吸道生病，胃發燙，不能吃東西，需要喝大量的水降溫，才能讓身體舒服點，這時候才會有熊貓醉水的狀況發生，所以讀文章不要輕易相信，要查查真正的原因。

師 接下來老師要教你怎麼讀書。第一自然段，作者是怎麼描寫大熊貓的？重點講了大熊貓的什麼事？有沒有哪個關鍵詞或重點句子代表了作者的主要意思？

生 大熊貓是我國特有的珍稀動物，也是世界上最負盛名的瀕危動物。

師 （滿含熱情）你覺得作者是想告訴我們什麼？如果要圈關鍵詞，你會畫哪裡？

生 瀕危、珍稀。

師 這整段在告訴我們什麼？

生 大熊貓是珍稀動物，是世界上的瀕危動物。

師 好，謝謝你！你做得很好！同學們讀書時要把重點的詞畫下來，連成一句話，就是句子的主要意思。現在，我們用這種方式學習第二自然段，誰可以告訴我第二自然段中，你會畫哪個關鍵的詞？

生 體態。

師 還有沒有不同的想法？

生 長相。

師 體態和長相是不是很接近？「體態豐盈，四肢粗壯，尾巴短小，毛色奇特。」哪個詞包含的比較多？

生 長相。

師 除了長相之外,還有一個詞——

生 性情。

師 把這兩個詞串起來,第二自然段在說什麼?

生 大熊貓的長相和性情。

師 很好,用這樣的學習方法,老師決定開放兩分鐘,讓小組討論其他的各段,你會畫什麼關鍵詞,開始。

（老師分配任務,每組討論一段,小組互幫互學）

師 （邊巡視邊說）把重要的詞圈起來或畫下來串成一句話,我們就可以讀懂段落的意思,這是很重要的學習方式。

（小組合作討論）

師 好,請每一組分別說出,你們圈了什麼關鍵字?大聲說。

生 分布地域、環境。

生 大熊貓非常喜歡吃竹子。

師 竹子是牠們的什麼?

生 食物。

師 食物,非常好。下一組圈了——

生 活動範圍和熊貓醉水。

師 「熊貓醉水」是生活方式。

師 第六段你們圈的是爬樹。有人爬樹,有人鑽洞,有人游泳,這屬於什麼?

生 特點。

生 第七段是繁殖艱難、不易存活。

生 第八段圈的是保護措施。

師 現在該來讀懂文章是怎麼寫的?誰告訴我各段寫的是什麼?

生 第一段說大熊貓是珍稀、瀕危動物。

生 第二段寫的是長相和性情。

（師生一起說其餘各段的主要內容）

師　生　第三段寫牠的分布地域。第四段寫牠的食物。第五段寫牠的活動範圍和生活習性。第六段寫牠的特點。第七段寫牠繁殖艱難、存活不易。第八段寫保護措施。

師　文章先總說牠是珍稀、瀕危動物，再分別介紹大熊貓的習性與生活方式，最後總結。這就是說明類文章很常見的——

生　總分總。

師　請問作者是用哪種表達技巧寫的？你是怎麼知道的？

生　說明。因為沒有作者在裡面，沒有心情感受，沒有參觀順序。

師　重點關鍵是在介紹什麼？

生　大熊貓的相關知識。

▼板塊七：比較統整與由讀到寫

師　兩篇文章合在一起比較閱讀，它們描寫的對象都是——

生　大熊貓。

師　「大熊貓觀賞記」、「國寶——大熊貓」分別用了什麼樣的表達技巧，寫了什麼內容？

生　「大熊貓觀賞記」以敘述六要素寫了作者去觀賞大熊貓的經過和他的感受。

生　「國寶——大熊貓」用「總—分—總」寫了大熊貓的生活習性、動作、特徵、性格等。

師　寫記敘類的文章要用敘述六要素把事情講清楚；寫說明類文章就要有條有理，客觀的介紹這些事物。

師　想一下，如果讓你寫今天上麗雲老師這堂課的心情，你覺得用哪種方式來寫，會寫得比較好？

生　記敘文比較好，因為我有很多心情想寫。

師　這兩篇文章的表達方式有沒有哪一個比較厲害？哪一個比較高明？（沒有。）目的不同，表達技巧便會不同。

師 老師舉個例子——老師兩個雙胞胎兒子，今年要讀大學，平時很忙，寒假我帶兩個兒子去了日本北海道。哥哥想寫一篇文章，寫和家人一起來北海道旅遊，心情很開心，還可以打赤膊躺在雪地裡，非常刺激。而弟弟呢，他想寫一篇文章，介紹北海道的面積和歷史，還有介紹愛奴族少數民族的文化，看到的景觀和他們的生活方式。請問哥哥和弟弟應該各用哪種表達技巧比較好？

生 哥哥用敘述，弟弟用說明。

師 哥哥用說明的方式來寫好不好？

生 不好。會寫得很辛苦。

師 弟弟用敘述方式來寫好不好？

生 不好。敘述不太能夠清楚表達他想傳遞的內容。

師 對！這兩種技巧沒有哪種高明，主要看你怎麼表達。你想讓人知道你的心情，就用敘述；想客觀的介紹，就用說明。

師 下課前，老師想知道，你們今天學了什麼？

生 看到不會的字，如何學會它，將來可以用在學習上。

生 我們學了大熊貓的習性，還有生活方式。

生 我學到了大熊貓的相關知識。

生 我學會了寫作前先想想要表達什麼，再選擇寫作方式。

師 我們今天學了兩篇文章，也看了臺灣的熊貓和影片，有沒有人可以用「自己是大熊貓」的觀點出來自我介紹？兩篇文章的內容都可以拿來用，語文的學習就是為了拿來運用，假設你是大熊貓，你要跟別人介紹你的生活習性、外形、喜好，你會怎麼說呢？

（學生舉手，戴熊貓頭飾上臺介紹）

生 我是大熊貓，我的體態非常豐盈，四肢粗壯，尾巴短粗，毛色奇特，頭和身軀是乳白色的，而四肢和肩膀是黑色的，頭上有一對黑的短耳朵，還有兩個黑眼眶，很像帶著一副墨鏡。我們的長相非常可愛，性情溫馴，給人

活潑的印象。

師 非常感謝你的發表。以後寫文章可以從課本出發，課本的字、詞、句、知識，都是讓你拿來寫作的最好材料。回去讀讀老師準備的兩篇文章，用找關鍵字的方式來讀「動物的尾巴」、「鯨」這兩篇文章。記得我們要學會老師今天教的，讀書的方法，因為我們都是聰明的孩子。

下課，謝謝大家！

（文字整理：金華　李蔚娜老師
　　　　　　育才　范豔萍老師
　　　　　　晨光　劉紅霞老師
　　　　　　東馬　南曉麗老師）

教學活動設計　「大熊貓觀賞記」、「國寶——大熊貓」　陳麗雲　老師

教學年級　四年級

教學目標

1. 透過理解課題預測文本內容，認識其表達的特殊性。
2. 運用所學的閱讀策略學習字詞。
3. 運用抓重點詞句理解文章內容並讀出寫法。
4. 比較記敘與說明的表述方式。

教學準備

學生 熟讀課文，完成「自主學習單」，收集大熊貓的資料。

教師 收集大熊貓圖片，影片〈大熊貓〉、〈熊貓圓仔〉。

教學過程

1. 導入新課「大熊貓觀賞記」，理解課題。
2. 學習生字詞。
3. 重點深究
   (1) 推論四隻大熊貓的個性，從文本找出支援的理由。
   (2) 讀出內容與寫法。（敘述六要素）
   (3) 理解本課主要是運用敘述的表達方法。
4. 導入新課「國寶——大熊貓」，理解課題。
5. 辨識描寫大熊貓外形與個性的詞語。
6. 重點深究
7. 比較「大熊貓觀賞記」、「國寶——大熊貓」不同的表達方式，辨識敘述與說明的寫作特色。

推薦閱讀　「動物的尾巴」、「鯨」。

後記之一　　一朵雲推動一朵雲——聽臺灣名師陳麗雲老師授課有感

行知小學 趙雪靜老師

　　每次聆聽臺灣名師陳麗雲老師授課，總會令我耳目一新：原來解讀教材可以這樣著手，原來比教知識更重要的是教策略，原來這樣啟發學生才是課堂上的平等對話。

　　麗雲老師講授的「大熊貓觀賞記」讓我記憶猶新，她機智、幽默、風趣，以及富有激情的肢體語言感染了整個會場，同學們時不時的點頭、微笑、讚嘆、鼓掌，沉浸在有愛的氛圍裡。她授課的方式別具一格，注重方法引路，啟迪智慧。「國寶——大熊貓」和「大熊貓觀賞記」兩篇文章的大容量閱讀，讓學生清楚的知道了不同的需要和喜好，應選擇哪種表達方式，說明和記敘兩種表達方式沒有最好，只有最適合和「我」喜歡，拉近了學生學語文的心。讀懂比讀多重要，教課文實際要教語文，學方法遠重於學知識。

　　她的字詞教學策略——看部首猜意思，擴詞理解，用熟字認識不理解的詞。我喜歡她的觀點「在大部分情況下，我們遇到生詞，身邊不會總有字典，我們該怎麼辦呢？」是呀，遇到不會的詞語，不要一味的苛求學生查字典，教給學生切實有效的方法，比什麼都重要。

　　麗雲老師的課堂上充滿師生互動、生生互動，在有限的時間內，讓每一位學生都得到了充分的鍛鍊和展現，充滿著流動的陽光，平等、和諧與交流共存，發現、挑戰與沉思同在，讓學生成為課堂上真正的主人。

　　我對麗雲老師講授的「兩兄弟」一課也印象頗深，她關注句群的邏輯關係，主張一課一重點，把「講課文」變成「學語文」，把「讀課文」變成「學表達」，真正把學語文落實。其中最為關鍵的是確立理解內容與學習表達並重的教學目標。麗雲老師告訴我們：確定語文教學中的目標，不僅要關注文本「寫什麼」，更著力於「怎樣寫」，在引導學生理解內容的同時，重點關注這樣的內容是用怎樣的方式表達出來的，將感悟內容與學習語言，揣摩表達有機結合，將學習表達與運用表達巧妙融合，在這樣的過程中學習語言，感悟語言，習得語言的規律，進而形成運用語言的能力。

　　有了全面的教學目標觀，我努力從教課文內容的束縛中走出來，不過度糾纏課文內容，敢於對教材進行恰當的取捨、合理的增刪。在「賣木雕的少年」中，我教學生嘗試利用小標題概括探討；在「觸摸春天」中，我們進行比較閱讀……

　　我開始學以致用，效仿麗雲老師的詞語教學策略，收到了良好的效果。「廢墟」、「聞名遐邇」、「載譽」，我們怎樣來猜詞的意思呢？關注學生的放聲思維，把猜詞意當成一門學問，學生的理解能力越來越強。他們告訴我：「我看到聞名兩字，就知道聞名遐邇的意思了！」、「廢的意思是廢棄不用，墟的偏旁是土部，和地方有關，它的意思就是廢棄的地方。」、「載是裝載，譽的意思是榮譽，把它們兩個

字的意思加起來就懂了。」……

怎樣算是好課呢？不是只能欣賞不能操作的高大上，而是能給學生長久的發展，給聽課老師以啟示的尋常課、常態課。一棵樹搖動一棵樹，一朵雲推動一朵雲，一個靈魂喚醒一個靈魂，麗雲老師已經做到了。

後記之二　讀詞得法，課即是畫——麗雲老師〈漁歌子〉教學談

郭守敬小學　陳振蕊老師

古詩詞教學一直是我們語文教學的軟肋，讀讀、講講、說說、背背這種單一枯燥的教學方法，已變成廣大師生應付詩詞的教學魔咒。而麗雲老師的這節〈漁歌子〉教學清新、自然，在畫畫、唱唱中帶我們品味詩詞的韻律美，學生和詩人一起享受著「斜風細雨不須歸」的閑趣。回味她的課堂活動，我有以下的教學收穫：

一、學起於思，教起於疑

常規教學都會在引入課題後簡介詩人，或解題讀詩。麗雲老師則在教學之始由春天的詩引入此詞，從KWL問起，組織孩子們相互說說關於這首〈漁歌子〉「我已經知道了什麼？我想要學些什麼？」課結束時再回顧「我學會了些什麼？」

我們常說「備學情」，何為學情？教學不是站在自己的角度設計要教給學生什麼，而應了解學生想要學些什麼，引導學生思考表達後，才能確立教學方向。經過學生的交流，孩子們提出了不理解的詞：「鱖魚」、「箬笠」、「蓑衣」，老師或以圖片或借助偏旁部首解決詞意。而將孩子們提出的「他為什麼不須歸？」作為本課教學的重點展開課堂教學，這不就是「順學而教」、「授業解惑」的初衷嗎？

二、搭建支架，讀活畫面

我們在教學中都重視「讀」，懂得讀是賞析詩歌的基礎，但泛泛而讀雖變換形式，讀了一遍又一遍，學生的理解卻在同一個層面上機械的重複，致使學生產生朗讀的「疲勞」，失去朗讀的興趣，為讀而讀成為教學的敗筆。麗雲老師的這節〈漁歌子〉也在反覆讀，然而讀的有章法，有深度。第一次搭支架是在初讀掃除詞意障礙後，為了讓孩子們了解詞的押韻特點，播放了配樂唱詞，悠揚的曲調，讓大家充分感知了詞的聲律美。「好的詞就是一幅畫，再讀詞，圈畫出詞中的景物。」交流中，老師一一出示景物圖，給孩子們視覺上的美感之後，讓孩子們再談這是一幅怎樣的圖畫，給你什麼感覺？如果黑板是畫框，你將怎樣在黑板上布局這些景物？再次給支架「作者是怎麼寫這幅圖的，西塞山在哪裡？白鷺應該在什麼位置？」先引導孩子們說說，再放手讓學生到黑板前標示出詩中景物的所在位置，形成一幅「文字風景圖」。接著引領孩子們找出詞中的顏色，找出詞中或動或靜的畫面，還聽到什麼聲音。這些支架搭建好後，再讓學生說說「你眼前出現怎樣的畫面？」孩子們便可輕而易舉將詞的意思串聯成功。在此基礎上讓孩子們讀詞，「你就是西塞山前的名士張志和，帶我

們走進這些美景吧！」孩子們讀得抑揚頓挫，彷彿真的來到了幽靜的西塞山前，多美啊！如果沒有支架的層層搭建，孩子們讀詞就只是完成老師的任務，是拿捏生硬的。

三、引領思索，唱出情境

讀詩詞不是只懂得意思就大吉了，更重要的是體會詩人的思想。我們都會在學生弄懂詩詞的意思後補充資料，讓孩子們了解寫詞的背景，道出詞人的思想情感，幾句話解決了，然而總給人填鴨式的突兀感。麗雲老師在此並沒有急於給出背景，而是先引導孩子思考「為什麼寫桃花而不寫杏花？為什麼寫白鷺而不寫燕子、麻雀？」剖析詞中景物的指代意象，初步領悟張志和「不須歸」的原因，然後再講出他的人生際遇，補充哥哥希望他回家所寫的詞，自然而然讓孩子們讀詞，回答他作出的決定。在一一對答中，「不須歸」的情境深入孩子們的內心，此時麗雲老師再次播放樂曲，師生合唱這首詞，那份悠閒自得的情趣瀰漫會場。

用麗雲老師的一課一重點的教學思想來看，〈漁歌子〉的教學落腳點是「通過詞中表現所見所聞的景物，能感悟詞人的所思所感。」孩子們學得興味盎然，在老師最後了解孩子的學習收穫時，孩子們談到了這一點。然而課堂的收穫遠不只此，在麗雲老師的教學細節處，都能感受人文情懷的教育。比如課始，孩子們交流已知和想知的知識時，麗雲老師組織得很細緻，「請問我可以說了嗎？」「左邊同學對右邊同學說已經知道了什麼；右邊對左邊同學說想學什麼。」麗雲老師還採訪孩子們從同學那裡聽到了什麼。這樣的問答，看似與本課的教學關聯不大，可有可無的環節，卻滲透了交流能力、傾聽能力的培養，對孩子的語言表達及運用起到示範引領的作用，長此訓練，其影響將是一生的。

「隨風潛入夜，潤物細無聲。」語文是工具性與人文性高度統一的課程，好的語文課是融人文教育與知識、技能訓練於一體的，人文情感的培養是悄無聲息、默然生根的。

後記之三　　相遇是個奇蹟

金華實驗小學教導處　薄建華主任

初識麗雲老師，緣於2014年11月的青島兩岸三地教學觀摩活動。「如何讓你遇到我，在我最美麗的時刻，為這我在教育現場準備了25年……」她一出場便用詩一樣的語言把我們帶入了一個童話般的世界。課堂上，她與學生的互動交流真誠而實在，用自己的語言魅力點燃了學生言語表達的慾望，孩子們不時迸發出智慧的火花。尤其麗雲老師透過「兩兄弟」這個例子，引導學生不僅讀到文本的內容、形式，而且感悟作者的寫作風格，教給學生閱讀的策略與方法，使學生真正擁有帶得走的能力。關於這一點，我記憶深刻。從這一天開始，麗雲老師便成為了影響我們一生的人，她的話語、她的笑容、她的理念時時出現在我腦中。正如她所說：「你永遠不會知道，你會

怎樣影響一個人的生命。」

一次非同尋常的跟崗

2015年11月，河北省邢臺市橋西區UAS卓越學校發展專案部分骨幹教師在北京師範大學張倩博士的帶領下，走進了麗雲老師所在的臺灣新北市修德國小進行跟崗學習。這次跟崗學習，觸發了我對自己以前教學的深刻反思，成為我教育生涯中的一個重要轉捩點。

早晨7點30分，我們趕往修德國小時，車子一停，我們便隔著車窗看到麗雲老師在學校門口迎接我們，那美麗而又熟悉的笑容讓我們備感親切：「大家早安！」一聲問候伴著銀鈴般的笑聲開啟了一天的學習之旅。走進校園，不管是對同事，還是對學生，麗雲老師都主動打招呼，「早安！」那甜蜜的微笑和熱情的招呼，總能感染身邊的每一個人，那陽光與熱情總能給人力量。

麗雲老師的教室——彩虹故事屋，這是一個讓夢想起飛，充滿快樂的地方。當光著腳丫走進教室，你會覺得整個身心瞬間放鬆下來。席地而坐，背倚著牆壁，隨手拿起牆角書架上的《花婆婆》，輕輕翻閱，宛若置身童話世界。U字形排列的課桌，讓孩子們有了面對面相互傾聽的機會。教室裡只要有空間能利用，到處都是形狀各異的書架，各種各樣的書籍彷彿在為你講述一個個動人的故事。在這樣洋溢著淡淡書香的教室裡，孩子們怎會不熱愛讀書呢？接下來的幾天，我們便跟著學生一起上課，領略麗雲老師的教學妙招。

第一節課，麗雲老師帶領五年三班的孩子學習「《海豚》」這一課。

這節課，她採用預學單，首先檢測學生的預習效果，了解學生「已經知道了什麼？」在交流的環節，她讓左邊的同學說給右邊的同學聽，讓右邊的同學給全班交流：你剛才聽到了什麼？你還想知道什麼？讓學生提出問題，然後從書中找答案。學生靜靜的閱讀，在閱讀中思考，在思考中閱讀。在學生大致梳理文章內容之後，進入字詞解碼環節。「你用什麼方法認識這些字？」「請大家借助學過的閱讀技巧，猜測下列詞語的意思。」聯繫上下文、給詞語中的字擴詞理解、看偏旁，讓學生累積理解詞語的方法。

聽完課，我們立刻和麗雲老師展開討論。「海豚」這一課，計畫用6到7節課學完，一課一練，一課一得。在接下的幾節課裡，將圍繞體會作者的表達特點以及說明方法的使用、勾畫關鍵字句摘取資訊、梳理文章主要內容及結構、畫心智圖等展開，最終指向寫作，讓學生就習得的寫作方法進行習作練習。

一次觸動心靈的反思

在臺灣，幾天的觀摩聽課學習，帶給我很多的思考：臺灣的語文課堂，有哪些值得我們學習的地方呢？

一、一課一重點

臺灣的語文教材一學期共有16篇課文，每篇大約能有6～7節課的學習時間，採取一課一重點的教學策略，找出每一課的教學重點，每一課只教學生學習一種專業的語文能力，就像專賣店一樣，讓學生結結實實的在這一課學會一種知識，輕鬆、扎實。中國的語文教材一學期有32篇以上課文，另外還有8個語文園地，每篇大約能有2～3節課的時間。反思我們的語文教學，往往是一節課什麼知識點都想抓，什麼東西都想教，覺得每一樣都是重點，結果卻沒有了重點。老師教得手忙腳亂，學生學得眼花撩亂。「雞蛋從外打破是食物，從內打破是生命。」人生，不也是相同的嗎？「從外打破是壓力，從內打破是成長。」怎樣讓我們在教學中成長？那就嘗試改變我們的課堂教學，一課一重點，根據文本的特點，哪篇適合教結構，哪篇適合教修辭，哪篇適合教句型，哪篇適合教策略等，然後再進行拓展閱讀。這樣一學期下來，我們就可以有一系列的教學重點，一年下來，大概可以把基本的重要語文元素根據課標的要求教過一番。一個年段下來，學生相應的語文學習能力一定會得到階梯式的提升。

二、以表達為本位

作為一名語文教師，不管面對任何一篇課文，備課都要進行以下思考：1、從教學層面思考我們要教什麼？這是教學內容及目標的確立；2、從技術層面思考我們要怎樣教，也就是採取怎樣的教學策略；3、從文化層面思考我們為什麼教。以麗雲老師「海豚」為例，這是一篇五年級的說明文。她基本上圍繞通過預學單了解學情、字詞解碼、體會作者的表達特點及說明方法的使用、勾畫關鍵字句摘取資訊、梳理文章主要內容及結構、畫心智圖等展開，最終指向寫作，讓學生就掌握的寫作方法進行習作練習，達到學以致用的目的。「告訴我，我會忘記；給我看，我會記得；讓我參與，我會了解。」麗雲老師的教學以表達為本位，以閱讀為抓手，有意識的培養學生的自學力。課堂上更多關注學生閱讀方法的指導，讓學生在「語言內容」和「語言形式」的練習中，把握口頭表達與書面表達的方式，從而讓學生在學習文本這個例子的過程中獲得一種有效的閱讀策略，建構學習的方法。

臺灣跟崗結束了，但對麗雲老師語文教學思想及課堂教學的學習與實踐才剛剛開始。《閱讀有妙招，教學馬上好》讀書分享會、陳麗雲教學思想展示課等活動，極大的鼓舞了廣大語文教師的學習熱情。為了進一步發揮她的引領示範作用，建立了陳麗雲語文教學工作站，努力形成以名師為核心的高層次骨幹教師團隊和專家型教師研究群體，推進我區小學語文教師隊伍建設，促進我區教育事業更好更快發展。

相遇是一個奇蹟，因為她帶給我們的不僅是思考，還有前行的力量。

國家圖書館出版品預行編目資料

寫作有妙招　閱讀一把罩/陳麗雲文.
-- 初版. -- 臺北市：小兵，2016.07
面： 公分.--（麗雲老師作文教室；1）
ISBN 978-986-5641-74-0（平裝）
1. 語文教學 2. 作文 3. 小學教學
523.313　　　　　　　　105011312

麗雲老師作文教室 1　寫作有妙招
　　　　　　　　　　　　　閱讀一把罩

作者：陳麗雲
發行人：張心寧
總編輯：可白
主編：張雅涵
企劃經理：蔡景淵
美術顧問：徐建國、邱建樺
助理編輯：薛雅文
出版者：小兵出版社有限公司
FACEBOOK：https://www.facebook.com/bintonnet
網址：http://www.pcstore.com.tw/bing
郵撥：50137100　小兵出版社有限公司
發行所：台北市中正區牯嶺街一四八號四樓
電話：02-7729-8580　傳真：02-2364-1584
西元二〇一六年七月初版
西元二〇一六年九月初版五刷

訂價360元

本書所引用課文，經康軒文教事業股份有限公司授權使用。